国家社会科学基金课题

五个统筹与财政支出结构

张　馨　主　编

刘　晔　副主编

中国财政经济出版社

图书在版编目（CIP）数据

五个统筹与财政支出结构/张馨主编.—北京：中国财政经济出版社，2008.6

ISBN 978-7-5095-0631-8

Ⅰ.五… Ⅱ.张… Ⅲ.财政支出-研究-中国 Ⅳ.F812.45

中国版本图书馆CIP数据核字（2008）第053728号

中国财政经济出版社出版

URL：http：//www.cfeph.cn

E-mail：cfeph@cfeph.cn

社址：北京市海淀区阜成路甲28号 邮政编码：100036

发行处电话：88190406 财经书店电话：64033436

北京财经印刷厂印刷 各地新华书店经销

880×1230毫米 32开 11.75印张 298 000字

2008年7月第1版 2008年7月北京第1次印刷

定价：25.00元

ISBN 978-7-5095-0631-8/F·0512

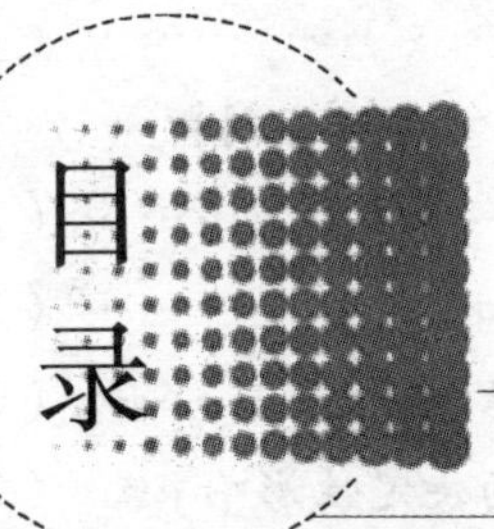

目录

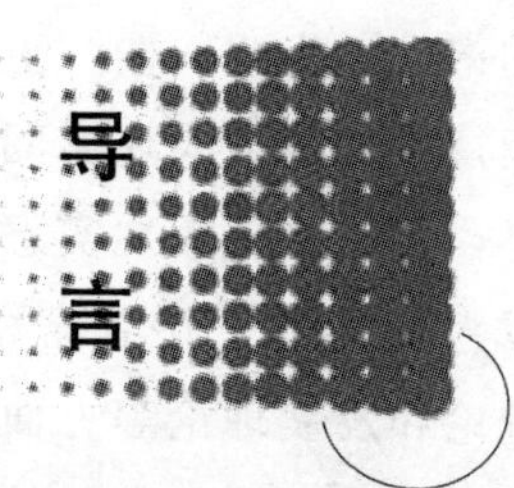

导言

一、研究目的与内容

（一）研究目的与意义

十六届三中全会提出的“五个统筹”（统筹城乡发展、统筹区域发展、统筹经济社会发展、统筹人与自然和谐发展、统筹国内发展和对外开放），具有深远的战略意义，关系到改革、发展和稳定等根本问题。财政作为政府分配活动，其支出规模大、涉及面广、种类多、内容庞杂，对社会深层次利益矛盾和结构失衡格局的形成，有重大作用与影响；而要化解这些矛盾，没有财政支出结构的调整是不可能的。从这个意义上说，没有财政支出结构的调整与优化，就谈不上“五个统筹”战略目标的实施和实现，改革、发展和稳定也将难以为继。然而，多年改革并未形成一个合理合意的财政支出结构，不仅旧体制沉疴和羁绊仍顽强存在，同时在非均衡发展下积累起了种种发展不协调的结构性问题，进而传导到经济社会政治的方方面面，其结果是“五个统筹”的严重缺失和深层次隐患的产生。为此，按“五个统筹”要求调整财政支出结构，就成为亟待解决的重大现实问题，同时也将丰富和完善公共财政理论。这是一个具有重大现实意义与理论意义的课题。研究本课题，不仅可以为现实的“五个统筹”问题提供对策建议，而且也可能在财政理论和发展理论等方面，都有所创新、发展和丰富。这些，也成为本课题研究的基本目的之一。

（二）主要内容

本课题的研究报告，在《导言》之后，采取了由总到分再到总的体系结构安排，在第一章总论中概述了“五个统筹”与财政支出结构间的关系；而后在二至六章中就“五个统筹”各自的具体内容（城乡统筹、区域统筹、经济社会统筹、人与自然的统筹、内外统筹）与财政支出结构间的关系，分别进行了分析和论证；最后以第七章对“五个统筹”下的财政支出结构问题作了总结，从而结束了整个课题的研究，也完成了本书。以下分别介绍《导言》之外的各章的具体内容。

第一章　总论。该章首先通过分析“五个统筹”提出的经济社会和时代背景，介绍了“五个统筹”的含义与基本内容，探讨了“五个统筹”的理论创新等基本问题，概述了“五个统筹”的政治经济内涵等问题。接下来，课题组着重分析和探讨了“五个统筹”与财政支出结构之间的相关性问题。该章指出，从总体上看，“五个统筹”所要协调的矛盾归结起来是经济社会的结构性问题，但这些结构性问题与财政支出结构问题具有较大的相关性。从经济社会结构看，它决定财政支出结构，主要表现为存在于我国的，仍然是发展中国家的、有着浓烈计划经济传统的、国有制经济决定下的和初步市场化的财政支出结构。反过来，财政支出结构对经济社会结构也产生重大影响。该章进一步具体分析了财政支出结构如何作用于经济社会结构，探究了财政支出结构的演变对“五个统筹”的影响等问题。在此基础上，该章最后分析了依据“五个统筹”战略的基本要求，如何调整优化财政支出结构的问题。

第二章　城乡统筹与财政支出结构。该章首先概述了我国城乡发展失衡的现状并分析了其问题与影响，接着从效率、公平、稳定等方面，分析了城乡差距扩大所产生的主要问题及其影响。在此基础上，该章进一步探讨了当前实施城乡统筹战略的必要性及其实质内涵。接下来，该章转入对城乡发展失衡与财政收支总体结构间相关性的分析。报告指出，对农村多取少予的财政支出结构，是导致城乡差距的重要原因，而城乡差距又反过来进一步固化了现有的财政支出结构。在前两部分分析的基础上，该章从城乡统筹观的高度，具体分析了财政支出结构的现存问题。其中既涉及了财政支持农业支出问题，又广泛涵盖了农村各项财政支出；既涉及了各项财政支出的城乡结构问题，又涉及了“三农”支出的内部结构问题。最后，该章探讨了如何按照城乡统筹的要求，对财政支出结构进行调整改进的总体思路、具体安排与配套制度建设等基本问题。

第三章　区域统筹与财政支出结构。该章首先从总体经济发展水平和人民生活水平这两个角度，使用描述统计学的方法，研究了我国地区间差距的现状，得出我国地区间发展差距很大的结论。接着，该章进一步分析了地区间发展差距的产生原因及其不利影响。该章的第二大部分对地区发展差距与财政支出结构间的相关关系，进行了实证研究，即对财政支出与经济增长、转移支付与地区经济收敛相关性进行了实证检验。由此得出相应结论是：（1）财政支出公共化程度比较高的部分，推动经济的效率就比较高。（2）根源于不合理的设计原则，转移支付并没有起到缩小地区间发展差距的作用。在上述分析及其结论的基础上，该章第三部分提出，应当以公共化为核心方向，进行财政支出结构的调整和政府间转移支付制度的建设。

第四章　统筹经济社会发展与财政支出结构。该章考察经济增长与社会发展之间的矛盾。为此，该章分析和研究了各项社会发展方面的财政支出规模和结构特征，探究各项财政支出变化的趋势和问题，思索改善我国财政支出的具体政策建议。该章分别对教育、医疗卫生和社会保障三个方面进行分析研究。首先计算我国教育、医疗卫生和社会保障的财政支出规模及占 GDP 的比重，通过国际比较评估我国各项财政支出规模是否适度。通过计算各项财政支出的增长率及增长弹性，发现其变动倾向。其次，对各项财政支出的结构进行分析。财政性教育支出从全国教育经费来源的结构、财政预算内教育支出结构、三级教育财政预算内支出结构以及中央与地方政府教育支出责任进行分析。政府卫生支出从广义政府卫生支出结构、政府预算卫生支出结构以及中央与地方政府卫生支出比重进行分析。社会保障支出从社会保障总支出结构、社会保险基金支出结构、财政社会保障支出结构以及中央与地方社会保障支出比重进行分析。最后针对各项财政支出规模和结构中存在的问题，根据各领域的特征，提出相应的改革建议。

第五章　统筹人和自然协调发展与财政支出结构。该章首先对我国改革开放以来的资源和环境问题进行了全面的分析，指明了我国目前人与自然失衡形势的严峻性，同时对其损失和危害进行了粗略的估算。接下来，该章侧重阐述了政府在财政支出方面的缺陷是如何加剧我国人与自然严重失衡局势的问题。报告指出，这一缺陷主要表现在三个方面：（1）环境保护投入不足，环境污染治理的历史欠账较多；（2）财政对科研的支出偏少，不能有效激励资源和环境科技创新；（3）某些不恰当的财政补贴进一步导致资源浪费和环境恶化。最后，本章针对上述三方面存在的问题，分别提出了加大公共财政对环境保护的投入、加大财政支持科技创新力度、逐步消除和调整不恰当的财政补贴等财政支出结构调整的相应政策建议及其他配套措施。

第六章　内外统筹与财政支出结构。该章首先分析了我国对外开放进入新阶段后，内外部环境的深刻变化，指出传统的开放模式已经无法适应对外开放新阶段的要求，相应产生的内外发展不协调的种种矛盾与问题。接下来，该章进而探讨了当前实施内外统筹战略的实质内涵及具体要求。该章认为，内外统筹对于包括财政支出结构调整在内的政府政策的调整，都提出了将外贸和外资战略与国内产业发展相结合，将引进技术与自主创新相结合，协调进口与出口，引进来与走出去相结合等具体要求。接着，该章对照内外统筹战略的具体要求，详细分析了我国财政支出结构（包括税式支出结构和财政直接支出结构）的现存问题。最后，该章提出了按内外统筹的总体要求，调整我国各项税式支出结构和财政直接支出结构的具体政策建议。

第七章　"五个统筹"与财政支出结构调整。该章是整个研究报告的最后部分，它起着全报告"结束语"的作用，即再次从综合性的角度，分析了按照"五个统筹"要求调整和优化财政支出结构的问题。为此，该章首先提出了按照"五个统筹"调整财政支出结构的"三个"前提和"四个"原则，即：以公共化为标准和通过市场约束来调整财政支出结构，财政支出结构的调整不能超越国情等三个前提，在支出投入上体现均衡化、在支出过程中体现公平化、在支出结果上体现均等化、在支出评价上体现回应性等四个原则。接着指出了按照"五个统筹"要求调整财政支出结构的若干步骤与措施，如调整优化财政的"三农"支出、教科文卫支出、社会保障支出、经济支出、税式支出，等等。最后，指出财政支出结构的调整优化还必须建立在财政制度变革的基础上，提出了深化财政支出的公共化改革、深化政府预算制度改革和改革财政支出的体制性结构等基本主张。

二、文献综述

本课题以“五个统筹”与我国财政支出结构间相关性分析为核心，分析了我国财政支出结构对城乡发展失衡、地区发展失衡、经济社会发展不协调、人与自然发展不和谐、国内发展与对外开放发展不协调的影响，提出了按“五个统筹”战略实质内涵与原则要求来调整我国财政支出结构的政策建议。

在“五个统筹”战略提出后，理论界的研究更多停留在思想理论和哲学思辨等层面的阐释上，较有代表性的如卢军（2004）从对科学社会主义的理论认识和理论创新的高度，对“五个统筹”思想进行了阐释；王绚（2004）从辩证法基本原理出发，解读了“五个统筹”思想，认为其是实现科学发展和可持续发展的根本；潘琍（2004）则解释了“五个统筹”中马克思主义的发展观；杨德峰（2004）认为，“五个统筹”是对社会主义市场经济运行规律的新发展，在提出新发展观的同时代表了新的改革观等等。但这些理论阐释层面的分析与具体政策操作层面的连接还很不紧密，更谈不上从“五个统筹”中归结出具体政策要求进而研究财政支出结构的调整。

另一方面，如果不考虑“五个统筹”，而仅就财政支出结构来看，国内已有大量研究，其文献大体包含两类：一是以实证检验为主，一是以规范分析为主。前者通过借鉴国外研究成果，构建相应理论模型并通过计量检验，得出调整我国财政支出结构的政策结论和对策建议。有代表性的如郭庆旺（2003）、马拴友（2003）等。后者通过探讨市场型政府职能的转变和公共财政框架的构建，提出优化财政支出结构的政策建议。这一类主要有陈颂东（2004）、刘颖（2000）等。但以上两类既有文献，离“五个统筹”的主题与要求尚有很大的距离，更没有明确地从“五个统筹”的角度进行分析，因而难以涵盖“五个统筹”的丰富内涵。这为本课题的研究在整合前人研究基础上，进行综合分析和理论创新提供了空间。

以上是前人研究状况的综述，以下分别从“五个统筹”具体方面与财政支出结构关系的角度，对现有研究文献进行综述。

（一）城乡统筹与财政支出结构研究综述

发展中国家普遍存在着城乡二元结构和城乡发展差距，由此使得农业与农村经济发展成为发展经济学研究的重要主题。早期的发展经济学家，如库兹涅茨（1989）、钱纳里（1991）等人，都对农业及农村在工业化和经济发展过程中的作用进行了研究，但他们的研究仅是针对发展中国家的城乡二元结构下的共性而言的。我国的“三农”问题和城乡差距问题，有着历史的、国情的和发展阶段的特殊性。在此背景下，产生了许多具有本土化背景的“三农”专家与研究成果，代表性的如温铁军（2005）、秦晖（2003）等。他们立足于国情背景与体制背景，对于“三农”与城乡差距等问题的成因影响及对策建议的研究，都产生了较大的影响。

在“五个统筹”战略提出后，城乡统筹问题得到较好阐释，并成为处理城乡差距的总体指导思想。如周琳琅（2005）对城乡统筹的理论与实践做了较为系统的整理与论述，赵勇（2004）则从城乡良性互动角度阐明了城乡统筹的内涵与实现方式。但这些研究对策并不具体化在政府财政上，更不涉及财政支出结构的调整问题。与此同时，众多财政学者的研究涉及“三农”问题的财政对策，如侯石安（2002）从农业发展的财政支持方面、何菊芳（2005）从公共财政促进农民增收方面、苏明（2003）从推动农村发展的财政政策方面，分别对此问题进行了论述。这些分析对策性强，其中也包含着一些调整财政支出结构的政策建议。

在为数不多的专门研究“三农”的财政支出结构文献中，侯振国（2005）专题系统研究了财政支农支出的结构问题，但其视角仅限于农业支出结构上，尚未能够涉及财政对整个农村的支出。樊胜根（2003）等则用分省的数据，具体研究了中国各项农村公共投资在农村经济增长和反贫困中的作用，并相应地给出了财政农村支出结构调整的政策建议。

（二）区域统筹与财政支出结构研究综述

区域统筹的实施，必须立足于地区发展差距与财政支出结构间关系的分析，由此本部分的研究内容，主要涉及财政支出与经济增长、财政转移支付与地区经济收敛间的相关性的计量检验。

就财政支出与经济增长相关性研究来看，我国财政支出对经济增长影响的实证研究的文章很少，主要针对全国财政支出对经济增长的影响展开分析。马拴友（2002）利用中国 1983—1998 年的数据进行分析，得出公共教育投资可以促进经济增长的结论。同时，他考虑了税收因素，认为存在着使经济增长率最大化的最优教育支出规模。他（2001）在另一篇文章中还提出，政府支出中的科技支出可以促进经济增长。于长革（2004）利用 1978—2000 年的我国数据进行分析，得出的结论是，公共投资、公共事业支出和科技支出可以促进经济增长；相反，由于公共消费和公共服务支出属于非生产性支出，它们与经济负相关。不过很可惜的是，他的研究中支出数据没有具体项目。

就财政转移支付与地区经济收敛相关性研究来看，马拴友和于红霞（2003）通过分析 1994 年我国税制改革前后的转移支付和地区经济收敛的关系，发现：转移支付并没有达到缩小地区差距的效果。他们认为这是由于转移支付资金分配不合理，才没有起到有效促进区域经济协调的目的。在他们的研究基础上，吴丹（2004）使用类似的方法，用最小二乘法对地区经济增长方程进行非线性（NLS）估计，测算结果与马拴友和于红霞（2005）的研究结果一致，同样是转移支付在全国范围内未能起到促进地区经济收敛的效果。不过，吴丹的贡献在于进一步把模型运用于东部、中部和西部组内进行测算比较，发现转移支付在经济发展水平接近的东、中、西三大地带内部，是起到一定的促进经济收敛的作用的。不过她的研究有一个问题，这就是回归的自由度不高，样本数只有 29 个，在东中西部划分后，各组回归时可使用的样本数平均不到 10 个。钟荣华（2004）利用传统指数中的变异指数（CV），对湖南省对省以下地方政府的转移支付所起的均等化效果进行了实证研究，得出在均等化的效果方面，一般性转移支付强于中央专项转移支付，而税收返还的均等化效果最差等结论。虽然钟荣华在解释方式上有许多尚需商榷的地方，但这一研究作为对省以下转移支付效果的分析与探讨，仍然不失为一个很好的尝试。

（三）统筹经济社会发展与财政支出结构研究综述

经济社会发展问题是一个综合性问题，涉及人民群众生活的方方面面。现有的综合性研究，主要是从“五个统筹”的指导思想出发，对统筹经济社会发展提出了一些宏观性的分析和建议，很少有从财政支出的角度，去分析经济社会统筹发展问题的。另一方面，对财政支出规模和结构的分析，既有的研究文献大体上都是从财政支出规模和结构对经济增长的影响角度进行分析研究，也很少对经济增长与社会发展间财政支出改革进行系统的研究。许多有关经济与社会发展的财政研究，都是专注于某一方面的研究。国家教育发展研究中心（2006）、梁伟真（2004）、廖楚晖（2005）、刘华（2004）等对财政教育支出进行了分析，国务院发展研究中心

(2005)、世界银行(2004, 2005)、王绍光(2003)、赵郁馨等(2005)、张毓辉等(2006)对政府卫生支出进行了分析，蔡社文(2004)、高书生(2005)、郭雪剑(2006)、景天魁(2006)、穆怀中(2002)等对政府社会保障支出进行了分析。不过，由于缺乏统一的框架和思路，这些各自为战的专项分析和研究无法统筹考虑经济增长与社会发展的众多方面，分析具有一定的片面性。

(四) 统筹人与自然和财政支出结构研究综述

我国资源和环境问题一直是学术界关注的一个热点。众多的现有研究都指出了我国在资源和环境上面临的不断恶化的局面。董锁成(2002)对1950—2000年我国资源与环境的变化情况以及它们与经济发展的作用关系，进行了系统的综合分析。中国科学院可持续发展战略研究组(2006)对我国和世界其他主要国家的资源节约和环境保护状况进行了综合评价，并指出了我国与其他国家相比，发展是较为粗放的这一客观事实。此外，世界银行(1997)、徐嵩龄(1998)、厉以宁和Warford(2004)等也进行了一系列的研究，他们分别使用不同的方法和数据，估算了我国环境污染造成的经济损失。

在资源环境问题的成因上，学者们更多考虑的是，粗放型的经济增长方式和以重工业为主的产业结构，如何导致了人与自然的失衡等问题；而对资源环境问题与财政支出关系的研究，则相对比较零散。如马中(2006)的分析，主要集中在财政的环境支出方面的情况上；董险峰(2002)、王玉庆(2005)和周大地(2006)则指出了我国财政在资源环境科技创新上的投入，与发达国家之间的差距；葛察忠等(2004)对我国改革开放以来至20世纪90年代期间，对于资源和环境不利的财政补贴政策，进行了分析和研究。然而，为了全面把握人与自然之间的协调发展与财政支出之间的关系，还有必要在以上这些研究的基础上，对资源和环境与财政支出结构的关系问题进行综合性的全面分析。

（五）内外统筹与财政支出结构研究综述

国内发展与对外开放间的不平衡问题，是近年来随对外开放进入新阶段后出现的新问题。它引起了人们的较大关注，众多研究从不同角度涉及了这方面的问题。如裴长洪等（2006）从出口增长与我国企业的国际竞争力，梅新育等（2004）从国内国外需求间的对立统一关系，张波（2006）从利用外资与我国产业的发展，郭振军（2006）从我国企业引进技术与自主创新间等不同的角度，分别分析和探讨了内外发展失衡的问题。在“五个统筹”战略提出后，内外统筹成为协调处理国内发展与对外开放间发展不平衡的总体指导思想，杨圣明（2004）阐释了内外统筹战略思想，并具体化到当前国内发展与对外开放间不协调的主要矛盾分析上。但上述研究的对策建议，都是从国家总体战略和政策层面而提出的，并未细化到财政支出结构调整上。

而在财政支出结构研究方面，对税式支出、财政科技支出所存在结构性问题的分析较多，如楼继伟等（2003）、万莹（2005）对税式支出结构中存在问题的分析，实际上都间接涉及了其不利于实现国内发展与对外开放协调发展的问题；再如张桂玲（2005）、罗介平（2001）对科技税式支出、科技财政支出形式的分析，也涉及了财政支出结构不利于自主创新的内容等等。但财政支出结构方面的这些研究，并未以内外统筹总体思想为主线，并结合财政支出结构问题进行系统全面的分析，这也给本课题留下大量的研究空间。

总之，对于“五个统筹”和财政支出结构等问题，分别都有大量的研究，但将两者结合起来进行全面系统的研究，目前基本上还没有。本课题的研究，就是要在上述研究的基础上，开拓创新，将两者结合起来研究，在更高的层面和更广的视野中得出结论与看法，希冀能够为这一重大问题的解决提供基本思路和对策建议。

三、重要观点与创新

（一）研究方法

“五个统筹”与财政支出结构相互关系的研究，是一个非常复杂的系统工程，为使问题的研究能够达到预期的目的，取得应有的成果，课题组成员的研究采用了以下基本研究方法。

1. 规范分析与实证分析相结合

这一方法，几乎是老生常谈了，但作为对我国现实的“结构”问题研究，采用规范与实证相结合的方法，却是完全必要的。为此，本课题第二至第六章，即分别研究“五个统筹”的各章，都对我国财政支出结构现状进行定量描述与实证验证，同时在统筹观下对其进行定性评判与概括。通过这些研究去发现现存的问题，并进一步提出对策建议，尤其是在区域统筹与财政支出结构一章中，以现代经济学中的内生增长理论和公共财政理论为基础，运用计量经济学中的最新方法和最新工具检验财政支出与经济增长间的相关性、转移支付与地区经济收敛间的相关性，得出应按公共化要求调整财政支出的相应结论，从而与理论规范分析相对应。

2. 比较研究

本课题各章的分析，很大程度上是建立在比较分析基础上的。

例如，在第一章总论中就不断进行了计划经济时期与市场化改革时期同一问题的对比分析。又如对于城乡统筹、区域统筹、统筹人与自然、内外统筹等问题的分析，分别就城乡、东西、中外、国际等，采集和运用相关数据加以比较。其中有的如教育、医疗卫生、社会保障等方面的财政支出与经济增长之间的关系，还通过数据分析进行了历史趋势的比较。这样，既涉及了纵向的历史比较，也包括了横向的个体比较。在这种多层次多角度的比较中，归纳出"五个统筹"与财政支出结构关系的共性与个性、一般规律与特殊例外等，进而发现问题、提出对策。

3. 现状描述—问题分析—对策建议的研究思路

本课题的研究，遵循的是这么一种路径，即各章运用规范分析与实证分析相结合的方法，首先对相关现状进行描述，并力图探究问题的深层次原因，得出相应的看法与结论，最后给出课题组的对策建议。总之，整个报告采取的是"现状描述—问题分析—对策建议"这么一种研究路径和方法。

（二）创新

本报告的创新主要表现在以下方面。

1. 总体分析框架的突破

本报告在调整和优化财政支出结构的研究思路和分析框架上，较传统思路有所突破。传统的研究思路分为两类：一类从经济增长与各项财政支出相关性角度来分析，另一类从市场转型期政府职能的角度来进行分析。但前者仅局限于经济增长，而难以适应我国经济体制转轨的复杂背景；而后者则仅局限于经济体制转轨，而难以涵盖经济发展下经济社会结构转型的要求。而本课题通过对"五个统筹”的理论阐释，将财政支出结构问题与经济社会结构紧密相连，并进一步将结构问题归结于体制矛盾上去开展研究。这样，本课题在财政支出结构调整和优化的研究思路上，兼具并融合了经济发展和体制转轨的双重内涵。即一方面跳出了就经济论财政的框框，开始从整个社会和经济的宽广角度，去考察与分析问题；另一方面，又跳出了就经济结构论经济结构的弊端，将经济结构调整与经济社会制度的建设相结合，从而使得本课题能立足于我国市场化、工业化、城镇化、国际化等当前现实国情，对财政支出结构做多视角多层次的全面系统探究。同时，本课题的研究还提出了按“五个统筹”调整财政支出结构的“三个前提”（公共化标准、市场约束、国情约束）与“四个原则”（投入均衡化、过程公平化、结果均等化、评价回应性）等创新性结论。

2. 城乡统筹与财政支出结构的因果关系是相互的

针对城乡统筹与财政支出结构关系的问题，本报告指出，既有的研究在考虑城乡发展失衡与财政收支结构间关系时，认定为是“后者是因，前者是果”的单向关系。但本报告在基于对城乡关系和“三农”问题整体考察的基础上认为，对农村多取少予的财政支出结构，是导致城乡差距的重要原因，而城乡差距又进一步固化了现有不合理的财政支出结构，从而得出两者间互为因果的结论。这一结论性观点的创新，使得本研究能更合理地关注到城乡关系的复杂性及财政支出结构问题中的制度性因素，也由此得出对财政支出结构调整应采取渐进性调整、增量调整为主，存量调整为辅，将短期内财政支出结构的政策性渐进调整与长期性的农村公共财政制度建设相结合等创新性观点结论。

3. 增加“三农”支出应当与推动城镇化相结合

既有研究对城乡失衡状态下财政支出结构调整的政策建议，或集中于增加财政“三农”支出，或针对“三农”支出的内部结构提出调整建议。这些，都有其片面性。在吸取了这些研究的合理因素之后，本报告在阐释城乡统筹实质内涵基础上认为，财政支出结构的调整，除了应以城乡结构调整为主，以农村内部结构调整为辅外，还应当将增加“三农”支出与积极推动城镇化相结合，即增加农业产业化、农村城镇化、农民市民化的财政支持。只有这样，才能跳出就“三农”论“三农”的框框，从传统农业、农村和农民，向现代农业、农村和农民根本转轨的角度，去考虑如何解决问题，即从更高的视野去调整财政支出结构。

4. 转移支付制度并不必然缩小地区间发展差距

就区域统筹与财政支出结构的调整问题来看，按传统观点和思路，增加对落后地区转移支付有利于其经济增长并缩小与发达地区的差距。本报告通过运用相对严格、规范的计量经济学方法，研究了财政支出对经济发展、地区发展差距的影响程度问题，由此得出的结论是：一方面，财政支出公共化程度与经济增长密切相关，教育、科技类支出具有明显的正向推动作用，而经济建设类支出则负相关。因此，否定了简单地通过增大转移支付、增加财政支出来促进落后地区经济增长的传统结论。另一方面，通过对比研究的手段，分离出转移支付对经济增长的影响，得出现行不科学的转移支付决策制度扩大了地区间发展差距，转移支付与经济收敛之间呈负相关关系的结论性观点。这是对传统观点的重新审视和否定，有助于纠正增加转移支付就能缩小地区间发展差距的直觉错误。从而把转移支付制度改革的注意焦点，从量上转移到质上，从对数量的重视转移到对结构的重视上。

5. 教育、卫生、社保等滞后原因并不仅仅是财力投入不足

关于统筹经济社会发展与调整财政支出结构的关系，按既有的

研究结论，教育、卫生和社保几项社会事业发展滞后的原因，主要应当归咎于财政总体支出结构上的不合理，即政府在财力上支持不足。本报告通过计算我国政府在这几个领域的财政支出规模，发现：目前固然存在我国政府对社会领域财政支持力度不够等结构性问题，但从财政支出结构的分析中，即通过计算各项财政支出项目的年增长率和增长弹性，以及中央与地方政府财政支出比重，近年来我国政府的社会性财政支出结构在不断优化，尤其是中央政府加大了其支出比重，按理说应当使得问题有所缓解，但实际情况并不完全如此。因此，问题的核心除了财政投入不足之外，还在于这些财力支出调整缺乏制度保障，而往往只是临时性政策性因素在起作用，因而不利于保障经济社会统筹发展在财力上的可持续性。这是不同于以往许多研究的重要结论。鉴于此，本课题认为，我国社会性财政支出调整和改革的重心在于制度化：在不断完善相关社会制度和财政支出制度的基础上，以制度化方式划分各级政府事权，并加强各项财政支出的绩效导向，才能较为根本地解决好财政支出的调整问题。

6. 实现人与自然统筹发展还要注意调整财政补贴政策

对于统筹人和自然协调发展与调整财政支出结构的关系，已有研究在论述我国的资源和环境问题与财政支出的关系时，一般只提到财政环保投入和科技投入不足问题，认为这是导致我国资源和环境问题无法得到很好改善的原因。本文的分析却表明，我国与资源环境问题相关的财政支出固然存在投入不足的问题，也是我国资源与环境问题恶化的重要原因之一，但其缺陷并不仅于此，政府实行的一些有害的财政补贴政策，也进一步加剧了资源耗竭和环境恶化。因此，要实现人与自然统筹发展的目的，不仅要加大财政环保和科技投入，而且需要逐步消除或调整某些有害的财政补贴。

7. 应当重视税式支出对于内外统筹发展的作用

本报告对于如何按照内外统筹要求调整财政支出结构的分析指出，以往这方面的研究和分析都忽略了税式支出所起的作用，由此使得分析缺乏系统性和全面性。本报告认为，税式支出结构问题是造成内外发展不协调的重要原因，应注重税式支出结构调整在内外统筹战略中的重要作用，从而在本课题研究中将其与财政直接性支出相综合，增强了分析的系统性与全面性。接着本报告还将税式支出的研究细化。传统的税式支出结构的研究，大体上只局限于企业所得税范围，这不仅使分析过于粗放，也难以从经济社会发展总体战略的高度进行系统考察。本章对税式支出结构的分析，细化为支出目标结构、支出产业结构、支出区域结构、支出税种结构、支出环节结构、支出形式结构、支出内外结构、支出层级结构等多层次分别进行分析。这就使得本课题从前人对税式支出结构问题研究仅限于内外资企业税收不公或不利于自主创新的局限性中摆脱出来，开始从内外统筹的全局视角，对税式支出进行了全面系统的分析。

（三）尚待进一步研究的问题

本报告可能尚存在以下不足或欠缺：（1）缺少实地调查基础上的案例研究。对于本课题所涉及的一些问题，如县乡财力不足、转移支付制度等，基于实地调查基础上的案例研究应是一个较好的经验实证分析方法。但限于社会调查、适当选取样本点的难度和研究环境的限制，本课题未能做到这点。（2）尚未能提出绩效评价指标。支出结构的优化与提高支出效益是密切相关的。因此如能在配套制度建设中设计出一套支出绩效评价标准，无疑能进一步增强本课题的应用价值。但限于公共支出评价的特殊困难[①]，本课题尚未能很好地做到这点，这是有待于以后去解决的问题。

在本课题及与本课题内容相关的研究中，尚留有以下问题待今后继续深入研究：（1）财政支出结构调整的实现途径。“五个统筹”要求政府职能相应调整，其中财政增支的因素大于减支因素，加上各方利益的刚性存在，这种调整无论采用何种实现途径，都可能影响调整的效果。本研究报告对此进行了初步探讨，但尚不够深入具体，尚留待今后进一步的继续研究。（2）财政支出绩效评价体系构建。财政支出绩效评价虽然困难，但对于提高财政支出的使用效率，能够起到很重要的作用。然而，财政支出的绩效评价目前尚处于起步阶段，所起的作用还很有限，其与财政支出结构调整的相关性问题也还比较模糊，有必要作进一步研究。

---

① 几年来我国财政部门一直在试图开展绩效预算评估活动，建立绩效预算评估制度，但尚未取得根本性进展。

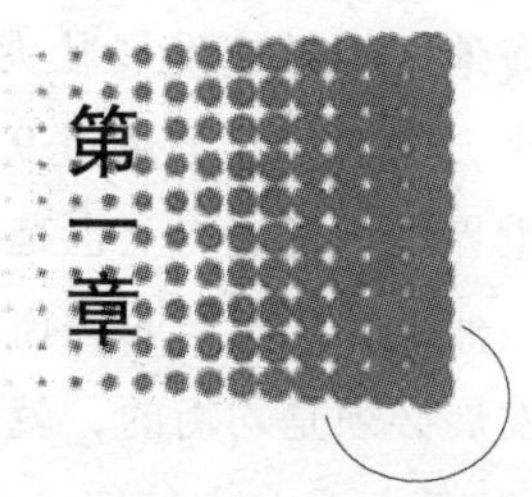

第一章

总论

一、“五个统筹”的经济社会内涵

（一）“五个统筹”战略提出的时代背景

人类的历史，也可以说就是一个经济社会的发展史。人类发展所走过的道路和方式，尽管多种多样，但如果从协调的角度来考察，则可以分为均衡与非均衡两种。按常理来说，发展应当是均衡的，就如汽车的四个轮子，如果不协调运转，车子就有可能在运行中颠覆，发展也就谈不上了。但也不能一概而论。有时在特定的环境下，也可能通过非均衡路径而成功地发展。典型的如二战结束后的日本等国，就是通过非均衡发展战略，迅速实现“赶超”目标。它表明，经济落后的国家要想赶超经济发达国家，采用非均衡方式，通过跳跃式的发展，有时是可以达到目的的。

改革开放以来，我国总体上实行的也是非均衡发展战略，是通过政策倾斜，来推动资源配置的市场化改革的。这是以主导产业、沿海地区的迅速发展壮大，来带动国民经济的整体快速发展。30年来，GDP以年均超过9.5%的速度增长，创造了经济发展奇迹，在世界经济发展史上也是少见的。

然而，均衡与非均衡的分野是相对的，从根本上看，经济社会的发展必须是均衡的，就如人必须是两条腿协调，才能行走一样。“非均衡”只是在特定条件下才可能，即只有在某些时段或借助外力，才可能正常运行，就如人有时可以单腿跳跃，依靠跃力保持身体平衡，从而前进一段距离一样。因此，所谓非均衡发展，也必须是有条件的，即从某个经济体内部来看，它是非均衡的，但通过与经济体外部交流，依靠外力达到了实质性的均衡，从而取得了很好的发展成就。但是，它毕竟是非均衡的发展，一旦条件发生变化，维系实质性均衡的各种条件发生变化，发展就可能出现问题，甚至陷于危机。这时就必须调整发展战略，依据变化了的形势重新制定发展计划和政策。

我国的发展就如此。30年来，在以非均衡战略取得经济快速增长的巨大成就的同时，随着改革的深入和经济全球化趋势的发展，很多深层次问题逐步凸现出来，不少深层次的矛盾开始暴露，并且集中表现为社会经济结构的某种严重失衡，甚至对我国的发展产生根本性的威胁。这样，就有必要对原有的发展战略进行调整，对既定的发展计划进行修正。这些严重失衡，集中表现在以下五个方面，“五个统筹”就是针对这五大失衡提出来的。这就是“五个统筹”问题的大背景。

1. 城乡发展失衡

半个世纪以来，我国一直处于城乡分割的二元经济结构状态。国家通过工农业产品的价格剪刀差等形式，直接从农村取走了其剩余产品，为工业的发展提供了其所需要的资金。这实际上仍然是一种依靠剥夺农民、农村，依靠牺牲农业，来完成原始积累，来为工业发展提供重要资金的发展战略。市场化改革力图否定这一发展战略，但没有能够根本解决这个问题。积贫积弱的农村居民、农业、农村，与在改革中更为迅速地发展的城市居民、工商等行业、城市，形成了鲜明的对比，在新形势下表现为二元结构的矛盾加剧，城乡差距、工农差距不断扩大。国家对"三农"的投入严重不足，出现了诸如农村基础设施供给严重不足等基本问题，农业的固定资产投资占全国固定资产投资比重，由20世纪80年代30%的水平下降到2004年的16.3%，严重影响了农业的发展；农村的各项社会事业建设严重滞后；农民增收、农村劳动力转移缓慢，城乡居民人均收入在有所缩小之后又重新持续拉大，等等。这些，都导致了严重的"三农"问题出现。农业是整个经济的基础，农民占了我国人口的大部分，农村涵盖了我国领土的大部分，没有"三农"问题的解决，没有"三农"应有的发展，就没有我国总体的发展，也谈不上我国的现代化，谈不上我国的富强。因此，如何解决这一问题，就成为本课题所研究的"五个统筹"中第一个统筹，即统筹城乡发展的由来。

2. 区域发展失衡

我国是一个大国，自然条件和历史因素影响错综复杂、千差万别，内部各个地区之间的社会经济发展一直处于不均衡状态。到了近现代，又集中表现为东部与西部、内地与沿海之间的差距。市场化改革使得有着种种优势的东部地区、沿海地区更快地发展起来，使得地区之间的发展差距进一步拉大。东西部地区发展速度、发展规模、发展水平出现明显分化，资源与生产要素向东部地区倾斜流动，东部地区与西部地区人均GDP平均比值达到2.6:1，典型的如2004年浙江省人均GDP是贵州省的5.7倍。①

① 根据相关数据测算。数据来源：《中国统计年鉴2005》，中国统计出版社2005年版。

与城乡差距和区域差距扩大相伴随的是居民收入分配差距的日益扩大，尽管城乡居民收入持续增长，但差距日渐扩大，城乡居民收入比从1978年的2.75∶1波动上升到2003年的3.23∶1，城镇居民人均可支配收入与农村居民人均纯收入差距由“十五”初期的5 850元增加为8 172元。[①] 社会贫富差距拉大，目前基尼系数突破国际公认的0.4的警戒线。贫富差距的拉大，富裕的东部与贫穷的西部，繁华的都市与贫瘠的山区相映衬，尤其是富裕阶层的挥霍享受与贫穷阶层的艰难度日，在我们这个有着均贫富传统的国度，强烈地刺激着人们的感官，极大增强着人们的不平衡心理，引起着社会矛盾的激化，是导致社会不稳定的根本原因，其结果将威胁着经济的可持续发展。因此，如何解决这一问题，就成为本课题所研究的“五个统筹”中第二个统筹，即统筹区域发展的由来。

3. 经济发展与社会事业发展失衡

计划经济时期，当时国家通过财政尽可能地集中了一切社会发展资金，然后直接投入到经济建设领域，这是当时总体经济发展较快的直接原因。然而，这种发展，是以尽可能地压缩用于人民生活和各项社会事业，尤其是教育、卫生、文化等事业的财力为代价的。其结果是，在经济发展的同时，人民生活水平却迟迟难以提高，各项社会事业严重滞后于经济发展。这就是所谓的严重“欠账”问题。改革开放以来，尤其是通过改革初期的所谓“还欠账”的努力，这些问题有的解决了，如人民的衣、食、行严重匮乏的状态，已经有了根本的改观，人民的生活水平也有了很大的提高，这方面的“欠账”相对得到了较大的偿还；有的有了较大的缓解，如各种文化设施的建设，又如人均居住面积有了较大的增加等；但

---

① 根据相关数据测算。数据来源：《中国统计年鉴2005》，中国统计出版社2005年版。

有的则没有真正解决，反而在经济社会的剧烈变更，在新的市场化背景下，衍生出新的矛盾，并且演变恶化。具体来看主要有：(1) 市场化改革打破了计划经济下的“单位保障”，即由单位承担的社会保障职责的制度，要求各级政府直接承担起社会保障的职责，真正建立起“社会”保障制度。但由于种种原因，各级政府并没有尽到应有的责任。其结果是至今社会保障体系还很不健全，养老、医疗、失业等社会保险覆盖面还过小、社会保障的统筹与水平还较低，还难以满足广大人民群众的社会保障要求。(2) 市场化改革也打破了城市的教育、医疗原本由政府直接承担的格局，市场因素强有力地渗入其中，而各级政府及其财政出于种种原因，在支持教育和医疗上的力度是不够的，是目前“上学难”和“看病难”的重要原因之一。(3) 市场化改革也否定了原本国家包国营单位职工住房的制度，将住房的提供逐步推向市场化。但由于种种原因，商品房价格呈现出飙升状态，出现了“住房难”问题。它与“上学难”、“看病难”成为民生问题的“新三座大山”。(4) 市场化改革更是打破了国家包就业的传统和制度，尤其是减员增效改革，将传统体制下“隐性失业”人员剥离出来，使得“待业”问题严重起来。随着市场化改革的深入，结构性失业矛盾愈发突出，“就业难”也成为民生最大的问题之一。所有这些问题，都极大地影响着社会稳定，其对经济的可持续发展的潜在威胁是不容忽视的。因此，如何解决这一问题，就成为本课题所研究的“五个统筹”中第三个统筹，即统筹经济社会发展的由来。

4. 资源环境与发展不协调

经济增长方式粗放，拼能源、拼消耗、拼环境来谋发展，曾经是计划经济时期经济发展的典型特征。市场化改革原本应当对此有所匡正和抑制。但现实情况却相反，这些问题似乎表现得更为严重了。主要表现为经济增长方式粗放，工业能耗损高、污染大项目没有得到有效控制，农业落后种植渔牧方式没有得到改善，生态环境总体恶化的趋势没有得到根本扭转。目前中国烟尘排放总量、二氧化硫等排放量均居世界第一位，大大超过环境容量。生态退化范围迅速扩大，在庞大人口压力下，生态承载能力日显单薄，生态安全问题日益突出。这些问题之所以恶化，其原因在于：（1）市场化改革至今没有能够真正到位，从而整个经济的增长仍然停留在粗放方式上。转变增长方式的口号提了多少年，但问题依旧。（2）市场化改革使得各级政府的政绩指标，转到了本级政府辖区内的经济增长速度即 GDP 指标上。于是，出现了政府主导和支配下的经济高速增长状态。这种甚至可以用经济奇迹来形容的高经济增长的背后，是资源、环境的严重消耗与破坏。（3）计划经济时期，由于经济总量很小，经济规模不大，即使污染、消耗、低效等也非常严重，但总体上对社会经济发展的威胁还没有那么明显。然而，30年的经济高速发展所积累起来的巨大的经济规模与总量，使得污染和消耗以触目惊心的状态呈现于世人面前，使得人们再也不能忽视这类问题的存在了。如何解决这一问题，就成为本课题所研究的“五个统筹”中第四个统筹，即统筹人与自然和谐发展的由来。

5. 国内发展与对外开放不平衡

我国计划经济时期的典型特征之一，是闭关锁国，是基本上断绝与境外的联系与往来。市场经济是放开经济，市场活动就是通过与他人的交流，而获得自己所需要的资源和要素。所以，市场的本性是开放的，市场经济必然是开放经济。正因如此，市场化改革是与“对外开放”同时进行的。通过对外交流，希冀能够获得我们所需要的资金、技术、能源，以促进我国的经济发展；希冀能够借鉴市场经济的相关制度、做法、规则和运作机理等以变革传统体制，构建崭新的具有中国特色的市场经济体制；希冀能够加入到国际经济活动中去，不仅使得对外贸易成为我国经济高速发展的重要支柱，更主要的还在于使得我国在经济全球化的大背景下，能够熟悉国际准则，能够融入到国际经济大环境中，享受国际经济发展的红利，同时还能够以国际化来促进我国的市场化改革，等等。经过30年的努力，我国已经基本形成了全方位、宽领域、多层次的对外开放格局，借助外资曾经并且现在仍然是我国经济高速发展的重要原因，经济体制的成功改革，也是与借鉴和参考西方分不开的。然而，几十年的闭关锁国，当着国门一下子打开之时，许许多多陌生的事物和观念涌进来了，它必然对我国的经济、社会、文化、政治等各个层面的制度和观念发生直接间接的影响，产生着潜移默化的作用，也必然产生传统与外来的种种碰撞与冲突。随着市场化改革的深入，随着经济全球化程度的加深，我国经济社会发展的外部不确定因素在增加，如何利用好国内国际两个市场、两种资源，以扩大开放促进改革发展，是我国所面临新的课题。如何解决这一问题，就成为本课题所研究的“五个统筹”中第五个统筹，即统筹国内发展和对外开放的由来。

以上这些问题，已尖锐地摆在人们的面前，尽管人们采取了各种措施，作出了多方努力，但基本问题并没有解决，有的还呈现出恶化势头。它们对于整个社会经济的持续发展，对市场经济体制的健全完善，都具有直接的或潜在的威胁。更有甚者，伴随以上社会经济结构五个方面失衡的，是社会的不稳定问题，是人们对于改革开放与现代化建设的信心、信念、信任的丧失等根本问题。因此，经济社会结构的失衡，已逐步演变为深化改革与扩大开放的瓶颈与阻力，甚至可能成为扼杀改革开放的致命问题。

20 世纪 90 年代初随着冷战格局的打破，世界多极化趋势进一步加强，中国的发展迎来了近百年来少有的国际有利环境，21 世纪上半叶，将是中国社会经济全面腾飞与民族复兴的重要战略机遇期。因此，如何抓住这一战略机遇期，顺利推进中国特色社会主义事业，实现社会经济结构转型与现代化目标，是当代中国面临的最大挑战。显然，非均衡发展战略也同样无法为中国抓住这一战略机遇，并为之提供足够的制度供给、体制动力与发展能量。

从国际趋势上看，西方发达国家近年来纷纷实现从“增长范式”向“发展模式”的转变，公平正义与可持续发展正在成为一种普世的政治经济与社会价值，各国政府纷纷采取种种措施来消除社会不平等、贫困与社会危机。并且，着眼于“共同的未来”，发达国家在经贸关系中设置的种种“绿色门槛”，国家间的交往或国际化，都不是仅仅只以经济等硬实力为基础，也以文化、制度、责任等软实力为基础。这些，也都决定了我国的发展，再也不能仅仅局限于经济的层面，局限于非均衡的发展，而应当着眼于社会经济、国内国际、国内各个方面的全面均衡发展。

总之，改革开放前期为了打破传统体制和观念的抵制与反抗，为了在重重的阻力中“杀出一条血路来”，在原本已经失衡的经济社会结构中跳跃式地赶超经济发达国家，我们所曾经采用的并且产生了巨大作用和效果的非均衡发展战略，其历史阶段性的价值正在减退和消失，均衡发展的重要性愈益凸现。因此，我国已经面临从非均衡发展战略向均衡发展战略转变的历史转折点了。正是在这种历史背景下，近年来中央着手推动发展战略由非均衡向均衡的转型。2003 年中共十六届三中全会通过了《中共中央关于完善社会主义市场经济体制若干问题的决定》，正式提出“五个统筹”的要求，这应被视为我国发展战略转变的一个标志。

本课题就是在这么一个大背景下开展研究的。

（二）“五个统筹”的基本内容

十六届三中全会通过的《中共中央关于完善社会主义市场经济体制若干问题的决定》将“五个统筹”完整表述为：统筹城乡

发展、统筹区域发展、统筹经济社会发展、统筹人与自然和谐发展、统筹国内发展和对外开放。《决定》将“五个统筹”作为实现完善社会主义市场经济体制目标和任务的基本要求，并指出，要按照“五个统筹”的要求，更大程度地发挥市场在资源配置中的基础性作用，增强企业活力和竞争力，健全国家宏观调控，完善政府社会管理和公共服务职能，为全面建设小康社会提供强有力的体制保障。主要任务是：完善以公有制为主体、多种所有制经济共同发展的基本经济制度；建立有利于逐步改变城乡二元经济结构的体制；形成促进区域经济协调发展的机制；建设统一开放竞争有序的现代市场体系；完善宏观调控体系、行政管理体制和经济法律制度；健全就业、收入分配和社会保障制度；建立促进经济社会可持续发展的机制。

“五个统筹”的基本内容与含义是：(1) 统筹城乡发展。就是要求更加重视和解决好“三农”问题，逐步消除城乡二元经济与社会结构，缩小城乡发展差距，通过以城带乡、以工促农、城乡互动、协调发展，推动农业与农村经济的持续发展，建设社会主义新农村，实现城乡经济社会一体化，全面建设小康社会。(2) 统筹区域发展。就是要求着力解决区域发展不平衡、不协调的问题，继续发挥各个地区的优势，调动各个地区发展的积极性，逐步扭转地区差距扩大的趋势。坚持推进西部大开发，振兴东北地区老工业基地，促进中部地区崛起，鼓励东部地区加快发展，形成东中西发展互动、优势互补、合作互助、利益共享的发展格局。(3) 统筹经济社会发展。就是要求在经济持续快速发展的前提下，切实解决社会事业发展与经济发展失衡的问题，大力发展科技、教育、文化、卫生、体育等事业，提高社会保障水平，理顺收入分配关系，切实消除贫困，化解社会矛盾，维护社会稳定，实现社会公平正义，物质文明、政治文明、精神文明协调发展，社会全面进步。(4) 统筹人与自然和谐发展。就是要求高度重视资源利用与生态环境保护问题，转变经济增长方式，处理好经济发展与人口、资源、环境的关系，切实缓解生态压力，维护生态安全，推动社会走生产发展、生活富裕、生态良好的文明发展道路，实现生态现代化与经济社会的可持续发展。（5）统筹国内发展和对外开放。就是要求适应经济全球化与区域一体化的潮流，树立世界眼光，在更大范围、更广领域、更高层次上参与国际经济技术合作，不断提高对外开放水平的同时，处理好扩大内需与外需、利用外资与内资的关系，坚持“引进来”与“走出去”相结合，统筹好国际国内两个市场、两种资源，既维护国家经济安全，又努力消除市场与体制障碍，保障改革开放与现代化建设的顺利推进。

（三）“五个统筹”是改革与发展观的重要理论创新

新中国成立以来，除了“文革”十年等特殊阶段外，大多数的时间里，政府基本上都坚持了“发展为第一要务”的执政理念，只不过在特定的历史年代，受到诸如政治挂帅、诸如“以阶级斗争为纲”等政策的不同程度冲击，从而不同时期发展的要求与内涵各不相同，追求发展的狂热程度也不同。比如，围绕国民经济建设，就有过“大跃进”、“农村人民公社化”、“调整、巩固、充实、提高”等不同的发展战略。这些战略尽管反映了不同时期的特点，有着不同的表现形式，并且也强调要注意农业的基础地位等，但总体上都延续了前苏联的发展模式，实质上都奉行了以工业尤其是重工业为重点，以城市为先导的非均衡发展战略。其中交织着政治因素的干预，充满着不切实际的想法与做法，等等，这些都大大强化了经济发展的非均衡状况。这些，使得改革开放前的 30 年，整个经济发展一直处于大起大落状态之中。

市场化改革尽管否定了计划经济时期许多发展经济的做法，否定诸如“短线平衡”等提法，强调经济发展要均衡等等，但它更多的是否定了计划型的非均衡发展道路，又转入了市场型的非均衡道路之中。这是因为，改革开放本身就是在非均衡发展中起步的，否定了传统的非均衡发展模式，在弥合填补计划经济造成的种种失衡问题的同时，却在新的非均衡发展中产生了新的各种失衡症状，尤其是当人们将眼光扩大到社会层面、扩大到国际层面时，就更是如此。

但在另一个方面，我国对于探索均衡发展的努力也从未中断过。针对“一五”后期暴露出的农、轻、重比例失调等问题，1956 年中共八大就提出了，国内主要矛盾已不再是无产阶级与资产阶级的矛盾，而是人民对于经济文化迅速发展的需要同当前经济文化不能满足人民需要的状况之间的矛盾的问题；指出全国人民的主要任务，应当是集中力量发展社会生产力，实现国家工业化，逐步满足人民日益增长的物质与文化需要。毛泽东也在 1956 年的《论十大关系》中，系统论述了建设中必须处理好的各种矛盾关系，即提出要正确处理重工业和农业、轻工业的关系，沿海工业同内地工业的关系，国家、生产单位和生产者个人的关系，中央和地方的关系，汉族和少数民族的关系，中国和外国的关系，等等。① 1957 年，他又在《关于正确处理人民内部矛盾的问题》讲话中，针对社会主义改造基本完成后，如何正确处理我国社会政治生活中凸现的人民内部矛盾的问题，强调必须树立“统筹兼顾、适当安排”的思想。② 1960 年针对“左”倾发展带来的重大社会经济失衡与损失，中央实施了均衡“调整”政策，并在 1965 年第三届全国人大上，首次将国家建设与发展目标综合定位于农业、工业、国防和科学技术等“四个现代化”上。粉碎“四人帮”后，1976 年 12 月 26 日，《人民日报》重新发表《论十大

① 《毛泽东文集》(第七卷)，人民出版社 1999 年版，第 23—44 页。

② 《毛泽东文集》(第七卷)，人民出版社 1999 年版，第 227—228 页。

关系》。

改革开放以后，中国形成了由沿海到内地的梯级发展格局，沿海与开放城市成为中国新一轮经济快速增长的带动极。同时，均衡发展的理念也不同程度在实践中得到体现。1980年邓小平在《目前的形势和任务》的讲话中指出：“为了建设现代化的社会主义强国，任务很多，需要做的事情很多，各种任务之间又有相互依存的关系，如像经济与教育、科学，经济与政治、法律等等，都有相互依存的关系，不能顾此失彼。”[①] 20世纪80年代初，中央提出了物质文明与精神文明协调发展的方略。2003年突如其来的“非典”疫情，进一步加深了中央对社会经济结构失衡的认识，胡锦涛在全国防治“非典”工作会议上指出：“我们要更好地坚持全面发展、协调发展、可持续发展的发展观，更加自觉地坚持推动社会主义物质文明、政治文明和精神文明的协调发展，坚持在经济社会发展基础上促进人的全面发展，坚持促进人与自然的和谐”。[②] 这一观点，在中共十六届三中全会上进一步完整地表述为“科学发展观”。

可以说，“五个统筹”的提出，是对新中国特别是改革开放与现代化建设经验教训进行总结的结果。“五个统筹”的确立，不仅标志着非均衡发展战略的淡出与均衡发展战略的树立，而且超越了均衡发展战略的传统定位，展现了我国改革与发展观上的理论创新境界。

“五个统筹”是新的改革与发展观，集中体现在以下方面：

1. “五个统筹”体现了科学发展观的基本要求

科学发展观是从历史和时代的高度，总结国内外发展的经验教

① 《邓小平文选》（第二卷），人民出版社1983年版，第249—250页。

② 《十六大以来重要文献选编》（上卷），中央文献出版社2005年版，第465页。

训，在吸收人类文明进步新成果的基础上提出来的，是用于指导当代中国改革开放与现代化建设的发展理论。与以往的各类发展观不同，科学发展观更加注重发展的人文特征，更加注重发展的多样性、整体协调性与可持续性。科学发展观的本质和核心，是以人为本；其基本内容，是全面、协调和可持续发展；而其根本，则是要求统筹兼顾。“五个统筹”就是科学发展观根本要求的具体化。其根本目的，是通过实现城乡、区域、经济社会、人与自然、国内与国外的良性互动，解决好经济社会发展中的突出矛盾和薄弱环节，妥善协调好、处理好各种利益关系，以充分调动一切积极因素，真正促进社会生产力的解放和发展，实现国家社会的繁荣与长治久安。

2. “五个统筹”体现了全面发展观的新视野

目前，各种主流的发展观虽然也都强调全面发展，但其范式的构成，基本上立足于人类社会的内部关系，无论是在经济社会的全面发展，还是在物质文明与精神文明的全面发展，或是物质文明、政治文明、精神文明三个文明的全面发展上，所协调的都是人类社会的内部关系，而“五个统筹”则将全面发展的视野拓展到人与自然的关系，将社会与自然统筹起来考量，这显然是一个大的进步。人本身也是自然的产物，失去了自然与生态环境的支撑，人是不可能全面发展的。马克思主义经典作家早已指出，人类对自然的每一次胜利，都将受到自然的加倍报复。[①] 正是在这个意义上，古典政治经济学所开创的以自然资源消耗为代价的福利增长模式，必定会遇到“增长的极限”。只有将人与自然的发展统一起来，才有社会与经济的可持续发展。并且，“五个统筹”展示的是全面发展的立体视野，它将代际间关系引入分析框架，既注重当代人类社会

---

① 《马克思恩格斯选集》（第三卷），人民出版社 1972 年版，第 517 页。

经济的发展，又考虑到后代人的可持续发展，使全面性更加充分体现。

3. “五个统筹”拓展了均衡和按比例协调发展的内涵

传统的均衡理论，主要研究的是经济结构的均衡，强调的是国民经济各部门之间的按比例平衡。“五个统筹”则将均衡的内涵，拓展到社会经济的层面，并进一步拓展到人与自然的关系和国内与国际的关系，从而将均衡放在开放体系中去研究。传统的按比例协调发展观形成于工业革命之后，因此，其主要关注的是农、轻、重三个部门之间的比例关系，着力解决的是通过合理的比例来确保重工业的发展。计划经济体制强化了按比例发展的原则，同时也僵化了社会经济比例，反而造成比例的失调。“五个统筹”则立足于市场经济的基本特征和社会协调发展的本质要求，进一步强调人类与自然两大生态体系之间的比例协调关系，以此来努力实现社会与自然资源的合理配置。

4. “五个统筹”在价值论上实现了经济发展本质的历史回归

现代经济学被视作关于效率的科学，“经济”一词在很大程度上等同于“有效率”。然而，在历史上，经济学却首先是作为伦理学的分支而发展起来的。因此，经济学试图揭示的首先是人与人，以及人与自然之间的理性关系。亚当·斯密关于“经济人”的假设，从直接的意义上看，有着将真实的人的需求多样性扭曲变形的问题。正因如此，他也关注和研究道德问题，并且早于《国福论》（1776 年出版），出版了其名著《道德情操论》（1759 年出版）。然而，其后的经济学陷于过度强调效率的泥淖难以自拔，效率成为其最大的价值追求，效率优先被过度拔高。事实上，正如阿马蒂亚·森所言，经济学应致力于评价和增进“更基本的目标”，其中至少应该包含有自由与公正的目标。福利并不是唯一有价值的东西，效用并不能充分地代表福利。[①] "五个统筹"正是从人的需求的多样性出发，强调经济社会发展的均衡与社会分配关系的平等，从而使以人为本成为发展的目的，以顺应自然约束法则的人的全面发展作为发展目的。因此，"五个统筹"，就是要求从人民的根本利益出发，不断满足人民群众日益增长的物质文化需求，保障发展的成果公平地惠及全体人民。

5. "五个统筹"是对渐进改革模式的提升

改革开放以来，我国一直坚持走"渐进改革"的道路，避免了俄罗斯及东欧国家激进改革所带来的社会动荡和秩序变动。渐进改革以稳定为主要的评估标准，是通过保持稳定来达到持续的较长期的不断发展的。因此，多数改革只能通进"试验田"、"窗口"的方式来尝试，通过对"排头兵"的支持来探索，进而逐步推进。这种改革模式尽可能地将各种深层次的矛盾隔离或搁置起来，以先易后难的战术实现单兵突破。这种发展战略，实践证明已经取得了很大的成功。但也正如前文的分析所指出的那样，其副作用与弊端也随着经济的发展和改革的深入，兼之国际、国内发展环境的变迁，而愈益显现出不适应性。积累至今，目前我国已经到了这样一个发展阶段，即社会正在加速转型，深层次的社会经济矛盾已无法回避，不解决这些矛盾，就不可进一步深化改革、扩大开放；而难以进一步改革开放，则积累的社会经济矛盾难以稀释和缓解，社会稳定也难以保持。在这种背景下，"五个统筹"的提出，正是对既有的渐进模式弊端的回应与对其否定，是希冀通过整合改革领域，用统筹兼顾来破解深层次矛盾，全面推进综合配套改革，将各种单项、缺乏联系的改革协同起来，从而形成推进深化改革与扩大开放

① 曾娟红、赵福军：《促进我国经济增长的最优财政支出结构研究》，《中南财经政法大学学报》，2005 年第 4 期，第 77—81 页。

的合力和动力，使改革尽可能不偏离稳定的轨道。

二、“五个统筹”与财政支出结构的相关性

（一）五大矛盾归根结底是经济社会结构矛盾

如前所述，我国目前的发展已处于严峻的矛盾与失衡状态之中。目前的诸多经济和社会矛盾，既有其历史阶段性特征，即中国尚处于社会主义初级阶段，生产力发展水平并不高，缺乏高度的社会福利来满足人民群众的需求，而日益开放的国际环境又促进人们新的物质文化需求的产生；又有我国非均衡经济发展战略的作用，导致了结构性的经济社会矛盾出现，是各个主要结构不平衡的结果；兼之目前正处于市场化改革引起的社会转型加速期之中，急剧的经济社会变化使得旧矛盾没有解决，新矛盾却已经出现，大大增强了问题的尖锐性和解决问题的难度。这些，都对人们解决这些问题提出了崭新的要求。因此，“五个统筹”所要解决的，是在我国特定的历史时期，特定的经济社会结构状况及其演变路径，特定的经济发展水平和格局下，对于经济社会发展带有全局性影响的结构性问题。它所包括的城乡结构、区域结构、产业结构、收入分配结构、自然禀赋分配结构以及国内和国际市场结构等矛盾，是多方面和多层次的，但又是影响全局的问题。

一般认为，社会转型主要体现在三个方面：一是体制转轨，即从计划经济体制向市场经济体制的转变。这种转变是带根本性的，是引起整个社会变化的根本原因。二是社会整体的和全面的结构状

态过渡，即结构转换、机制转轨、利益调整和观念转变。它使得人们的生产方式、就业方式、生活方式、行为方式、价值体系都发生了明显的变化。三是指社会形态变迁，即社会从传统社会向现代社会，从农业社会向工业社会，从封闭性社会向开放性社会的变迁和发展。因此，它也是一个传统与现代、守旧与革新、扬弃与创新并举的时代，从而是一个激烈碰撞与冲突的时代，是一个矛盾不断消弭又不断发生的时代。就如一部在崎岖山路上颠簸前行的汽车，是否能够保持其稳定，就成为汽车能否前行又不颠覆的基本条件。这需要驾驶员有高超的驾驶艺术，既要开得快，以实现经济的高速增长；又要开得稳，不使汽车颠覆，甚至还不要让车上的乘客受过分颠簸之苦。这一艺术之中，显然包含了“统筹兼顾”的基本内容。

我国的改革开放，自一开始就定位于市场化与现代化，因此，它不可能是社会某一方面结构的变迁，而是从传统社会向现代社会的转型，它既包括经济基础的变革，也包括上层建筑的调整。通过借助非均衡战略，我国得以在短时间内打破旧有计划体制的约束，确定了新的经济结构与秩序。但由于社会结构与文化结构的变迁存在一定的滞后性，不会自然而然地随着经济结构变化而作出调整。因此，在一定阶段必将产生经济与社会结构间的矛盾，进而引起社会利益的分化与社会秩序的变动。反过来，社会结构调整不到位，又制约着经济结构的进一步合理化。无论是社会内部物质文化的矛盾，还是人与自然的矛盾，都体现和反映着结构失衡特征。这种结构性的矛盾，正是当代中国发展问题的症结。

事实上，中国的经济结构变迁速度之快，超出以往任何国际性的经验。一方面，传统的社会经济秩序被迅速打破，社会经济运行呈现某种失控状态；另一方面，新的社会经济秩序却没能很好建立和完善起来，旧体制的影响与障碍仍然存在，甚至还深层次地发挥着根本性的作用，不仅难以有效地弥合旧秩序打破之后的社会经济无序状况，还有形无形地破坏新秩序的建立。因此，“五个统筹”

战略的提出，就是要以政府的调控力来加速社会结构的变迁，通过抓住解决社会经济结构性问题这一主要矛盾，促进经济结构变动与社会结构变动相一致，并最终推动社会的经济结构、政治结构、社会结构、文化结构的在市场化基础上的整体性变迁。

（二）经济社会结构对财政支出结构的决定性影响

虽然目前理论界与实际工作部门都已注意到，造成我国经济社会结构失衡的主要原因，是非均衡发展战略的积累效应，但大多数的分析却没有注意到财政支出结构对于这些失衡的关键性影响。因此，关于经济社会结构问题与财政支出结构相关性的研究仍是相当缺乏的。事实上，财政作为政府的分配活动，具有规模大、涉及面广、种类多等特点。它与几乎所有的经济体和个人都发生财政上的联系，都直接间接影响经济体和个人的行为，在经济社会生活中居于重要的地位。即使在市场化改革已进行了 30 年的今天，政府在我国的经济社会生活中仍然处于支配性地位，各种主要社会经济活动的安排和确立，都有着政府直接间接影响介于其中，也相应地反映和体现在财政支出的安排上。正因如此，支撑非均衡战略实施的主要力量，表面上是各种计划性或规划性政策，但最终都集中于财政分配活动，都落实到财政支出的安排和它的结构上。“五个统筹”中深层次利益矛盾和结构失衡格局的形成，财政支出结构起了重大的作用与影响，在某种意义上是年复一年的财政支出的直接结果，是在特定的财政支出结构作用下形成的。而要化解这些矛盾，就必须否定既有的财政支出结构，就必须以新的财政支出结构去变更它。所以，没有财政支出结构的调整，就不可能有经济社会结构的调整。换言之，没有财政支出结构的调整与优化，就谈不上“五个统筹”战略目标的实施和实现，改革、发展和稳定也将难以为继。

在现代社会，财政分配活动是居于核心地位的公共管理活动，是政府体现其职能、落实其政策的主要工具，它反过来还规范和约束着政府的活动。

在市场经济下，政府的基本职能是弥补市场失效，这只有通过公共资源的重新配置与社会财富的再分配才能达到。现代政府的所有活动，都直接间接与财力发生关系，都必须支付一定的财力，才能开展其活动和履行其职能。一句话，现代政府的活动都是离不开“钱”的。政府正是在支付各种经费的过程中，完成其各种活动，履行其各项职责的。但政府本身并不从事市场活动，并不拥有资源和要素。它所需要的“钱”，只能来自于市场、来自于资本、来自于社会公众。于是，在人类社会中就形成了这么一大类现象，即政府支出与收入活动，也可以统称为“政府分配”。对这类纷繁复杂、多种多样、日复一日、年复一年发生的政府分配现象，人们冠之以一个名词，即“财政”。市场经济下，财政收入来自于社会公众，财政支出是为了社会公众的公共利益而使用的；财政收入和支出都是在社会公众的决定、约束、规范和监督下开展的，这就是“公共”财政。由于市场经济下的社会公众就是所有的市场活动主体，所以市场型财政的收入和支出，又表现为是为市场提供公共服务的支出，这也是其之所以为“公共”财政的另一个根本原因。

财政作为政府的分配活动，它处于特定的经济、社会、政治、文化背景之中，受到它们的影响与决定，从而形成了特定的财政支出结构。就我国的财政支出结构来看，它受到经济社会等的决定性影响主要表现在以下方面。

1. 发展中国家的财政支出结构

我国目前仍然只是一个发展中国家。这是决定我国财政支出结构的一个根本性因素。30 年来，尽管我国的经济高速发展，经济水平有了很大的提高，经济规模迅速增大，总体经济实力有了很大的增强，但不可能一口吃成个大胖子。30年在历史的长河中，只是短短的一瞬间，底子薄、基础差、人口多的我国，是不可能在这么短时间内，就根本改变经济社会的落后状况，就成长为一个经济强国和富国，就使得人均GDP等指标位居世界前列的。即使是现在看起来已经相当庞大的经济总量，也还不是很大很强，仍然在世界上不处于数一数二的地位。

这一根本国情，直接决定了我国财政支出的若干特点：（1）我国正处于经济起飞阶段，经济的高速发展，要求相应的基础设施和公用设施的支撑。从世界经济发展史来看，基础设施的投入，很大程度上要依靠政府的投资。我国作为发展中国家，基础设施和公用设施非常落后，而社会资金极为缺乏，市场体系又残缺不全，难以依靠民间资本去解决基础设施等的投资问题。于是，政府直接间接的投入，包括诸如政府担保由企业和私人资本的投入，就成为解决基础设施等问题的基本财力来源。这种现状决定了在我国的财政支出结构中，投资性支出比重将是较大的。（2）我国财政收入绝对规模仍然较小，投入到社会保障方面的财政支出也就不可能很多，尤其是以人均支出来衡量就更是这样。（3）经济相对发达的地区和经济相对落后乃至非常落后的地区对比，前者的财政收入相对更多，其财政支出在财政总支出中显然也相对会更大，而后者则相对较小。而中央政府和上级政府的转移支付活动，又受到种种因素的制约，难以强有力地发挥作用。这些，都是财政支出结构影响区域发展的直接原因。

2. 计划经济传统浓烈的财政支出结构

我国是一个从计划经济向市场经济变革的国家。计划经济的若干基本问题，对于我国财政支出结构，一直产生着强烈的影响，至今仍然如此。它主要有：

第一，城乡二元结构问题。

我国现存的城乡二元结构，是计划经济时期形成的，有着鲜明的计划经济特征。当时的财政分配制度存在于这一经济社会结构之上，直接体现出这一结构的根本要求，又反过来直接支持和强化了这一经济社会结构。当时整个财政收入几乎直接来自工商业，而来自农业的直接收入则微乎其微。当时农业剩余产品通过工农业产品的价格剪刀差，几乎全部被财政取走了。而原本已经非常孱弱的农业，其投资基本上还得依靠自己的力量。而财政将集中起来的财力，大部分都投向了工业，尤其是重工业，投向了城市，投向了城市居民。从这个意义上看，如果没有财政形成的整个社会财力从农村、农业、农民向城市、工业、职工的转移，就没有我国特色的城乡二元结构制度。而其中的财政支出结构所起的作用，就是一方面只对"三农"有微弱的投入，另一方面则尽可能地将财力集中投向城市、工业和职工，强有力地固化了城乡二元结构。

这种状况受到了市场化改革的强烈冲击，导致了财政支出具体结构持续地、大规模地变化，但并没有根本改变财政支出结构的基本格局。这期间，财政支出已经不再大规模地投入工业，不再尽可能地集中财力于直接的经济建设，但对于"三农"的投入并没有大的改变，反而由于农村人民公社的解体，连原本用于大规模的农田水利建设的投资也没有了。换言之，财政支出至今仍然绝大部分投入到城市，投入到第二和第三产业，投入到城市居民上去，农村、农业和农民在财政支出结构中仍然是极为次要的。因此，如果仅从支出方面来看，这是可能进一步加剧和拉大城乡二元结构差距的财政支出结构。

第二，社会保障问题。

计划经济时期，社会保障问题的解决有着城乡分割和单位保障的基本特点。

城乡分割即国家将城镇居民的社会保障包下来，却不对农村居民提供社会保障。这些，都是城乡二元结构制度在社会保障制度上的表现。市场化改革当然要冲击和否定这种由计划经济所决定的社会保障制度，但城乡二元结构状况依旧，财政支出重心和主要注意力没有放在“三农”问题上的状况依旧，从而财政支出仍然没有多少财力用于社会保障上。

单位保障即城镇居民的社会保障，是由其所属的单位直接提供的，直接表现为“单位保障”、“就业保障”和“城市保障”。市场化改革否定着由单位和就业直接提供社会保障的传统做法，开始构建由政府直接负责的社会保障制度，但至今计划经济的影响仍然强烈存在着：一是计划经济时期的社会保障资金，尽管没有以专门的基金形式存在，但它实质上已表现为企业利润，并以“利润上缴”形式上缴国库，然后再以财政投资的方式，建成了新的工厂等。如果继续搞计划经济，继续沿用“单位保障”制度，则城镇单位职工的社会保障可以通过企业列支成本或冲减利润来支付。但是，市场化改革将企业推向独立的市场主体地位，社会保障职责再也不能继续由企业来承担，而应当由政府来直接承担。这就需要由财政将已经用掉的实质上的社会保障基金建立起来，但财政已经没钱了，从而形成了提供社会保障基金的强大压力。一是社会保障还主要局限于城镇，这是仍然延续了计划经济时期的社会保障格局。一是社会保障更多的还只是国有企业的事，尽管各地已开始扩展社会保障对于其他所有制成分的覆盖面，但离真正的“社会”保障仍然有很大的差距。而要覆盖到全社会，要解决的问题很多，但其中一个重要的就是解决财政支持社会保障制度构建所需财力的问题。

第三，政府支配市场问题。

我国的市场化改革，是在政府支配下启动、推进、延伸至今的。30 年来，尽管市场要素有了很大增长，市场体系已经初步形成，但总体上看，经济社会活动仍然处于政府的支配与决定之下，市场对于政府及其财政活动的约束力还是很弱的。这种状况决定了：一是目前的财政支出结构仍然是由政府决定的。政府及其官员能够体现政绩的支出，总是能够千方百计地膨胀起来，预算内没钱有预算外，预算外再没钱有制度外，制度外如果仍然难以满足本级政府的支出需要，则可以通过各种手段，迫使国有企业乃至私有企业按照政府的意愿投资。一是目前行政支出的快速增长。在市场经济下，财政支出是在花纳税人的钱，它原本应当由社会公众通过政府预算来决定，但目前在政府决定和支配政府财力的背景下，政府官员近水楼台先得月，其直接表现就是政府的行政支出的快速增长。一是政府财力使用的严重低效浪费。不受监督和约束的财力使用，当然只能是铺张浪费与挥霍。这就使得原本并不宽裕的财力更为紧张，严重约束与限制了政府财力的安排，使得财政支出更加难以满足政府提出的“五个统筹”的要求。

第四，财政制度“国家性”的根本影响问题。

计划经济的传统顽固地影响目前的财政支出结构，还表现在我国传统的国家财政制度实质上仍然存在，即计划经济体制赋予财政制度的“国家性”仍然存在的问题。而公共财政制度尽管已经建立了基本框架，但尚未健全，其核心的内容，就是社会公众决定政府财力的能力尚不具备。于是，政府内部各科层的收支活动，仍然只能依靠中央政府的行政约束。只有这样才能维持整个政府收支活动的统一协调，才能相对规范与有所监督。然而，市场化改革否定着计划经济体制，也就否定着财政体制的高度集中统一模式，地方政府逐步获得越来越大的财权财力，中央政府依靠统一行政方式控制地方政府收支的模式，逐步被否定。1994 年进行的“分税制”财政体制改革，实际上是地方财政真正成为一级财政的开始。而地方政府财权财力的增大，使得在我国特有的国情下，形成新的政府财力结构格局，即政府财力由预算内、预算外和制度外三大部分所组成。由于预算内财力相对规范，受到的制度约束与监督也相对严格，因而地方政府努力扩大了预算外财力，然后是制度外的财力。

目前政府财力大体上是预算内保“吃饭”，预算外和制度外管“建设”。因此，这种政府财力分布格局，又直接影响了政府财力的支出结构，是政府仍然大规模地直接参与投资活动的财力来源。

3. 国有制经济决定下的财政支出结构

我国是一个单一国营经济转向多种经济成分并存的国家。在计划经济体制下，存在于我国的实际上只有单一的国营经济：(1) 当时的国营经济占了整个社会经济的大部分比重。(2) 当时的城镇集体经济实际上也是国营经济，是“二国营”。它的管理与运行，它的一切活动，都是比照国营企业进行的。(3) 农村社队本身就是“政社合一”的，它本身就是最基层的政权组织，农民的活动很大程度上在政府指挥控制之下，其活动的结果根本上归国家所有。由此形成的是单一国营经济基础上的财政。它不仅表现为财政收入基本上直接来自国营经济，而且财政支出基本上也只能是投入到国营经济中去。

改革开放否定这种所有制结构，要求尽可能地引进外资，要求发展多种经济成分，国有经济的比重日趋缩小，从而财政收支结构也相应发生了重大变化。原本只能用于国营经济的政府支出，此时开始转向对整个市场和各个经济成分的资本提供公共服务，从而影响财政支出。但是，单一国营经济的影响仍然延续下来，在短期内无法从计划体制中彻底转型。其典型表现在于有着大量的国有资本经营活动，它们涉及国计民生的方方面面，其中一部分国有资本至今尚未退出竞争性领域。这种状况，必然在政府支出上表现出来，尤其是预算外和基金的支出上就更是如此。

4. 初步市场化的财政支出结构

30 年来，我国一直在朝着市场化方向变革，市场经济体制在逐步形成之中，它也必然将自己的要求逐步体现出来，要求政府满足自己的要求与欲望，即政府只能从事弥补市场失效的活动，而不能侵害市场和资本的正常活动。其表现主要在：（1）满足市场提出的效率要求，财政不要再安排追逐市场营利的支出。这些年来，我国政府也一直是这么提倡，也朝着这个方向作了很大的努力，成效也是有的。其典型的表现之一就是预算内直接安排的营利性支出已经几乎没有了。但“越位”问题仍然存在，即政府及其财政仍然参与到市场有效运行的领域内，尤其是预算外和基金的使用就更是这样。（2）满足市场提出的公平要求，财政必须提供必不可少的财力支出，进行应有力度的全社会再分配活动。这其中财政支出支持社会保障活动是重要内容。（3）满足市场提出的稳定要求。这是通过财政政策手段的运作，保持宏观经济的稳定运行。典型的如 1998 年开始启动积极财政政策以来，投资性支出在财政总支出中的比重大大上升，等等。

（三）财政支出结构对经济社会结构的重大影响

财政支出结构反映的，是既定数量的财政总支出在各项目之间如何安排使用的状况。这既是一个资源配置的问题，又是一个社会分配的问题，它直接关系到资源配置是否有效和收入分配是否公平等根本性问题。因此，财政支出结构必然影响着经济社会结构。

1. 财政支出结构影响经济社会结构的总体分析

在计划经济体制下，财政支出结构直接决定着经济社会结构。这是因为，当时绝大部分的固定资产投资和新增流动资金都是经由财政支出提供的。于是，财政支出的状况，就直接影响了下文所述的基本结构。市场化改革直接导致了财政支出结构的变化，但其影响仍然是巨大的。

第一，财政支出结构对所有制结构的影响。

计划经济下，财政尽可能地集中社会财力到自己的手中，然后又尽可能地压缩其他方面的支出，将尽可能多的财力，即超过半数的预算资金用于经济建设，其中基本上又都是投入到国营经济中。于是，它直接促进着国营经济的发展壮大，直接促进整个社会向着“一大二公”、向着共产主义方向过渡，使得整个社会经济结构日益朝着单一的国营经济结构转变。

市场化改革显然决定了这种状况的改变，并且也直接通过财政支出的变化来体现与落实。改革开放以来，财政支出的主要注意力已经不再是直接的经济建设支出，财政也不再全力以赴集中一切可能的财力用于新建国营企业，而是更多地服务于多种经济成分的成长，从而直接影响了整个社会的所有制结构的变化与调整。30 年来，国有经济所占比重大幅度下降，除了其他经济成分的规模高速扩张之外，与预算内投资占整个社会固定资产投资比重大幅度下降有着重要关系。我国所有制结构的这种变迁，与市场化改革的方向相一致，也是政府政策有意安排起作用和财政支出结构调整的结果，因而是值得肯定的。

第二，财政支出结构对国民经济结构的影响。

计划经济时期，财政投资到哪个部门、哪个地区、哪个领域，该部门、该地区和该领域在国民经济中所占的比重就上升，相应地，未投资的其他部门、其他地区和其他领域所占的比重就下降，这就直接引起国民经济结构的变化。在长达 30 年的岁月里，财政年复一年地通过自己的直接投资，贯彻着中央政府的调整国民经济比例关系的意图，从而形成了某种特定的国民经济结构。进一步看，计划经济下也有若干时段的国民经济结构是失衡的，其直接原因就是该时段政府没有遵循按比例原则安排财政投资；反之，要进行国民经济结构的调整，首先要进行的就是并且只能是财政投资结构的调整。从这个意义上看，当时的财政支出，具有决定国民经济结构的能力与作用。这是计划经济体制本性的体现，是当时财政承担着从财力上保证中央政府直接计划配置社会资源职责的具体化。

市场化改革否定了政府以指令性计划直接配置社会资源的角色，当然也解除了财政直接投资决定国民经济结构的任务，否定了财政以固定资产投资直接决定国民经济结构的能力。但这一变革过程并不是那么顺利和彻底的，这是我国整个市场化改革艰难曲折的具体反映。改革开放的最初几年，随着对企业放权让利等各种改革措施的推行，财政的直接投资在整个社会固定资产投资总额中的比重大幅度下降，政府投资尤其是预算内投资直接作用于国民经济结构的能力和重要性也相应大幅度减少。但是，“预算内”这种配置社会资源主体地位的出让和空缺，并没有由市场机制自动填补，并且至今还谈不上已经真正由市场机制填补了。“预算内”决定国民经济结构影响力和作用力的丧失，并不等于政府对社会资源配置能力的丧失。相反，通过其他的直接间接手段与方式，政府实质上至今仍保留着对整个社会资源配置的支配能力：（1）整个政府财力拥有数万亿元的巨大规模，占了 GDP 至少 30% 以上的比重，从而在整个社会资源的配置中举足轻重；（2）巨大规模的政府投资，尤其是各级政府以预算外和基金所安排的投资，就更是直接影响社会资源的配置状态，影响国民经济结构；（3）更主要的还在于，政府还能够运用各种手段，去影响乃至要求企业按政府的意愿行事。所有这些活动，都不是市场机制在起决定作用，而是由政府支配的。惟其如此，政府支出对于“五个统筹”，尤其是对于其中的城乡统筹、区域统筹、人与自然和谐的形成，是有着很大作用的。

第三，财政支出结构对各类社会事业的影响。

在计划经济时期，尽管政府尽可能地压缩所谓的非生产性支出，尽可能地压缩各项社会事业、各种基础设施和公共设施的支出，但毕竟还是安排了一定数额的这些方面的支出。这样，具体提供什么样的社会事业，建设哪些具体的基础设施和公共设施，仍然是依财政支出的安排而决定的。市场化改革立即否定了只讲生产、不讲生活的偏差，开始努力偿还这些方面的欠账。这些，都直接体现在财政支出结构的变化上。它使得社会支出在整个财政支出中的比重迅速上升。这些，开始全面地改变着各种社会服务事业严重停滞乃至萎缩的状况，社会服务事业、社会服务水准在逐步提高，诸如基础设施和公共设施等领域长期积累的问题有了根本的改变，行路难等问题已经基本消除。但是，由于各级政府的注意力很大程度上仍然放在对 GDP 的追逐，努力集中财力追逐政绩工程和形象工程，从而各级政府财力没有能够保证将应有的数额用于教育、医疗等方面，是目前存在的诸如“上学难”、“看病难”、“就业难”和“住房难”等社会问题的产生原因之一。而克服这些社会问题，政府及其支出的作用无疑是不可或缺的。

2. 财政支出结构层次对经济社会结构的影响

从我国现行财政支出结构的五个层次上，可以来分析财政支出结构对整个经济社会结构的重大影响。

第一，从财政制度层面的考察。

财政支出可以分为预算内支出、预算外支出和制度外支出等，从而形成财政支出的制度性结构。这点，前文已经提及。由于这几类政府财力的制度规定、具体用途、中央与地方对它们的支配力等都不同，因而各级政府对于它们的使用是不一样的。由于各级政府所承担的职责和任务，所关注问题的重心都是不同的，因此，这几类支出在整个政府支出中各自所占比重的大小，就直接影响和改变着财政支出结构的总体结构。这几类财力的典型区分，就如人们老说的那样，是“预算内保吃饭，预算外和基金搞建设”，即政府的预算内支出基本上用于各类社会事业的支出，而预算外和基金则主要用于各类建设项目，包括营利性投资。预算内财力由于制度化程度较高，受到的监督和约束也较强，使用也较为规范，其支出是较为符合“公共服务”要求的，也能够较多地用于解决诸如上学、看病、就业和住房等方面的问题。相反，由于地方政府对预算外和基金有着较大的自主权，使得地方政府所追求的政绩项目，大体上依靠这类财力来满足。因此，如果预算外和基金过快膨胀，过多地挤占原本应当由预算内集中的财力，就从根本上影响了财政支出结构，进而导致不同的经济社会结构的形成。

第二，从财政层级层面的考察。

财政支出可以分为中央财政支出和地方财政支出，后者又可进一步分为省、市（地）、县和乡（镇）等多级财政支出，从而形成财政支出的体制性结构。与财政支出的制度性与体制性结构相关，形成了现阶段特有的经济社会公共管理结构。在我国目前庞杂的财政体制层级结构之下，形成了中央与地方在一些公共资源管理上的零和博弈状况，出现了“一收就死，一放就乱”，“上有政策，下有对策”等现象；出现了地方政府与地方政府间的失衡竞争，GDP和引资目标导向下，出现一波又一波的无序开发、盲目投建等问题；出现了地方预算约束软化，县乡级财政赤字严重，地方隐性债务庞大，区域财政实力差距不断扩大等问题；也出现了政府与市场间的资源争夺，行政机构、人员规模不断膨胀，政府在部分行业、产业上仍然能够越位垄断、争位夺利等弊端。所有这些，都直接间接地体现在财政支出结构上，都对经济社会结构产生重大的影响与作用。

第三，从财政项目层面的考察。

按照预算科目，2007 年以前财政支出还可以细分为基本建设投资支出、增拨企业流动资金、挖潜改造资金和科技三项费用、地质勘探费、工交商部门事业费、支援农村生产支出和各项农业事业费、文教科学卫生事业费、抚恤和社会福利救济费、国防支出、行政管理费和政策性补贴支出等，形成财政支出的科目性结构。这种预算科目的分类，是半个世纪以前从苏联引进的，此后尽管有着多次的修改与调整，但基本制度框架与格局没有变化。因此，在相当长时期里，这一预算科目结构较好地支持了计划经济的运行，对经济社会结构的形成与变化产生了很大作用。如基本建设投资支出，就一直是政府直接调控经济增长的重要手段，等等。但是，传统的支出偏重于生产性的支出，像环境保护支出、生态恢复支出则长期缺位。从 2007 年起，适应着公共化变革所发生的财政巨大变化，预算科目进行了根本性的变革，废止了实行半个多世纪的这套预算科目，改行与市场经济相适应的预算科目体系。但它仍然是由多个项目组成的，即财政项目层面的结构仍然对经济社会结构产生重大影响。它将为人们更好地安排使用财政支出，提供较好的工具。

第四，从财政功能层面的考察。

财政支出可区分为经济建设费、社会文教费、国防费、行政管理费等，从而形成财政支出的功能性结构。这些支出，直接关系到政府对于经济社会结构的影响与作用。诸如经济建设费，在计划经济时期它是政府以指令性计划直接配置社会资源的财力体现。它的大小，直接关系到整个社会经济建设规模的大小和发展速度的快慢；它对于社会文教费的挤占状况，更是导致当时各类“欠账”的直接原因；而行政管理费是否能够得到有效的控制与压缩，则更是关系到包括经济建设和社会文教等支出能否有效安排的大问题。

市场化改革以来，这几类财政支出的结构和内容都有了很大的变化：(1) 经济建设费不再占整个预算支出半数以上。这是财政不再是经济建设主要资金来源的集中表现。换言之，尽管改革开放以来，政府的工作重心转到了经济建设上来，但那是通过扶持市场的发展壮大，通过市场和资本的迅速发展来支持经济建设的，表现在财政支出的安排上，反而是财政的经济建设费所占比重大幅度下降。(2) 更主要的变化是，财政的经济建设费内容有了根本的改变，由原来的直接安排营利性投资为主，转变为以安排基础设施和公共设施等投资为主。因此，经济建设费的变化，是财政支出结构最为重要的变化之一，它对于经济社会结构的影响是很大的。

社会文教费的各项支出，直接面对的就是诸如上学、看病、就业培训等问题，因而它的安排如何，对经济社会结构的形成有着直接的强烈影响。从西方国家来看，市场经济环境决定了政府本身不应直接参与市场活动，而是通过提供公共服务来支持和促进经济社会的发展。这就决定了社会文教费是公共财政的最大支出类别，占据了整个财政支出的大部分比重。改革开放以来，财政的这类支出所占比重也大幅度上升。这是符合整个改革的市场化方向的。但由于种种原因，尤其是政府对于政绩工程的追求，往往出现挤占这类支出的问题，从而形成这类支出相对不足的财政支出结构，最终影响合理的经济社会结构的形成，诸如“上学难”等所谓的“新三座大山”的形成，与此是有很大关系的。

第五，从财政购买层面的考察。

财政支出的分类还可分为购买性支出和转移性支出，从而形成财政支出的购买性结构。财政支出依据是否直接对产品和劳务提出需求，而区分为购买性支出和转移性支出两大类。前者直接形成市场购买力，从市场取走产品和劳务；后者并不直接形成市场购买力，而是将货币支付给有关的个人或单位，由他们支配使用。过去我国财政的转移性支出所占比重非常少，市场化改革改变着这种状况，转移性支出在财政总支出中的比重正在增加，但至今仍然偏少，还是购买性支出占大部分。由于转移性支出更多是社会保障等类支出，因而这一层面的财政支出结构如何，也是直接对经济社会结构产生影响的。另外，在我国还有一类“转移支付”，但这与“转移性支出”是不同层级的概念，因为它是财政体制中的一个内容，是财政体制规定的中央财政对地方财政、上级财政对下级财政给予的财力。这类支出，大体上归接受方支配或使用。它往往起到将财力从经济相对发达地区，向经济相对落后地区，向老、少、边、穷地区转移的作用，从而对缩小沿海与内地、城市与乡村的发展差距，有着较为重要的作用。

3. 公共财政是实现“五个统筹”的必要制度保证

所谓公共财政，是为市场提供公共服务的财政，是社会公众的财政，是与市场经济相适应的财政制度。市场和资本通过公共财政，决定、规范、约束和监督着政府行为，确保市场不受政府的侵犯与干预，并且使得政府只能为市场提供其所需要的公共服务。因此，公共财政制度是建立市场经济体制的关键条件，没有公共财政，是不可能建立起真正的市场经济的。“五个统筹”建立在市场经济的基础上，是我国初步建成的社会主义市场经济体制所面临的重大问题。所以，能否建立健全公共财政制度，直接关系到“五个统筹”的能否实现。

就公共财政制度来看，它直接决定着财政支出结构。

第一，从公共财政是为市场提供公共服务的财政来看。

公共财政的基本含义，决定了财政只能按照弥补市场失效的准则来安排支出，决定了政府支出必须对市场所有的活动一视同仁，决定了政府不应当安排市场营利性质的支出。换言之，凡是市场和资本要求政府及其财政提供的服务，公共财政才能安排并且也必须安排相应的支出；反之，即使政府及其官员认为是执政所必不可少的支出，也都不能安排。这一原则，都约束和规范着财政支出结构，使之从根本上符合市场经济的要求。

第二，从公共财政是社会公众的财政来看。

公共财政要求财政支出的安排由议会或人代会通过相应的政治程序来确定，要求财政支出遵循法定程序。因此，真正的公共财政，将使得社会公众能够通过人代会，直接反映自己的要求，并通过政府预算的安排而体现出来。这样，就我国目前一直未能有效解决的诸如弱势群体问题、“三农”问题，诸如“看病难”、“上学难”、“住房难”等问题，将大大缓解，有的还可能根本解决。这是因为，政府支出的决策，是一种公共选择的过程，它是所涉及的各方博弈的结果。在目前政府强势、市场实际上被置于政府支配的背景下，政府及其官员的偏好在安排财政支出中，占据了决定地位，整个财政支出结构当然会是在政绩导向下安排的。而解决诸如弱势群体的困难，并不能直接体现政绩，弱势群体的要求和愿望当然就难以在财政支出结构中充分体现出来。但是，随着财政公共化进程的推进，随着财政制度公共化程度的加强，社会公众中占多数的中下层民众的声音将会日益响亮，从而逐步影响着财政支出结构。

第三，从公共财政是与市场经济相适应的财政制度来看。

我国迟至1998年才确立了公共财政的改革目标，而市场经济的改革目标则是1992年就明确了的。这就使得我国财政制度的变革，相对于经济体制的变革，有着一定的滞后性。目前我国的财政制度变革对于经济制度变迁的作用，主要是服务于和服从于强制性的制度变迁，对于制度变迁所引发的利益调整问题，只能采取“利益补偿”，而非“利益均享”的办法来解决。这样，财政制度改革的滞后性，就将“利益补偿”推到经济社会矛盾的风口浪尖上。“利益补偿”的乏力，自然就成为经济社会结构失衡的“替罪羊”，公共财政的制度性缺失，反倒长期不为人们所重视。事实上，单纯依靠财政的转移支付，并不能消除经济社会结构的失衡，其最终的解决，必须依靠发展来解决，依靠公共财政制度的健全完善来解决。随着经济长达30年高速增长的累积效应，中国离中等发达国家的目标一步一步逼进，财政公共化改革的深化也正在到来。在这种背景下，“五个统筹”的正式提出，为财政支出结构调整确立了具体准则，是进一步深化公共财政改革中所必须努力去遵循的。

三、财政支出结构演变与“五个统筹”

（一）我国财政支出结构演变的基本脉络

改革开放以来，我国的财政支出结构发生了很大的变化，总的呈现出以下几条主要的演变脉络：（1）基本建设支出比重显著下降。从1978年的40.27%在波动中逐步下降，到2002年只有14.25%，从预算中居绝对主力地位的第一大支出项目，退居第二位。（2）文教科学卫生事业费比重大幅度上升。从1978年的10.04%迅速上升，2002年达到18.04%，从原来的预算内第三大支出项目变成了最大的支出项目。（3）行政管理费比重升幅最大。除了少数年份外，20余年间一直处于不断的上升状态之中，从1978年的4.37%到2002年最高点的13.51%。它是20余年来上升幅度最大，并且是唯一呈直线上升轨迹的预算支出项目。（4）增拨企业流动资金比重持续下降。从最初的5.94%，下降到不足0.1%，成为预算总支出中一个几乎可以忽略不计的指标。（5）政策性补贴支出比重先升后降。从1978年的0.99%起步，在短短的两年中就急速攀升到14%的最高点，以后又逐步降到2002年的2.93%。除了上述各项有着较大幅度的变化之外，其余各项支出所占比重变动不大，经过20余年的变化，它们的波动幅度大体上只有1.2个百分点。①

---

① 根据相关数据测算。数据来源：《中国统计年鉴2005》，中国统计出版社2005年版。

2003 年以前中国的财政政策又主要分为两个阶段，以 1998 年下半年为分界线，之前主要实行“适度从紧”的政策，之后则鲜明提出积极的财政政策。1998 年之后实施积极的财政政策，主要目的是通过拉动内需来化解亚洲金融危机及国内有效需求不足的问题。在积极财政政策下，购买性支出比例有明显增加，支出的重点集中在六个方面：促进国有企业深化改革、从政策和财力分配上向“三农”倾斜、促进科教文卫事业发展、推进构建社会保障体系、支持落实西部开发战略、促进落实可持续发展战略。从功能上看，这一个时期经济建设支出平均占总支出的 1/3 左右，社会文教支出平均占 1/4 强，行政管理支出平均占 1/6 左右，国防支出不到 1/10，其他支出约占 1/10 多一点。2004 年以来随着稳健财政政策的实施，财政支出结构有了一些新的变化，“三农”支出、社会事业支出比上年有较大的增长，其中就业与社会保障支出增长 17.3%、教育支出增长 19.6%、医疗卫生支出增长 26.5%、科技支出增长 26.2%、文体广播事业支出增长 18.6%。[①]

（二）对我国财政支出结构演变的评价

总体上，改革开放以来财政支出结构的变化，既反映了我国财政公共化的要求，又适应了经济市场化改革的需要。近 30 年来，我国财政支出结构已经全面朝着公共化方向迈出了较大步伐，尤其是 1998 年明确了公共财政改革目标之后，其转变速度大大加快，实现了初步的公共化。它既是整个财政制度公共化的组成部分和结果，也以自己的公共化变革推动和促进了整个财政制度的公共化进程。

---

① 根据相关数据测算。数据来源：《中国统计年鉴 2005》，中国统计出版社 2005 年版。

1. 财政支出结构的公共化演变

财政支出结构的公共化主要从以下方面体现出来：（1）预算内基本建设支出在整个社会再投资中所占比重的大幅度下降，在预算总支出中的地位和重要性发生了很大变化。并且，预算内基本建设支出开始“退出经营性和竞争性领域”，逐步朝着基础设施和公用设施等公益性领域集中。这表明，当市场化改革开始以市场机制取代国家计划去配置社会资源，国家不再能够直接集中和配置社会资源增量的主要部分，这一变化充分地反映了经济体制变革在财政支出结构上的根本性变化，即政府开始从社会资源配置的主角地位和身份的淡出。（2）增拨企业流动资金、挖潜改造资金和科技三项费用等项目已基本完成了公共化的变革过程。（3）政策性补贴支出的公益性日趋明显。“平抑物价补贴”和“肉食品价格补贴”等带有一定程度的政府直接干预市场物价的补贴细项，无论是从绝对数还是从相对数的角度考察都在趋于消失。而具有很强公益性的补贴细项，诸如粮棉油价格补贴等，则无论是绝对数还是相对数都在上升，已经成为政府的政策性价格补贴的主体，占了政策性价格补贴80%以上的比重。（4）抚恤和社会福利救济费等公共性支出总量持续上升，朝着为改革、为市场服务的轨道转变。（5）文教科学卫生事业费支出占预算总支出比重有大幅度提高，这是预算支出公共化变革的典型表现之一。此外，行政管理费支出总量与比重不断上升，支持了公共管理与服务体系的正常运转。

2. 财政支出结构公共化的滞后

但是，财政支出结构的变化又显现出其与改革进程的滞后性和与市场体制要求的不适应性。主要表现在：（1）财政支出结构的改善与调整并不能遏制政府本身的投资冲动。政府投资没有彻底从市场领域退出，政府直接投资于营利性项目的现象比比皆是，而在政府非营利性投资中，又产生了不符合公共性要求的问题，如“政绩工程”和“形象工程”等，相当一部分公共支出存在重复建设的问题。政府还通过政府的贴息、担保和银行贷款等形式，去支持乃至操纵企业的市场行为。（2）社会保障支出所占比重过低，社会保险支出覆盖面小，社会福利支出总量偏小且保障水平偏低。（3）文教科卫支出的公共化转变只是初步的，一方面支出总量过低，难以适应社会事业发展需求，另一方面，文教科卫体制改革推进迟缓，产业化方向扭曲，文教科卫事业单位成本较高，引发“上学难、看病难”等新的社会矛盾，公共支出的效率较低。（4）行政支出严重失控，行政机构编制始终无法走出“精简—反弹”的怪圈，预算内行政支出过度膨胀。预算外行政事业费严重失控，特别是近年来随着房地产业的发达，地方政府通过土地出让金等方式轻易获得了巨大的预算外收入，这大大刺激了预算外支出，也助长了支出浪费与低效运作的风气。（5）多级财政支出还没有找到一个平衡点，在中央财政总体平衡的同时，相当一部分县乡级财政债务缠身，赤字严重，财政保障能力下降，无法满足地方公共需求，这也是影响我国财政支出结构公共化的一个不可忽视的问题。

3. 财政支出结构的总体评价

分析评价财政支出结构，不但包括静态的财政支出结构安排，而且包括动态的财政支出管理。这些年来，财政支出管理问题没有得到足够的重视，如何通过适当和有效的管理来达到支出结构调整的初衷没有摆上重要的议事日程。因此，从总体上看，目前我国财政支出结构的调整存在以下主要问题：（1）财政支出缺乏总体规则约束，政府行为没有明确的法律规范，进而造成预算约束软化，预算监督弱化，财政支出缺乏透明度。（2）没有形成基于公共财政战略优先权的资源配置原则，财政支出调整没有将公共性、服务性标准放在首要位置，而是将GDP增长作为首要目标，经济价值与社会价值脱节，效率与公平原则人为对立，造成社会性保障支出、文教科卫支出、支农支出等长期不足。（3）财政支出缺乏绩效意识，支出调整对公共需求的变化回应较慢，支出结构更主要的是体现政府部门的意志，远离公众“消费者”，预算执行过程中支出数量、用途随意性变化因素多，政府更多关注公共产品与服务的数量而不是质量。（4）由于缺乏“小政府”理念支撑，政府在履行公共支出责任时，将自己定位在公共产品与公共服务唯一的生产者与提供者，没有作为制度安排者建立起公共产品与服务的委托代理机制，从而造成支出总规模不断扩大，行政管理费用不断上升。

在进行了总括性的分析之后，下面我们将转入对每一个统筹与财政支出结构关系的分析之中，然后在最后的“结束语”中，我们依据对各个统筹的分析，再次集中对整个课题的研究进行总结与归纳，从而完成整个研究。

本章参考文献

1. 阿马蒂亚·森：《伦理学与经济学》，商务印书馆2000年版，第49页。

2. 马栓友：《财政政策与经济增长》，经济科学出版社2003年版。

3. 曹骞：《坚持“五个统筹”，确立新的社会发展观》，《科学社会主义》2003年第6期。

4. 陈颂东：《财政支出结构的国际比较与我国财政支出结构优化》，《改革》2004年第1期。

5. 郭庆旺、吕冰洋、张德勇：《财政支出结构与经济增长》，《经济理论与经济管理》2003年第11期。

6. 刘颖：《简析公共财政体系下财政支出结构的调整》，《财经问题研究》2000 年第 11 期。

7. 卢军:《"五个统筹"与"五个坚持"意义浅析》,《经济与社会发展》2004 年第 2 期。

8. 潘琍:《解析发展观视角下的"五个统筹"》,《理论前沿》2004 年第 1 期。

9. 石冀平:《关于"五个统筹发展"的思考》,《理论学习与探索》2004 年第 2 期。

10. 王绚:《关于"五个统筹"的辩证认识》,《攀登》2004 年第 3 期。

11. 杨德峰:《"五个统筹"是对社会主义市场经济运行规律的新发展》,《理论学习》2004 年第 2 期。

12. 周文福:《试论"五个统筹"新要求提出的客观必然性》,《学习论坛》2004 年第 2 期。

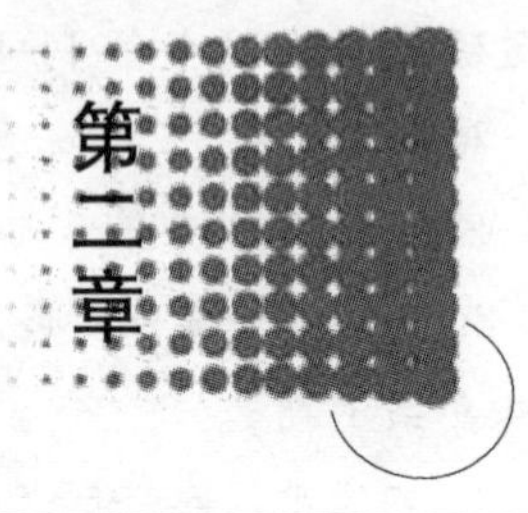

城乡统筹与财政支出结构

我国的经济体制改革是从农村起步的。迄今为止，尽管农村改革曾经取得很大成功，但是农村经济社会生活中还存在不少突出的矛盾和问题，城乡之间、工农之间、农村内部的经济关系、运行机制乃至经济体制还没有根本理顺，尤其在国民经济整体改革发展进入新阶段后，又面临着许多新的矛盾和问题。十六大报告指出："统筹城乡经济社会发展，建设现代农业，发展农村经济，增加农民收入，是全面建设小康社会的重大任务"。农业是国民经济的基础，农村人口占全国总人口的绝大多数是我国的基本国情，没有农业的现代化就没有国民经济的现代化，农村不能在整体上达到小康就没有总体上的小康社会，这早已达成共识。但站在国民经济和社会发展全局的高度，在市场经济改革发展和现代化建设的新阶段，主动地以城乡统筹的战略来解决"三农"问题则是理论和实践上的首次创新。

基于城乡关系、工农关系及其相应的国民收入分配关系在经济社会发展中的重要和特殊的地位，城乡统筹发展构成了"五个统筹"中的首要和基础环节。如第一章总论中所分析的，追求全面、协调、均衡、可持续发展是五个统筹的精神内涵和总体要求，这反映在城乡统筹上，就是要求能立足于国民经济和社会发展全局的高度，将“三农”问题置于实现城乡经济社会发展良性互动的关系上予以综合研究、统筹解决。立足于我国经济社会发展的新阶段，也只有从城乡统筹的大战略出发，才能有助于“三农”问题的根本解决。应该看到，在城乡关系、工农关系及其深层次利益矛盾和结构失衡格局的形成过程中，财政支出结构起了重大作用并起着相互掣肘的影响；而要化解这些矛盾，没有财政支出结构的相应优化调整是不可能的。因此，本章拟从分析城乡关系现状及其与现行财政支出结构的相互关系出发，从城乡统筹的高度探讨财政支出结构的现存问题，最后得出相应的调整改进对策建议。

一、城乡统筹现状

（一）城乡关系及其发展失衡状况

计划经济时期，为了实现国家工业化的总体战略，我国形成了城乡分割体制和二元经济结构。以农村改革为发端的改革开放，突破了传统计划经济体制，带来了农村经济社会的重大发展，使得城乡关系得到改善。但随着体制转轨的进一步展开，在政策因素、体制因素和市场因素等多重作用下，城乡发展失衡的状况仍十分严重，特别在进入20世纪90年代之后，城乡差距不仅没有缩小，反而进一步扩大，问题一度具有恶化的趋势。

1. 从二元结构性问题看农业的弱质地位

农业作为国民经济的一个基础产业，在现代市场经济下，天然具有弱质产业的性质。而在我国特殊国情背景和特定的体制转型阶段，农业的弱质产业地位更为明显。这个特征，主要可以用二元结构强度、产业结构与就业结构间的偏差这几个指标来衡量。

国际上对二元结构强度一般用农业与非农产业之间的相对收益率来衡量[①]。按这一指标计算，如表 2－1 所示，在改革开放早期我国农业与非农产业间的相对收益率（人均国民收入比率）有了很大提高，二元结构的强度由 1978 年的 6.12 下降到 1985 年的 4.20，进而下降至 1990 年的 4.06。但之后农业与非农产业间的相对收益率又有下降，二元结构强度又有新的扩大，至 2000 年这一指标重新升至 5.12。而从农业劳动生产率来衡量，我国人均劳动力的粮食产量 2004 年为 1 534 千克/人。这一数据不仅远低于国际一般水平，而且与改革初期相比并未有实质性的提高。分析起来，其中既有经济市场化下资本要素向资本产出率相对高的非农产业流动的原因，更有长期以来政策和制度对农业劳动力转移的限制因素，也有人多地少的特殊国情造就的资本对劳动要素替代程度低的缘故。但统计数据确凿无疑地显示出我国工农二元结构性矛盾的存在，以及近年来农业弱势产业地位的日益突出。

表 2－1　我国农业和非农产业间相对收益率与二元结构强度

	1978 年	1980 年	1985 年	1990 年	1995 年	2000 年	2004 年
农业劳动收益率（元/人）	359.6	466.8	816.4	1 289.3	3 375.5	4 058.5	5 888.5
非农业劳动收益率（元/人）	2 201.7	2 385.7	3 428.4	5 237.4	14 287.7	20 764.6	29 077.1
农业劳动生产率（千克/人）	1 071	1 075	1 249	1 339	1 443	1 409	1 534
二元结构强度	6.12	5.11	4.20	4.06	4.23	5.12	4.94

注：农业劳动生产率以农业劳动力人均粮食计

资料来源：根据《中国统计年鉴 2005》第 51、118、446、448 页相关数据计算

① 二元结构系数公式来自于库兹涅茨：《国民经济增长的数量方面》，引自陈宗胜：《改革、发展与收入分配》，复旦大学出版社 1999 年版，第 254 页。

一般认为，一个国家现代化的过程就是由农业社会向工业社会转变的工业化过程，因此农业产出在社会总产出中的比重下降是一个带有规律性的普遍现象。但市场主导下的工业化应是一个与城市化相伴随的进程，其最显著的变化是随着农业产出份额的下降而带来的农业劳动力向非农产业的转移并使得产业结构与就业结构变动率大体一致。而我国二元经济结构和工业化进程的特殊之处在于，就业结构转换速率严重滞后于产业结构转换速率、城市化进程大大滞后于工业化进程。如表 2 - 2 中的数据所示，改革开放以来我国走了一条与改革前不同的市场型的工业化道路，由此加快了农业劳动力的转移和城市化进程，使得产业结构和就业结构间的偏差有了一定程度上的纠正。但就整体而言，截至 2004 年，我国第一产业在国内生产总值中的比重已降至 15.2%，却仍占用了社会总劳动力的近 50%。就业结构转换滞后于产业结构转换的现实说明我国劳动力尚无法在产业间自由流动，致使农村大量剩余劳动力无法转移。这一状况与我国城市化发展相对滞后、农业现代化水平低相互关联、相互影响，突出了我国农业的弱质地位。

表 2 - 2　　我国产业结构与就业结构间的偏差

	产业结构			就业结构			偏　差			
	第一产业	第二产业	第三产业	第一产业	第二产业	第三产业	第一产业	第二产业	第三产业	总偏差
1978	28.1	48.2	23.7	70.5	17.3	12.2	42.4	30.9	11.5	84.8
1980	30.1	48.5	21.4	68.7	18.2	13.1	38.6	30.3	8.3	77.2
1985	28.4	43.1	28.5	62.4	20.8	16.8	34.0	22.3	11.7	68.0
1990	27.1	41.6	31.3	60.1	21.4	18.5	33.0	20.2	12.8	66.0
1995	20.5	48.8	30.7	52.2	23.0	24.8	31.7	25.8	5.9	63.4
2000	16.4	50.2	33.4	50.0	22.5	27.5	33.6	27.7	5.9	67.2
2004	15.2	52.9	31.9	46.9	22.5	30.6	31.7	30.4	1.3	63.4

资料来源：根据《中国统计年鉴 2005》第 52、118 页数据计算

2. 从城乡居民收入差距看农民的弱势地位

城乡居民收入分配状况是城乡关系中的核心问题。从表 2－3 的统计数据可以看出，尽管改革以来，农村居民收入有了较大增长，从 1978—1984 年城乡居民收入差距一度缩小到 1.83 倍。但在此之后，城乡收入差距总体上呈现出进一步拉大趋势，到 2004 年城乡居民收入比已达到 3.21，这一差距远大于改革前。这还只是显性的数据，据中国社会科学院经过数年跟踪所作出的一份全国性调查报告显示，如果把医疗、教育、失业保障等非货币因素及税费负担考虑进去，城乡收入差距可能要达到 4 倍、5 倍，甚至是 6 倍，已属于世界上城乡收入差距最高的国家①。

表 2－3　　改革开放后我国城乡居民收入比较　　单位：元

年份	城镇居民	农村居民	城乡居民收入比	年份	城镇居民	农村居民	城乡居民收入比
1978	343.4	133.6	2.57	1992	2 026.6	784.0	2.59
1980	477.6	191.3	2.50	1993	2 577.4	921.6	2.80
1981	492.0	223.4	2.20	1994	3 496.2	1 221.0	2.86
1982	527.0	270.1	1.95	1995	4 283.0	1 577.7	2.72
1983	564.0	309.8	1.82	1996	4 838.9	1 926.1	2.51
1984	651.0	355.3	1.83	1997	5 160.3	2 090.1	2.47
1985	739.1	397.6	1.86	1998	5 425.1	2 162.0	2.51
1986	899.6	423.8	2.12	1999	5 854.0	2 210.3	2.65
1987	1 002.2	462.6	2.17	2000	6 280.0	2 253.4	2.79
1988	1 181.4	544.9	2.17	2001	6 859.6	2 366.4	2.90
1989	1 373.9	601.5	2.29	2002	7 702.8	2 475.6	3.11
1990	1 510.2	686.3	2.20	2003	8 472.2	2 622.2	3.23
1991	1 700.6	708.6	2.40	2004	9 421.6	2 936.4	3.21

注：城镇居民收入数据为居民人均可支配收入，农村居民收入数据为农民人均纯收入
资料来源：《中国统计年 2005》第 335 页
1980—1984 年数据来自《中国农村统计年鉴 2004》第 16 页

① 《社科院调查报告显示中国城乡收入差距世界最高》，《经济参考报》，2005 年 9 月 3 日。

城乡居民收入水平上的巨大差距直接引起了城乡居民在储蓄和消费上的差距，并成为引起城乡经济社会发展不平衡的主导因素。城乡居民经济社会地位的差异与城乡分割下的户籍制度、社保制度、政治权利[①]以及显性和隐性的对农村人口的就业歧视政策综合在一起凸显出农民的弱势地位，并固化了城乡二元结构。

3. 从城乡经济社会发展基础条件看农村的落后地位

经济社会基础设施是地区发展的基础性条件，但在这个条件上城乡差距显著。从水、电、路、通讯等经济性基础来看，目前全国尚有261个乡镇、5.4万个村不通公路；在全国104.3万公里无路面和简易公路里程中，农村公路就有92.3万公里，占88.5%。部分农村地区人畜饮水困难，基本生存条件无法保障。2000年初，我国有5 020万农村人口饮水困难[②]。而在邮电通讯上，仅以电话普及率来看，2004年城镇为37.6%，而农村仅为18%。

除了交通、邮电、通讯等基础设施落后外，与城市相比，农村在教育、医疗卫生、社会保障上等公共服务和社会性基础设施上的差距更大，公共产品的提供远远落后于城市。从教育来说，农村居民的教育环境、受教育程度等与城市相差甚远。即使从在校学生数来说，从表2-4中我们可以看出，在校生与适龄人口的比例明显不对称，到了高中阶段尤为明显。有关资料表明，在其他条件相同的情况下，城镇居民平均比农村居民多接受4.5年教育。

在医疗卫生上，中国城乡卫生事业同样发展极不平衡。城市人均卫生年费用是全国人均的约两倍，而在乡村却达不到全国人均水平，约只占全国人均的0.6左右。即城市人均是农村人均的3倍。

① 例如按我国《选举法》的规定，农村与城市每一代表所代表的人口数比为四比一。

② 财政部农业司课题组：《公共财政覆盖农村问题研究报告》，《农业经济问题》2004年第7期。

表 2－4　2003 年中国农村及全国中小学在校生人数　单位：万人

	小 学	初 中	高 中
全国学校在校生	11 689.7	6 618.4	1 964.8
农村学校在校生	7 689.2	3 160.4	210.4
农村占比	65.8%	47.8%	10.7%

资料来源：全国数据来自《中国统计年鉴 2004》

农村数据来自《中国农村统计年鉴 2004》

占人口 65% 的农村人口只享有 20% 的卫生资源，占总人口 30% 的城市人口享有 80% 的卫生资源。统计资料表明，在 1990—2003 年间，我国医院床位数增长了 11.8%，而在 1995—2003 年间农村反而净减少了 8.3%①。

在社会保障方面，就社会救济来说，目前我国城市已建立了全面覆盖的最低生活保障线制度，而我国农村除了灾害救济和孤寡老人的“五保”外，广大农民很少得到来自政府的保障，基本上靠自我保障为主。根据统计资料，2004 年末我国城镇基本养老保险累计结存 2 975 亿元，而年末农村养老保险基金累计结存 285 亿元②。在医疗保险上，全国农村居民中得到某种程度医疗保障的人口只有 21%，而城镇居民为 55.2%。绝大部分的农民是完全靠自费医疗的③。

4. 城乡差距与地区差距、贫富差距的交叉混合性

城乡差距的存在及持续扩大，还同时是造成地区差距现状及其持续扩大的重要因素。中国社会科学院的研究报告显示④，我国城

① 根据《中国卫生年鉴 2004》第 126、293 页数据计算。

② 参见《中国劳动和社会保障年鉴 2005》第 8 页。

③ 根据《中国卫生年鉴 2004》第 167 页数据计算。

④ 李恩平：《我国城乡收入差距的省际差异》，《中国社会科学院院报》2005 年 3 月 1 日。

乡差距呈现出明显的地域特点。2003 年，有 9 个省区城乡收入比高于全国平均水平，这 9 个省区都属于西部地区，其中城乡收入比最大的为西藏、云南、贵州和陕西；而城乡收入比相对较小的省区基本上都为东部沿海省份，城乡收入比最低的省份分别为江苏、天津、上海、浙江、辽宁、北京。而从城乡收入差距的区域差异成因来看，农村居民收入构成差异是最大因素。由于我国经济对外开放程度的提高，在城乡居民收入构成中，农村居民收入中非农工资性收入所占比重对城乡收入差距的影响较大。东部省市农村居民纯收入中非农工资性收入所占比重较大，而城乡收入差距较大的中西部省份，其农村居民纯收入中非农工资性收入所占比重往往很小。

基于城乡二元结构社会的特殊国情，城乡居民收入分配差距拉大，无疑与我国整体居民收入差距有很大的相关性。据陈宗胜、周云波（2001）的分城乡的基尼系数测算，全国居民的收入差别既高于城市的也高于农村的[①]。这表明全国居民收入差别中包含着很大的城乡差别，测算的结果是全国居民收入差别中平均约有 50% 多是由城乡差别构成的。

城乡差距与地区差距、贫富差距间的交叉混合相关性的存在，显示出城乡统筹在五个统筹中的突出重要性，并相应要求我国在城乡统筹中必须同时考虑到区域经济发展特征，采取与区域统筹、统筹国内发展与对外开放等政策措施相衔接的政策调整。

（二）城乡差距扩大的主要问题与影响

上述各方面城乡失衡的表现及其发展，以“三农”问题的形

① 据陈宗胜、周云波（2001）的测算，在 1997 年居民正常收入中，全国居民收入基尼系数为 0.403，而城镇居民收入基尼系数为 0.308，农村居民收入基尼系数为 0.327。笔者根据他们的测算方法，得出三项系数分别为 0.465、0.361 和 0.372，这表明城乡居民收入差别对全国居民收入差别有很大影响。

式得以体现，不仅不利于农村繁荣和社会全面小康现代化目标的实现，甚至将反过来影响城市经济社会进一步发展的可持续性，从而降低国民经济整体效率和市场经济整体发展，同时在公平、稳定方面对进一步的改革发展带来阻碍。

1. 城乡二元结构妨碍全国统一大市场的形成

尽管城乡二元结构在世界上大多数国家都存在过或经历过，但那大多属于城乡的自然分离，从发达国家来看随着市场经济发展到高级阶段而逐渐弱化，并趋于城乡的一体化。但我国在工业化过程中，则更多是由于历史和政策的因素而致的城乡二元结构①，并在市场化改革过程中表现为先弱化后增强的趋势（参见表2-1），以致现今在一定程度上呈现出城乡对立的格局。

城乡发展不协调的非均衡格局将造成市场断裂的问题，不利于市场资源配置效率的发挥，从而对市场经济进一步发展会造成阻碍。这主要表现为以下方面：（1）随着城乡居民收入及消费水平的不断扩大（参见表2-3），农村消费品和城市消费品市场间的层级加大，这样就使得农村市场无法接纳城镇市场上已趋于饱和的耐用消费品。由于前文所述的城乡差距与地区差距间的交叉混合性，目前消费区域传导与地区间梯度转移出现梗阻而造成市场断裂的问题已经出现②。（2）相对于城市市场而言，目前农村市场的培育发展还很滞后，尤其是农村要素市场发育严重滞后。城乡发展不均衡既是城乡市场发育水平差距的表现又是造成这一差距的原因。城乡需求间如不能良性互动、合理配置，将无法发挥城市发展对农村市场培育的催生和促进作用，并最终阻碍城市市场的扩大。（3）城

① 如温铁军（2005）所认为的，高度分散的小农经济社会与国家追求工业化现代化之间的对抗性矛盾。

② 参见《居民收入与经济增长存在四大不协调》，《中国证券报》，2005年2月24日。

乡差距的扩大循环累积因果关系[①]将转化为城乡鸿沟问题，有学者（雷晓宁，2005）认为：在城乡市场不完全交换的情况下，农业、农村逐步被边缘化的结果将产生市场鸿沟，进而产生投资鸿沟，并可能强化教育文化鸿沟与制度鸿沟[②]。应看到，由于初期政策制度上人为分割而产生的二元结构，在市场隔绝状况下将出现从行政主导型的二元结构转向市场主导型的二元结构，即因城乡差别悬殊无法在市场机制作用下实现双向交流而使二元结构固化的状况。

2. 农业薄弱对国民经济整体发展的制约

农业是国民经济的基础。农业的基础地位及其弱质产业的特征已为各国发展过程和实践所证实。而对于我国来说，农业基础薄弱及其产生的问题则不仅有农业本身特点所决定的普遍性，同时还面临我国人多地少的现实国情，以及经济发展现阶段对农业发展的特殊要求。农业基础地位的薄弱，将不仅难以应对今后人增地减背景下粮食安全以及国际市场的竞争，更会在影响农业现代化基础上影响农民收入增长与农村社会发展。

农业问题其影响不仅在于农业自身，库兹涅茨在《现代经济增长》中最早论述了农业在发展中国家经济增长和社会发展中具有的产品贡献、市场贡献、要素贡献和外汇贡献等多个方面的贡献[③]，从经济发展和现代化的角度显示了农业的基础支撑作用。与世界上其他国家相比，我国农业一直为国家工业化提供着超出自身承受力的巨额资金积累。而从现阶段来说，农业自身积累不足，将

---

① 缪尔达尔（Myrdal）认为在空间上相互依存、有分工合作联系的区域经济发展过程中，“极化效应”主要表现为要素与资源为获取更高的报酬从不发达区域流向发达区域使发达地区加速发展而不发达地区进一步衰落。

② 雷晓宁：《我国城乡差距的质变及政策含义》，《改革》2005年4期。

③ 库兹涅茨：《现代经济增长：速度、结构与扩展》，北京经济学院出版社1989年版。

在产业关联、市场需求、要素积累等方面制约其他行业和国民经济的整体发展。

3. 农民增收缓慢影响市场需求与经济增长

伴随着经济体制转型的进展，到20世纪90年代后期我国经济增长方式已由供给主导转为需求约束模式，特别是居民消费需求已成为经济增长最主要的驱动力量。

从表2－3可看出，从1985年后，城乡居民收入比处于持续扩大的状态中。收入差距的扩大直接带来消费支出差距的扩大，从图2－1可见两者呈密切的相关性。农村居民消费所占份额的持续下降直接阻碍了农村市场的发展，形成了对工农之间、城乡之间统一市场的阻碍。

表2－5　　　历年城乡居民收入及消费支出比

年　份	1980	1981	1985	1990	1992	1995	2000	2002	2003	2004
城乡居民人均收入比	2.5	2.20	1.86	2.2	2.59	2.72	2.79	3.11	3.23	3.21
城乡居民人均消费比	2.7	2.6	2.2	2.9	3.3	3.8	3.7	3.6	3.8	3.8

资料来源：根据中经网经济统计数据库历年统计数据计算

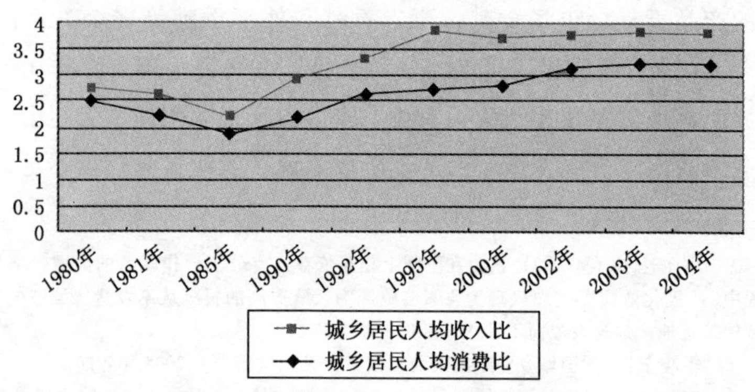

图2－1　历年城乡居民收入比与消费支出比

边际消费倾向递减是经济学的基本规律，统计数据显示我国农村居民边际消费倾向相对城镇居民高，多数年份约高出 10 个百分点。因此在城乡居民收入差距拉大的背后是农村居民消费份额的下降和对社会总有效需求的抑制。从 2005 年数据来看，在 GDP 中最终消费所占比重为 51.9%，而农村居民消费所占比重仅 18.2%[①]。因此，占总人口 60% 左右的农村人口购买力不旺，极大地影响了我国国民经济增长速度。农村居民新增消费对 GDP 增长的贡献率下降，是新增最终消费对 GDP 增长贡献下降的主要原因[②]。因此，农民增收和农村发展问题关系着经济发展和统一市场的大局，如果撇开 8 亿农民的增收和农村发展去单方面进行消费和产业结构的升级调整，不仅农村经济，就连城市经济本身的发展也难以为继。

4. 三农问题影响社会稳定和改革发展的持续性

由以上分析可见，城乡差距扩大为主要表现的“三农”问题既直接损害效率，还同时直接造成了严重的公平问题。不仅如此，城乡失衡还将同时通过公平问题影响社会稳定和改革发展的全面可持续性。

从效率角度看，单就城乡居民收入差距来说，其就将通过购买力水平的差距加大城乡市场断裂分割，甚至造成城乡市场鸿沟；将通过积累水平的差距拉大农业与非农产业间的比较利益差距，从而进一步强化农业的弱势地位；将通过消费水平差距的扩大制约国内需求扩大与经济增长，并将推进城市工业结构的盲目升级而非梯度转移，从而同时造成国民经济的结构性问题。总之，目前城乡统筹

① 根据中经网经济统计数据库数据计算。

② 宋洪远等：《统筹城乡，加快农村经济社会发展》，《管理世界》2003 年第 11 期。

上的失衡发展将从多方面约束市场效率，固化城乡分离的二元结构，不仅造成“三农”问题日益严重的局面，同时也不利于城市经济走上有效率、可持续的良性发展道路。从公平角度看，公平问题并不单纯是个经济问题，因涉及价值判断而同时构成伦理学、社会学、政治学的范畴。目前城乡公平问题并不单显性地反映在城乡居民收入差距的扩大上并体现其影响，更突出地表现在城乡基础设施、教育、卫生和社会保障等方面城乡公共产品的供给失衡上。社会主义制度在本质上是共同富裕的公平社会，而目前城乡差距在居民收入两极分化中居于显要位置，如果任由城乡居民收入差距继续不断扩大，甚至通过“一国两策”的方式人为制造城乡差距，就会有违社会主义的根本目的和公平原则。

城乡失衡发展的影响远不止经济领域，通过公平问题的影响使“三农”问题还具有了政治性。社会主义社会应是协调发展的和谐社会，城乡失衡不仅引起农业人口撂荒弃土、离乡进城的盲目无序流动，给城市稳定和良性发展造成压力；而且导致了城乡关系紧张甚至频发群体性冲突事件，成为影响社会稳定与和谐的重要隐患。城乡差距导致的“三农”问题还同时是关系着改革发展的顺利与可持续性的关键。中国的市场化改革在本质上属于一个并非所有人受益或同等程度受益的非“帕雷托改进”型的改革（樊纲，1996），由此决定着改革的策略和时机选择关系着改革的成败。如果“三农”问题进一步严重化，将全面延缓正在进行的经济改革和增加改革的难度，将会使人怀疑市场化改革方向的正确性，甚至会使多年的改革成果功亏一篑。如果“三农”问题长时间得不到解决或失去逐步解决的最佳时机，将会增加解决“三农”问题的成本，一旦改革成本超过了改革收益，就会使改革方向逆转。

（三）实施城乡统筹战略的必要性及内涵

1. 实施城乡统筹战略的必要性

城乡差距及其“三农”问题的严重性已经表明了应不失时机地实施缩小城乡差距的城乡统筹战略的必要性。从国际经验和我国国情来看，当前是实施城乡统筹、协调城乡发展并为在远期最终实现城乡一体化的适当和有利时期。这主要基于以下两方面考虑：

第一，基于我国工业化与经济发展新阶段的考察。

应该看到，尽管在经济理论上一直存在平衡增长与不平衡增长的争论，并形成不同的政策主张[①]。但在由农业社会向工业社会转变的现代化过程中，其初期都存在提取、转移甚至说剥夺农业剩余来支持工业、城市发展的现象。因此城乡不平衡发展、区域差距一直是各国包括英美等发达国家在工业化初期都曾存在和经历的历史阶段。所有发展中国家更是由此而内生性地形成了城乡二元结构这一不平衡发展过程中的普遍规律。

尽管不平衡是绝对的，平衡是相对的，但各国经济发展实际上都要在一个适合和有利的时机解决结构性矛盾，实现由不平衡增长向相对平衡增长的动态调整过程。即从经济整体发展大局来看，当城乡协调发展的政策调整收益大于成本时的某个时期，应实施相对均衡的发展战略。从世界范围内一般规律来看，这一时机就在于工业化的中期阶段（钱纳里，1991）。因为此时工业及城市服务业已成为一国经济的主导产业和增长的基本驱动力，可以靠自身的积累完成工业化过程而不需从农业中提取剩余来发展。由此使工农城乡关系进入协调发展、农业和非农业居民进入互利共荣而非一方发展

① 陶文达：《发展经济学》，四川人民出版社1995年版，第342—348页。

以另一方为代价的新格局，并开始形成在合作互利基础上以工业反哺农业、城市反哺农村的新机制。

对于我国工业化进程及其阶段的分析判断，一般认为，我国目前已经进入了工业化中期阶段。这主要基于以下几点（苏明，2003)：(1）经济结构的变化。在农产品产量增加的背景下，2004 年第一产业在 GDP 中的比重已下降到 15.2%。(2）已经建立起比较完整的工业体系。制造业能力比较发达，高新技术产业也已成为推动经济增长的重要力量。(3）在出口产品中农产品等初级品已占不到 10% 份额而工业制成品比重已在 90% 以上。即使从人均 GDP 来衡量，2005 年我国人均 GDP 按汇率测算已超过 1 600 美元，按购买力平价算则已超 4 500 美元，即使从国际标准和各国经验看也可认为初步进入工业化中期阶段。进入工业化中期阶段以后，按一般规律，农业不再替工业发展提供剩余反而应成为接受“补助”的部门。由于我国农业人口的庞大，还不可能像发达国家那样通过高补贴来增加农民收入，但我国在总体上已具备了反哺农业、支持农村的实力，当前的工业化阶段和经济发展阶段已为城乡统筹的实施提供了物质基础和现实条件。循此而为则可使城乡和国民经济进入良性互动的局面，反之则会在加剧现有矛盾基础上使问题积重难返。

第二，基于我国改革发展新阶段的考察。

我国改革过程本身是一个市场化的过程。尽管对目前我国市场化程度的评判和度量仍存在不同看法①，但从产品和要素资源配置机制上来说，市场机制已经发挥基础性作用这点是无可置疑的。正因此，在 2002 年的“十六大”报告中作了“社会主义市场经济体制初步建立”这一结论性总结，这也意味着我国改革和市场化发展进入了一个新的阶段。正是在这样一个新阶段上，市场化现实中的主要矛盾已从市场培育转变到城乡市场分割上来了。

① 陈宗胜：《改革、发展与收入分配》，复旦大学出版社 1999 年版。

虽然在产品市场上存在城乡收入差距拉大而产生的市场隔离问题，但城乡市场分割问题的严重性更主要体现在要素市场上。在劳动力市场、土地市场和资本市场这三大要素市场上。存在着严重的城乡分割问题，并在人为的政策偏向作用下同时呈现出农村市场发育滞后于城市，以及要素由农村向城市单边流动的典型特征。因此在市场化改革的重点和主要矛盾已经发生了相应的变化的新阶段下，改革的重点应从分别着眼于城市和农村的市场机制和主体培育转到统筹城乡发展，由统一制度进而统一市场并最终实现城乡一体化。

应该看到，城乡要素市场分割本就是二元结构的表现与结果，源于计划体制下国家追求重工业优先增长战略而形成的“城乡分治、一国两策”的制度安排（林毅夫等，1999），形成了以户籍制度为核心的城乡分割的劳动就业、教育、社会保障、消费制度（赵勇，2004）。市场化改革以来在市场机制作用下，随着城乡工农产品市场交换、农村劳动力向城市流动，城乡关系有了一定改善。但国家仍通过户籍、财税、金融、土地等方面带有歧视性的政策与制度维持了城市偏向的利益格局，并由此产生城乡差距进一步扩大的结果。城乡市场分割和二元结构本就是政府制度性、政策性的产物，在市场化改革进入新阶段后，政府本身政策的调整、行为的规范是新阶段改革发展的重点，只有政府主动纠正人为制定的城乡差别政策，形成城乡间要素自由流动的机制，才能从根本上解决“三农”问题。因此，靠政府来主导并主动实施城乡统筹战略，打破城乡制度壁垒，在市场化改革发展的现阶段具有其内在的必要性。

2. 城乡统筹的实质内涵及其原则要求

如第一章所分析的，追求全面、协调、均衡、可持续发展是五个统筹的精神内涵和总体要求，它反映在城乡统筹上，就是要求能立足于国民经济和社会发展全局的高度，将“三农”问题置于实现城乡经济社会发展良性互动的关系上予以综合研究、统筹解决。

城乡差距及其“三农”问题的严峻形势与不利影响早已引起广泛关注，城乡统筹的目标自然在于解决“三农”问题和协调城乡发展。但正如有学者（温铁军，2005）所指出的，“三农”问题在“三农”之外。只要现有制度还在继续阻碍农民的流动，束缚农村的健康发展，就不能就农业谈农业，就农村谈农村，就农民谈农民，而应该继续坚持市场取向，靠制度创新来不断破除制度壁垒和政策障碍，建立和完善全国城乡统一的社会主义市场经济体制。城乡统筹战略与以往解决“三农”问题的政策思路不同之处，就在于跳出了传统的就农业论农业、就农村论农村、就农民论农民的局限，把城市和农村紧密联系起来，从统筹城乡经济社会发展全局的高度，来认识和协调解决。

国际经验和中国实践表明，在短期内可以通过城市偏向的制度和政策以牺牲农业、农民利益和农村发展来优先发展工业和城市经济，但经济社会的长期的、良性的可持续发展只能是建立在城乡互动、共同发展基础上的。在我国工业化和市场化双重转型的现实背景下，若在继续维系城市偏向的制度框架下仅靠若干政策来调整“三农”问题中的利益关系，这样的思路不仅无益于“三农”问题的解决，甚至也不利于工业、城市走上可持续、有效率的发展道路。城乡统筹的实质内涵就是要走城乡良性互动、工农互促互补的协调发展道路，既要有效发挥工业对农业的引导作用，又要发挥农业对工业发展的支持作用；既要增强城市对农村的辐射作用，又要实现农村对城市的促进作用，从而逐步改变城乡二元结构，使得城乡关系与联系由最初的城乡分离、城乡对立、城乡差异走向城乡差距缩小、城乡融合并最终实现城乡一体化目标。这既是解决农业、农民和农村问题的必由之路，又是增强城市发展的后劲与可持续性的必然选择。

因此，城乡统筹作为一个大战略事实上意味着经济社会发展取向的根本转变。即从单纯重视工业的发展，向工农业并重发展转变；从优先发展城市经济，向城乡统筹协调发展转变。不失时机地实施工业反哺农业、城市支持农村的政策措施，努力形成工业与农业相互促进、城市与农村共同繁荣的局面。这不仅是出于公平考虑，而且也是出于经济发展效率和可持续性的全局考虑。这一战略对政府政策提出了以下两方面的原则要求：

第一，市场的基础性作用与政府的主导性作用相结合。

正确处理市场和政府关系一直是我国体制改革的核心问题，在城乡统筹战略上更需要协调好政府与市场的关系。从原则上说，政府行为应尊重市场机制在资源配置中的基础地位。发展经济学认为，发达地区与落后地区间既存在有利于区际差异缩小的效应——涓滴效应，又存在助长区际差异扩大的效应——极化效应。从市场经济长期发展看，涓滴效应将占上风从而缩小区域差异（赫希曼，1991），威廉姆森实证研究所得出的倒U型理论也证实了这一点[①]。同时，在我国现实背景下城乡差距很大程度上表现为市场化进程及市场成熟度上的差距，因此发挥城市在市场化上的示范引导作用，形成城乡、工农之间市场型的需求结构，以此推动全国统一市场建设才是最终解决城乡差距的根本出路。

以市场为基础、以统一城乡市场为根本指向并不否定政府在城乡统筹中的主导作用。上文分析已经表明，我国改革以来城乡差距的扩大、要素资源由农村向城市的单边流动并非单纯市场自发作用的结果，而在于传统的城乡制度壁垒和城市偏向的政策所导致的人为结果，是政府非市场化政策和制度安排阻碍了城乡市场一体化的结果，城乡二元经济结构的背后是城乡二元体制。而要破除制度壁垒和政策偏差，没有政府自身发挥主导性作用来承担制度供给主体角色，来彻底破除城乡分割和差别发展的传统模式，市场在协调城乡发展、促进城乡良性互动上的自发和基础力量是难以得到发挥

① Williamson J G. Regional Inequality and the Process of National Development. Economic Development and cultural Change, 1965. 13 (2).

的。此外从资源配置上说，市场化背景下的农村繁荣，在根本上取决于农民市场主体地位的确立和参与市场分工竞争的能力，而没有政府在如教育、卫生、基础设施等公共服务上城市偏向的根本改变，就无法让城乡居民有参与市场竞争的平等机会和发展能力。

第二，长期性的制度建设与渐进性的政策调整相结合。

从世界范围内尤其是发达国家城乡关系的演变来看，尽管工业化中期后各国政府在政策引导上都发挥了重要作用，但城乡差距的缩小仍呈现出其长期性和动态性的演化特征。对我国而言，更有一个人多地少的基本国情以及由此而来举世无双的农村剩余劳动力，因此立足于缩小城乡差距并最终实现城乡一体的城乡统筹战略必然是一项长期、复杂和渐进的任务。

在城乡一体化这样一个长期目标下，城乡统筹具有长期性和整体性制度建设的性质。而在城乡差距和“三农”问题严峻的形势下，政府政策调整又具有其现实性和紧迫性。在当前，应以促进农民增收、增加农村公共支出、集中解决农村最迫切需要解决的实际问题为政策调整的重点内容。但至为紧要的是，应注重短期政策调整与长期制度建设相衔接，至少不能为长期制度建设设置障碍，重在避免就农村而抓农村、就投入而抓投入的思路而背离在城乡良性互动基础上的制度建设。这既是增强短期内“三农”政策效力的关键，也是在我国政府职能尚未转变到位的现实背景下避免形成新的行政主导型制度性障碍的基础。

二、城乡发展失衡与财政结构的相关性

“三农”问题是我国长期经济社会发展过程中结构性、体制性

矛盾积累的产物，而财政在其中起了重要作用。城乡差别的财政制度、农村公共财政的缺失，内生于城乡二元体制结构，既是城乡分割的二元结构的典型表现，也是引起城乡差距扩大的重要原因。总之，城乡差距与财政支出结构间具有较大的相关性。财政不仅通过支出结构的偏向导致了经济社会发展的结构性问题，更通过体制性矛盾固化了经济社会整体体制性矛盾。

（一）二元结构下城市对农村的多取

所谓城乡二元结构，从本质上说，就是工业化过程中国家二元政策导致的城乡分离的二元结果。源于我国计划经济初期，为推行优先发展重工业的非均衡发展战略而内生出的城乡分割的二元经济结构，一开始就与政府通过过度汲取农业剩余来支撑工业资本积累和城市建设的财政需要密切相关。

在计划经济体制下，为实现重工业优先增长的“赶超战略”，国家通过人为扭曲要素和产品价格来压低重工业发展的成本，构造出低农产品价格政策的宏观政策环境，由此内生出高度集中的资源计划配置制度及其派生出的工农产品不等价交换与城乡要素不自由流动的具体制度安排（林毅夫，1999）。由此，要素和资源政府配置就必然意味着计划经济体制中财政主导型的制度特征；而在实现重工业优先增长的国家战略下，财政主导型的制度特征又必然意味着城市主导型的制度特征。国家通过工农产品“剪刀差”等扭曲性价格机制把农业和农村居民的剩余转移成企业盈利，并以此作为实现重工业和城市发展的强制性积累源泉。“剪刀差”究竟数额多大，由于计算方法上的差异，具体测算结果不一，估算数值最大的如按周其仁（2002）估计，在改革开放前的30年间此项隐蔽贡献约有6 000亿元，而按可比劳动法测算的在1953—1980年间剪刀差的数额则约为4 000亿元①。

改革开放以来虽然国家在政策上进行了一些调整，同时随着城乡间产品交换和要素流动，使得城乡关系有了一定改善。但并没有从根本上改变以农补工、以乡养城的城市偏向的财政格局。单从工农产品“剪刀差”来看，尽管改革后“剪刀差”的幅度总体缩小②但其绝对量却随市场化程度提高而增大（参见表2-6），近两年来每年都在1 000亿元以上。

表2-6　　改革开放后我国工农产品剪刀差状况　　单位：亿元,%

年份	农产品价格低于其价值的幅度	工业品价格高于其价值的幅度	“剪刀差”幅度	农产品价格低于其价值对“剪刀差”的贡献	工业品价格高于其价值对“剪刀差”的贡献	“剪刀差”绝对量
1981—1985	21.24	10.78	32.02	85.42	14.58	年均314.43
1986—1990	19.84	7.72	27.56	89.48	10.52	年均638.38
1991	13.8	4.9	18.7	87.68	12.32	653.4
1992	17.3	4.8	22.2	89.52	10.48	854.9
1993	18	4.5	22.5	71.37	28.63	362.6
1994	8.4	3.6	11.9	59.92	40.08	299.9
1995	6.3	3.5	9.8	53.49	46.51	326.4
1996	19	5	24	71.43	28.57	869.5
1997	16.3	4.7	21	72.17	27.83	845.8
1998	9	3.9	12.9	63.35	36.65	580.9
1999	0.7	2.9	3.6	15.79	84.21	190.6
2000	6.5	5	11.5	53.05	46.95	600
2001	8.7	5	13.7	61.75	38.25	770.7
2002	13.7	5.1	18.8	73.61	26.39	1 157.4
2003	16.4	5	21.4	80.53	19.47	1 489.5

资料来源：郭宏宝：《市场经济下工农产品的不等价交换》，厦门大学财政系内部讨论稿；数据根据《中国统计年鉴》、《中国农村统计年鉴》、《中国工业经济统计年鉴》各年数据计算；方法源于李溦（1993）、潘盛洲（1999）的可比劳动法的测算方法

① 李溦：《农业剩余与工业化资本积累》，云南人民出版社1993年版，第302页；潘盛洲：《中国农业保护问题研究》，中国农业出版社1999年版，第81页。

② 改革前的一些年份，剪刀差幅度曾达到60%。

除了工农产品“剪刀差”外，国家取自农村的收入及农民的税费负担还有多重表现形式。杨斌曾总结为农民的“七重负担”[①]，并给出了其2002年的估算数额，高达9 465亿元（参见表2-7）。其中所谓“新四重”共7 665亿元，为国家从农村获取的财政资源。此外，2002年我国乡镇企业上缴各类税收总额为2 693亿元[②]。在“老三重”中，农业各税为718亿元[③]。这样我们可初步估算出，2002年国家从农村获取的财政资源总计超过1.1万亿元。

表2-7　2002年农民七重负担估算

	具体种类	数额估算（亿元）
老三重	农业税、农林特产税	1 800
	三提留五统筹	
	税外收费和摊派	
新四重	间接税（农民作为消费者所间接承担的流转税）	3 965
	农民承担的增值税“进项税额”	831
	工农产品价格剪刀差	1 157
	征用土地价格差	1 712
总计		9 465

资料来源：杨斌：《返还间接税：形成城乡统一的公共财政体制的必要步骤》，《税务研究》，2005年第6期，“工农产品价格剪刀差”数值为前表实际测算值

（二）城市主导型财政制度下城市对农村的少予

反观国家对农业与农村的财政投入，则反差太大。仍以2002年为例，在年度决算中国家对农业三项支出（包括农业基本建设

① 杨斌：《返还间接税：形成城乡统一的公共财政体制的必要步骤》，《税务研究》，2005年第6期。

② 《中国乡镇企业年鉴2003》。

③ 《中国财政年鉴2003》。

支出、支援农村生产和各项农业事业费、农业科技三项费用）合计为1 536.38亿元①。在估算数据基础上，再包括财政对农村义务教育、卫生等项目的支出，约为1 368亿元。2002年国家财政对农村财政支出总计约为2 905亿元，显然这一支出数字与国家从农业农村和农民中获取的财政资源相比有很大的差距。作为消费者、生产者的农民直接间接地为城市偏向的财政制度做出了巨大的贡献与牺牲。国家财政在城乡收入与支出结构间这一不对称格局的存在，导致了财政资源及社会财富由农村向城市转移的机制，与其他机制相互作用，进一步拉大了城乡差距并强化了城乡二元经济社会结构。可以认为，迄今为止的我国财政体制及其支出结构是一种城市主导型城市偏向型的财政制度（朱刚，2006），即城市通过其应有的筹集功能，从农村抽取大量财政资源，同时又通过财政的分配功能将这些资源主要投入到城市地区，从而造成城乡发展之间的差距不断扩大。

在内生于城乡二元体制结构中的城市偏向、城市主导的财政制度下，政府对城乡的投入存在着巨大的差异，城市公共产品一直由国家负担，而农村同类的公共产品如教育、卫生、道路等的短缺却主要靠农民自己集资解决。城乡居民在社会公共产品成本负担上的不均状况，是城乡差距的主要原因与表现，也是一直以来农民负担沉重的深层制度性原因和症结。应该看到，由财政城乡收支结构上的差异而产生的农业为工业、农村为城市所提供的巨额积累远远超出其自身的承受能力，这是导致农业农村自身积累发展能力不足的关键之处。

（三）城乡差距反过来僵化财政支出结构

问题的另一面在于，当由此产生的城乡差距日益扩大并固化之

① 数据来源于中经网经济统计数据库数据。

后，反过来必然强化城乡财政在教育文化、医疗卫生、基础设施、社会福利各项支出上的差距。表 2－8 数据显示，由于二元结构下城乡差距的存在，使得农村人均 GDP 只有城市的约 1/3，由于农业税负相对低及农村 GDP 中农业比重较高的原因，使得农村人均 GDP 不到城市的 1/6。因此，尽管如前所述的农村农业农民对国家实际财政贡献很大，但那很大程度上农民是作为实际负税人而非名义纳税人而存在的，因此其对财政的贡献很大程度上是隐性而不是显性的。由于在名义纳税额上农村居民远小于城市居民，这使城市偏向的财政制度有了现实基础：政府不可能为只相当于城市人均税收 16% 左右的庞大的农村人口提供与城市居民相当的公共产品，也无法以此来维持基层政府的庞大开支。这是导致城乡差别的财政制度、农村公共财政的缺失和基层非规范制度外财政得以存在的现实原因。

表 2－8　　人均 GDP 与人均税收的城乡差距

年份	人均 GDP（元）			人均税收收入（元）		
	农村	城市	农村相当于城市	农村	城市	农村相当于城市
1991	1 158.2	4 400.8	26.32%	100.2	823.3	12.17%
1992	1 440.7	5 191.1	27.75%	113.6	869.3	13.07%
1993	1 979.5	6 090.2	32.50%	156.4	1 040.1	15.03%
1994	2 636.2	7 990.3	32.99%	186.1	1 208.7	15.40%
1995	3 291.5	9 611.8	34.24%	235.4	1 317.6	17.87%
1996	3 809.9	10 790.9	35.31%	264.0	1 472.1	17.93%
1999	4 609.9	11 783.4	39.12%	376.9	2 146.7	17.56%
2000	4 896.6	12 975.8	37.74%	424.8	2 546.5	16.68%
2001	5 262.6	14 066.9	37.41%	508.9	3 080.6	16.52%
2002	5 570.0	15 081.2	36.93%	561.7	3 543.5	15.85%

资料来源：朱刚、贾康：《中国农村财政理论与实践》，山西经济出版社 2006 年版，第 22 页，农村人均 GDP 为他们的估算值

三、城乡统筹与财政支出结构问题

（一）财政支农支出比重趋于下降

由表 2-9 可以看出，虽然国家财政支农支出的绝对量从 20 世纪 80 年代末以来一直在增长，但财政支农支出占财政总支出的比重却在整体上呈现下降趋势（见图 2-2）。目前大致维持了 7% 的水平，这一比重不仅远低于 1980 年 12.2% 的水平，也大大低于 1990 年 9.98% 的水平。尤其是 1990 年以来，除了 1998 年因积极财政政策增债扩支的现实需要和 2004 年为配合中央关于“三农”问题的一号文件而使得当年财政支农支出比例偶有提高外，其他各年均呈现逐步下降态势，甚至表明农业支出稳定增长的良性机制都无从保证。而与此同时，国家从农村获取的财政资源却不断增长，即使不考虑农民在间接税等隐性税负上的贡献，仅仅考虑农村显性税收贡献——农业各税和乡镇企业税负，2004 年农业各税（含农业税、牧业税、特产税、耕地占用税等）为 937 亿元①，乡镇企业税金 3 658 亿元②，两项合计是国家用于农业的支出的两倍。同时，与 1978 年的农业各税与乡镇企业上缴税收的 28 亿元与 26 亿元相比，年增长率分别为 14.5% 与 21%，远高于同期国家财政对农业农村支出的增长速度。由此来说，财政上的多取少予是造成城乡差距扩大的一个重要原因。

---

① 数据来源于《中国税务年鉴 2005》。

② 数据来源于《中国农业年鉴 2005》。

表 2－9 历年国家财政用于农业支出的决算金额 单位：亿元

年份	国家财政用于农业的总支出	占当年财政总支出的比重（%）	农业基本建设支出	农业科技三项费用	支援农村生产和农业事业费	农村救济费
1980	149.95	12.2	48.59	1.31	82.12	7.26
1981	110.21	9.68	24.15	1.18	73.68	9.08
1982	120.49	9.8	28.81	1.13	79.88	8.6
1983	132.87	9.43	34.25	1.81	86.66	9.38
1984	141.29	8.31	33.63	2.18	95.93	9.55
1985	153.62	7.66	37.73	1.95	101.04	12.9
1986	184.2	8.35	43.87	2.7	124.3	13.33
1987	195.72	8.65	46.81	2.28	134.16	12.47
1988	214.07	8.59	39.67	2.39	158.74	13.27
1989	265.94	9.42	50.64	2.48	197.12	15.7
1990	307.84	9.98	66.71	3.11	221.76	16.26
1991	347.57	10.26	75.49	2.93	243.55	25.6
1992	376.02	10.05	85	3	269.04	18.98
1993	440.45	9.49	95	3	323.42	19.03
1994	532.98	9.2	107	3	399.7	23.28
1995	574.93	8.43	110	3	430.22	31.71
1996	700.43	8.82	141.51	4.94	510.07	43.91
1997	766.39	8.3	159.78	5.48	560.77	40.36
1998	1 154.76	10.69	460.7	9.14	626.02	58.9
1999	1 085.76	8.23	357	9.13	677.46	42.17
2000	1 231.54	7.75	414.46	9.78	766.89	40.41
2001	1 456.73	7.71	480.81	10.28	917.96	47.68
2002	1 580.76	7.17	423.8	9.88	1 102.7	44.38
2003	1 754.45	7.12	527.36	12.43	1 134.86	79.8
2004	2 337.63	9.67	542.36	15.61	1 693.79	85.87
2005	2 450.31	7.22	512.63	19.9	1 792.4	125.38

资料来源：中经网经济统计数据库历年统计数据

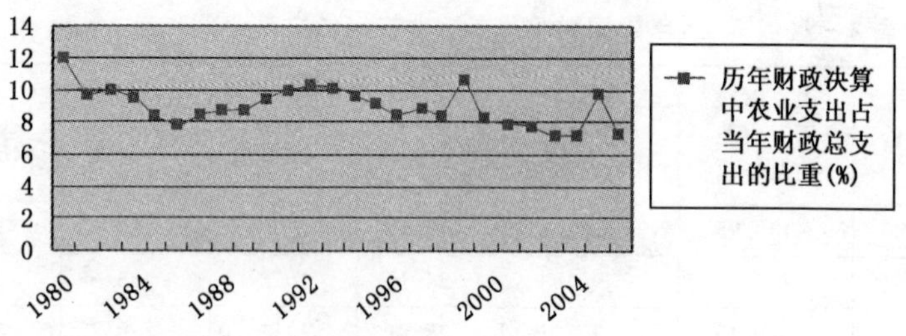

图 2－2 财政支出中农业支出比重变化图

在加入 WTO 的背景下，我国农业同时面临着国际竞争，这一竞争的背后则包含着各国政府对农业这一弱势产业的保护支持力度的政策竞争。从国际范围的比较来看，包括按 WTO 规则规定的“绿箱”、“黄箱”政策在内的国内农业支持总量与农业 GDP 的比重，美、日、欧盟等发达国家这一支持水平都在 50% 以上，各发展中国家这一比重约在 10%—30% 间（见表 2－10）。按相同的口径，我国（表 2－9）各项财政支农支出再加上粮棉油价格补贴、贫困地区发展资金，其在口径上大体上相当于国际上国内农业综合支持总量这一指标。但从 1995 年至今，我国这一指标与当年农业 GDP 之比都在 5%—9% 之间①，远低于国际水平。财政支农支出的不足加大了农业的弱势地位。

表 2－10 1995 年农业国内财政支持的国际比较

国别	欧盟	美国	日本	韩国	加拿大	南非	墨西哥	泰国	印度	巴西
农业国内支持占农业 GDP 的比重	112%	54%	70%	28%	25%	27%	19%	12%	11%	11%

资料来源：表中数据转引自何振国：《财政支农规模与结构问题研究》，中国财政经济出版社 2005 年版，第 139 页

① 根据中经网经济统计数据库各年数据计算。

(二) 财政支农支出内部结构不合理

在财政总支出中支农支出不足的背景下，财政支农支出本身也存在内部结构不合理问题，归纳起来，主要体现在以下几方面:

1. 建设性支出与事业费支出结构

从决算科目所列的金额看，在建设性的农业基本建设支出与非建设性的支援农村生产和农业事业费之间，前者比例较低而后者一直偏高。从表 2 - 11 可以看出，除了 1998—2004 年间由于实行增债扩支的积极财政政策而加大农业基本建设外，在 20 世纪 80 年代中期至今的历年间，农业基本建设支出一直不到作为非建设性的支援农村生产和农业事业费的 1/3。

表 2 - 11　　农业基本建设支出与支援农村生产和农业事业费之比

年　份	1980	1981	1982	1983	1984	1985	1986	1987	1988
比值	0. 59	0. 33	0. 36	0. 4	0. 35	0. 37	0. 35	0. 35	0. 25
年　份	1989	1990	1991	1992	1993	1994	1995	1996	1997
比值	0. 26	0. 3	0. 31	0. 32	0. 29	0. 27	0. 26	0. 28	0. 28
年　份	1998	1999	2000	2001	2002	2003	2004	2005	
比值	0. 74	0. 53	0. 54	0. 52	0. 38	0. 46	0. 32	0. 29	

资料来源：根据表 2 - 9 数据计算

在预决算科目中，以对农村生产进行补助援助为主的支援农村生产支出①与农林水部门用于人员行政的农业事业费②是作为同一

① 支援农村生产支出反映国家财政支援农村集体生产的各项补助性支出。包括对农村举办的小型农田水利和打井、喷灌等的补助费，对农村水土保持措施的补助费，对农村举办的小水电站的补助费，抗特大旱的补助费，农村开荒补助费，扶持乡镇企业资金，农村农技推广和植保补助费等等。

② 各项农业事业费是指国家财政投入的用于支持农林水事业发展的各部门人员机构经费和各项事业专项经费。包括乡镇企业的技术推广、良种推广、动植物保护、水质监测、勘探设计、资源调查、干部训练等项费用，园艺特产场补助费、飞播牧草试验补助费，营林机构、气象机构经费，渔政费以及农业管理事业费等。

科目的，因此我们难以看出两者间的比例结构关系。但从财政部农业司的资料（表2－12）看，纯粹非生产性的农业事业费比重越来越大而对生产进行补助的支援农村生产支出的比重则持续下降，下降很快。

表2－12 各年支援农村生产支出与农林水事业费之比

年份	1990	1991	1992	1993	1994	1995	1996	1997	1998	1999	2000	2001	2002	2003
比值	1.15	1.05	1.09	1.2	0.93	1.19	0.70	0.74	0.64	0.60	0.55	0.46	0.38	0.41

资料来源：转引自何振国：《财政支农规模与结构问题研究》，中国财政经济出版社2005年版，第187页

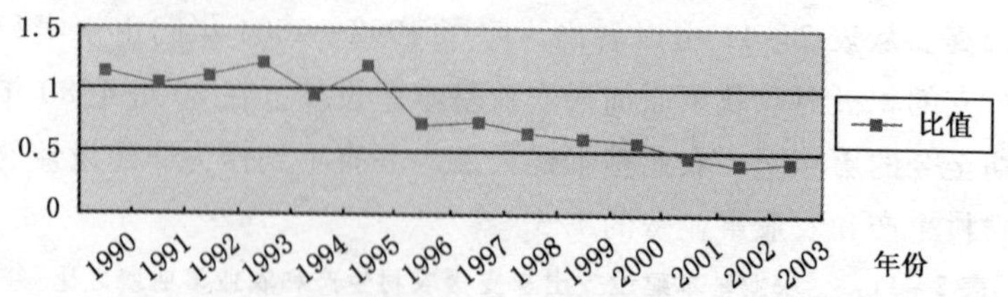

图2－3 支援农村生产支出与农林水事业费之比值变化图

农业基本建设支出与支援农村生产和农业事业费之比值下降、支援农村生产支出中支援农村生产与农业事业费之比值下降，使得财政支农支出总体上非生产性特征明显。同时的问题是，农业事业费支出主要是用于各级农口行政事业单位人员及事业费开支，这些资金名义上属于支农支出，但实际上大部分却发生在城市。

2. 农业事业费内部人员经费与业务、公用经费结构

在农业事业费支出比重上升的背景下，农业事业费内部结构也发生了相应的变化，主要表现为人员机构经费增长较快而业务经费增长缓慢的特征（苏明，2003）。这主要由于机构人员膨胀与人员工资支出的刚性特征。如在5年间，山东省农业事业费中人员机构经费比重由60%升至74%，而业务经费比重则相应由40%降为26%。再如山西省同期在农业事业费增长60.7%的背景下，其增长额的大

部分都用在人员工资上而公用经费只增长了26.1%[①]。事业费中人员经费的上升及业务经费的下降，伴随财政总支出中生产性支出及生产补助支出的下降而非生产性事业费下降，使整个财政支农支出呈现出许多学者所谓的“有钱养兵，无钱打仗”的总体特征。

3. 建设支出中基本建设投资支出与更新改造支出结构

从农业部提供的关于农业投资的基本数据资料来看，在财政支农建设性支出中，不仅基本建设支出比重一直远大于更新改造支出，而且更新改造支出的比例一直处于直线下降趋势之中，其与基本建设投资支出之比由1985年的0.34持续下降至2002年的0.05(见表2－13)，使得建设性支出内部结构处于不合理的失衡状态之中。尽管与工业部门相比，农业部门的更新改造投资比重要低一些[②]。但持续下降并明显过低的农业更新改造投资，对发挥农林水利基础设施的生产力十分不利，并实质上使农业建设性投资走上完全外延式的发展路径。这是造成目前许多农田水利基础设施年久失修严重老化而无法有效发挥作用的重要原因。

表2－13　建设支出中更新改造与基本建设支出之比

年　份	1985	1990	1995	1996	1997	1998	1999	2000	2001	2002
基本建设支出(%)	16.7	25.8	76.6	111.3	153.9	225.4	299.0	360.9	434.6	1 018.4
更新改造支出(%)	5.6	7.3	18.8	23.2	27.2	27.11	26.33	26.4	21.0	51.2
更改与基建之比(%)	0.34	0.28	0.25	0.21	0.18	0.12	0.09	0.07	0.05	0.05

资料来源：根据农业部“农业与农村基本情况”数据计算而得，见http://www.agri.gov.cn/sjzl/baipsh/WB2003.htm#5

① 苏明：《中国农村发展与财政政策选择》，中国财政经济出版社2003年版，第136页。

② 在发达国家中，工业部门设备更新和技术改造的比重一般要达到固定资产总投资的70%。参见《中国工业现状》，人民出版社1990年版，第105页。

4. 基本建设投资支出中的投向结构

在财政基本建设投资支出内部，用于大中型水利建设的比重较大而直接用于农业基础设施建设的则较少。1990 年以来，用于水利建设的投资一直保持着高比重并在总体上呈上升趋势。如果加上用于林业生态的支出，两项合计已占农业基本建设总支出的 84.5%。水利及林业生态尤其是大中型水利及生态工程（如南水北调、防洪防汛、生态防护林等）等受益对象并不仅限于农业农村而同时包括了工业城市等，从而带有社会性普遍受益特点。而与此同时，直接用于中小型农业基础设施、增强市场竞争力和改善农民生产生活条件的直接性投入（如小型农业工程、科技基建、良种工程、信息体系建设、检验检测）只有 15%，且处于下降趋势中。

表 2－14　　农业基本建设支出构成

年　份	1990	1991	1992	1993	1994	1995	1996	1997	1999	2000
用于水利比重（%）	59.9	61.7	63.0	64.9	61.6	66.3	70.7	69.6	73.7	66.8
用于林业生态比重（%）	13.3	10.9	8.7	8.0	8.4	9.4	7.7	7.8	6.4	17.7
两者合计比重（%）	73.2	72.6	71.7	72.9	70.0	75.7	78.4	77.4	80.1	84.5

资料来源：财政部国库司，转自何振国：《财政支农规模与结构问题研究》，根据第 256 页数据计算而得

财政支农支出内部还存在其他种种问题。上述所有这些结构问题的存在，事实上使原本就不足的支农支出效果与效益进一步弱化，同时所有这些国家财政性支农支出中农业、农民、农村的直接受益份额偏少，并进而对“三农”问题与城乡差距问题产生影响。

（三）财政社会事业支出中的城乡结构问题

在城市主导型财政制度下，各项社会事业上的财政支出在城乡间呈现极不合理的配置结构，涉及了城乡义务教育、城乡医疗卫生、城乡经济性基础设施、城乡科技支出、城乡社会救济等等方面。这些公共产品受益上的城乡差距，既是造成城乡发展失衡的直接原因，又是城乡居民收入差距与城乡发展不平衡的典型表现。具体来看：

1. 农村义务教育投入不足，城乡差距明显

从财政教育资源配置的格局来看，呈现出高等教育投入高于义务教育，而义务教育经费支出中城市高于农村的总体特征，这两方面都显示出了城市相对于农村的优势地位。以2003年为例（参见表2-15），农村初中、小学在生均教育经费各项指标上都在较大程度上低于全国平均水平，而财政预算内教育经费支出也无力改变这一局面。更为突出的问题是，农村义务教育生均教育经费、生均预算内教育经费与高等教育生均经费、预算内经费相比差距悬殊，与一般国际标准相比也处于极不合理的状况。在我国对教育财政投入总量不足的情况下，城市偏向与高教偏向的投入结构制约了农村发展。

表2-15　2003年生均教育经费与预算内教育经费对比　单位：元

项目/类别	生均教育经费支出				生均预算内教育经费支出			
	小计	个人部分	公用部分	基建支出	小计	个人部分	公用部分	基建支出
高等教育	13 455.52	5 106.29	5 870.79	2 478.45	5 789.06	3 064.02	2 072.24	652.80
全国初中	1 668.74	1 088.08	477.30	103.36	1 097.25	924.70	127.31	45.25
农村初中	1 210.75	867.12	306.81	36.81	889.69	786.77	85.01	17.90
全国小学	1 294.50	971.39	280.01	43.09	951.75	847.33	83.43	20.99
农村小学	1 058.25	831.97	200.49	25.79	823.22	749.17	60.91	13.15

资料来源：《中国教育经费统计年鉴2004》第45、46页

2. 财政医疗卫生支出总量不足，城乡公共卫生资源配置失衡

农村卫生总费用从出资者角度看分为政府投入、社会投入与个人投入部分。由于现有统计资料的缺乏，我们只能获得 1991—2000 年卫生部测算数据。在此 10 年间，政府农村卫生投入占农村卫生总费用的比重由 12.54% 下降至 6.59%，而同期农民个人负担卫生支出占农村卫生总费用的比重由 80.73% 上升到 90.15%（见表 2－16)。农民个人负担卫生支出 21.3% 的增长率远远超过同期农民年均纯收入 7.77% 的增长速度。这一变化部分反映出了农村居民看病难看病贵的原因，也反映出农村卫生财政的缺位状况。表 2－17 进一步显示，政府农村卫生投入的几个重要指标占同期政府财政支出的比重均呈下降趋势，更为突出的问题则在于公共卫生资源配置城乡差距，以人均卫生事业费来看，城市一直是农村的 4—5 倍，到 2000 年这一差距虽然有所缩小但仍高到 3.62 倍，反映出在城市主导型财政制度下，财政卫生投入的城市偏向并未得到根本改观。

表 2－16　　中国农村卫生费用　　单位：亿元，%

年份 项目	1991	1993	1994	1995	1996	1999	2000
全国卫生总费用	888.59	1 370.40	1 768.58	2 257.80	2 857.24	4 178.62	4 763.97
农村卫生费用	299.69	455.57	585.53	804.42	1 064.90	1 474.80	1 527.80
占卫生总费用比重	33.73	33.24	33.11	35.63	37.27	35.29	32.07
政府农村卫生投入	37.57	46.23	60.30	66.80	74.66	94.21	100.65
占农村卫生费用比重	12.54	10.15	10.30	8.30	7.01	6.39	6.59
社会农村卫生投入	20.18	25.11	30.56	43.80	49.04	52.02	49.80
占农村卫生费用比重	6.73	5.51	5.22	5.45	4.60	3.53	3.26
个人农村卫生投入	241.94	384.22	494.68	693.82	941.21	1 328.50	1 377.30
占农村卫生费用比重	80.73	84.34	84.48	86.25	88.38	90.08	90.15

资料来源：卫生部卫生经济研究所测算数据，转引自李卫平、石光、赵琨："我国农村卫生保健的历史、现状与问题"，《管理世界》，2003 年第 4 期

表2-17　　政府农村卫生投入及其城乡对比

	1991	1992	1993	1994	1995	1996	1997	1998	1999	2000
国内农村卫生资金投入占财政支出（%）	1.44	1.49	1.26	1.29	1.24	1.18	1.13	1.02	0.90	0.78
农村卫生基本补助经费占财政支出（%）	0.82	0.82	0.74	0.82	0.78	0.76	0.71	0.65	0.59	0.54
农村卫生事业费占财政支出（%）	1.02	1.05	0.92	0.98	0.93	0.90	0.84	0.76	0.69	0.61
农村卫生事业费占全国卫生事业费（%）	36.9	37.8	36.5	35.7	35.8	35.0	34.3	33.9	33.6	32.7
农村人均卫生事业费（元）	4.06	4.65	5.01	6.63	7.36	8.23	9.00	9.50	10.42	12.0
城市人均卫生事业费（元）	19.35	20.06	22.29	29.82	32.31	36.71	40.39	42.44	45.99	43.4
城市/农村（倍）	4.77	4.31	4.45	4.49	4.39	4.46	4.49	4.47	4.41	3.62

资料来源：同表2-16

3. 财政对农村公共基础设施投资总量不足，结构不合理

公共基础设施是一个内容广泛的概念，财政对农村公共基础设施投入，除了农田水利等直接服务于农业生产的生产性基础设施已包括在财政支农支出中、学校教育设施投资已包括在农村义务教育中的基建支出中、医疗卫生设施投资已反映在政府农村卫生投入的项目补助与基建支出外，另有农村道路、电力、通讯等方面的基础设施投入。受统计资料的局限，这方面难有全面的统计数据。从现有的统计数据看，1981年政府对农村公共基础设施投资额为111.3亿元，占农村公共基础设施投资总额的28.3%，而到1997年，政府投资为439.7亿元，占农村公共基础设施总投资的份额下降至

20.2%[①]；2002年政府投入为410.1亿元，占农村固定资产投资总额（扣除房屋住宅）份额已降至13.4%[②]。财政对农村公共基础设施投资不仅所占比重下降，其增长速度也远低于同期财政总支出增长速度，甚至许多年份还出现支出总额的绝对下降。水电交通通讯等经济性公共基础设施具有显著的利益外溢与规模经济特征，在引导社会投资的有效机制尚未健全及农村集体实力尚不够壮大的背景下，政府投资的缺位是造成农村公共基础设施薄弱进而拉大城乡发展差距的重要原因。

在政府农村公共基础设施投资内部，不同项目对农业及农村经济具有不同的回报率。例如，据世界银行樊胜根（2003）测算的各项公共投资对农村GDP的边际收益率，其排序分别为：研发费用、道路、教育、电话、灌溉、电力。而按我国历年农村公共投资总量及当前年份增量来排序则为：教育、灌溉、电力、道路、电话、研发费用（樊胜根，2003）。仅从最有效增进农村经济增长来看，现有投资在项目配置上结构不尽合理，有进一步进行结构调整的余地。

4. 财政农业科技支出不足

按测算，农业科技投入在所有农村公共投资中具有最高的边际收益率。但由表2－18的统计数据显示，我国农业科研财政投入一直增长缓慢，从科研人员人均支出、农业科研财政支出与农业GDP比例等项来看，还长期处于下降之中。只是到了2002年，科研人员人均支出、与农业GDP之比等项才有上升。但以农业科技财政支出占政府总支出比重、占科研总支出比重、占政府农业总支

---

① 农业部软科学委员会办公室：《农业投入与财税政策》，中国农业出版社2001年版，第179页。

② 根据国家统计局农村经济社会调查总队编：《中国农村投资问题研究》第219页数据计算。

出比重等项来衡量仍处于下降之中，以占农业 GDP 的比重来衡量的农业科研投资强度虽达到 0.49 的历史最高点，但与发达国家 2% 以上和发展中国家至少 0.75% 以上的水平相比仍有巨大差距[①]。

表 2－18　　　　我国财政农业科研支出状况

项目 / 年份	农业科研支出（1990 年不变价，百万元）	科研人员人均支出（1990 年不变价，元）	占政府总支出的百分比（%）	占科研总支出的百分比（%）	占政府农业总支出的百分比（%）	占农业 GDP 的百分比（%）
1977—1985	1 348	45 669	0.56	10.34	5.24	0.44
1986—1990	1 725	32 480	0.51	11.90	6.16	0.39
1991—1994	2 113	33 886	0.54	14.29	6.14	0.39
1995—2000	2 547	35 211	0.53	12.06	8.42	0.32
2002	4 342	81 218	0.36	9.75	5.46	0.49

资料来源：国家统计局与国家科委（各年），转引自樊胜根：《农业科研与贫困》，中国农业出版社 2005 年版，第 10 页

（四）财政社会事业支出内费用结构不合理

在财政对农村社会事业支出不足及城乡公共资源配置失衡的背景下，财政对农村社会事业各项支出内部费用结构也不尽合理，由此进一步降低了有限资金的使用效益。仅以政府农村卫生支出的内部费用结构为例来看，全部财政支出可分为人员经费、公务和业务费、项目补助（含专项补助和其他补助）。而从 1991 年以来卫生部卫生经济研究所测算数据来看[②]，农村公共卫生的财政支出量上的增长主要由人员经费增长来拉动，公务费和业务费则不但没有增

① 樊胜根：《农业科研与贫困》，中国农业出版社 2005 年版，第 11 页。

② 李卫平、石光、赵琨：《我国农村卫生保健的历史、现状与问题》，《管理世界》2003 年第 4 期。

长甚至反而下降，致使防疫站等公共卫生机构长期通过有偿服务进行“创收”以解决业务活动经费不足问题；项目补助支出的变化与公务费和业务费一致，政府财政的专项补助和其他补助一直处于下降状态中，年均增长速度为 -19.6%，而同期农村卫生项目实际支出年增速则为11.02%，其直接结果是政府无偿提供的公共卫生项目被有偿化。从总体上看，政府农村卫生支出的内部费用结构的变化显示财政支出主要用于“养人”，由于缺乏用于预防保健的业务和卫生设施的修购所必需资金的支持，使农村卫生机构通过有偿服务来补偿，这已成为严重影响农村卫生服务质量、财政卫生投入效率和公平性的问题（李卫平等，2003）。

（五）财政支出层级结构偏差较大，县乡财力严重不足

前面将财政支出作为一个整体来分析，其主要是城乡结构的问题，如果进一步具体分析政府支出的层级结构，可以发现，地方财力不足尤其是县乡财力严重不足，是造成财政支出上的城乡差距和各项结构偏差的关键。我国大部分农村项目的财政支出是由中央与地方共同承担的，但在许多具体支出内容上地方财政尤其是县乡财政承担了大部分支出份额（王朝才、傅志华，2004）。如：按现行教育体制，基础教育主要由地方负责，在农村义务教育总支出中中央财政占2%，地方财政占98%，其中乡镇负担78%、县财政负担9%、省财政负担11%；在农村医疗卫生总支出中中央财政也仅占2%；在支农支出中的支援农村生产和各项农业事业费中地方财政支出也占到了90%左右[①]。

① 以上各项数字来自于王朝才、傅志华：《“三农”问题：财税政策与国际经验借鉴》，经济科学出版社2004年版，第20页。

由于负担着地方公共产品供给中较大份额与责任，县乡基层财政在地方和国家财政中占有重要地位，在1994年起的分税制财政体制改革以后，县乡财政收入与支出间的差额日渐明显，至2002年县乡财政收入占全国财政收入比重为18.7%，而其财政支出占全国财政支出的比重为29.8%（参见表2－19）。

表2－19　　县乡财政占全国财政收支的比重

年　份	1990	1991	1992	1993	1994	1996	1997	1998	1999	2000	2001	2002
县乡财政收入占全国比重（%）	28.4	30.4	30.1	33.4	19.7	22.4	21.7	21.5	21.9	20.7	20.2	18.7
县乡财政支出占全国比重（%）	29.8	31.3	31.0	32.2	30.2	31.9	30.6	29.3	29.0	27.3	29.0	29.8

资料来源：根据财政部有关资料整理，转引自朱刚、贾康：《中国农村财政理论与实践》，根据第4页数据整理而得

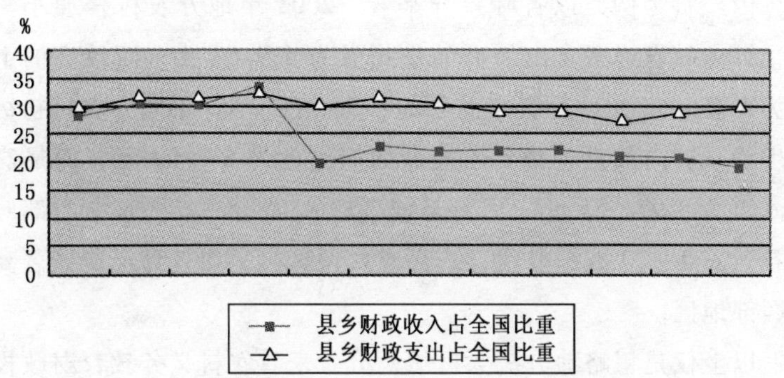

图2－4　县乡财政占全国财政收支比重

限于农村及县域经济实力，大部分县乡财政要在很大程度上依赖上级财政的转移支付。据统计，全国县市财政总收入中来自于上级财政（包括中央财政）的各种转移支付补助的平均比重为54.48%，其中中西部地区还高于这一数值。如果用一般预算收入来衡量财政的自给率，全国所有省份均无法实现域内县市财政的完全自给，全国县市财政平均自给率仅为44.9%，其中东、中、西

部地区自给率分别为61.1%、40.2%和32.2%①。

县乡财权财力弱化，并承担与其财力不匹配的事权，这是造成从全国范围看财政支出总体上城乡结构失衡的一个重要原因，也是造成税费改革前农村制度外财政膨胀与税费改革后现今基层财政债务负担沉重的主要原因。

（六）财政三农支出在区域结构上偏向东部

与财政支出中层级结构问题相衔接，由于各地区地方财政的财力差异很大，同时由于现行财政转移支付较多地体现税收返还等照顾既得利益因素而非以均等化各地区公共服务为目标，因此财政农村投入在区域结构分布上呈现出不均衡的格局。仅以农村义务教育预算内经费为例，以省际差异来看，2003年地方农村普通小学生均预算内教育经费支出最低的贵州省为539.62元，而最高的上海市为4 453.52元，后者是前者的8.25倍；2003年地方农村初级中学生均预算内教育经费支出最低的河南省为574.99元，而最高的上海市为4 974.55元，后者是前者的8.65倍②。从东中西部对比来看，表2-20数据显示，东部农村预算内生均教育经费显著高于中西部地区。

以上仅是粗略地分三大区域及分省来看农村义务教育财政投入的地区差异，在目前基础教育以县乡为主的体制下，县乡间财政资源差异程度远较三大区域间或省际间差距为大。因此，如以县际差异来衡量，农村地区间基础教育财政支出差距将更为明显。虽然在今后相当长时期内地区经济发展差距将会客观存在并通过财力差距

① 根据财政部数据资料，转引自朱刚、贾康：《中国农村财政理论与实践》，山西经济出版社2006年版，第10、27页。

② 数据来自于《中国教育经费统计年鉴2004》第359、365页。

表 2－20　分区域农村义务教育生均预算内经费比较　单位：元

区域 \ 年份 \ 教育阶段	小学			初中		
	1995	1997	2001	1995	1997	2001
东部	284.51	352.04	672.91	457.03	542.26	835.52
中部	168.61	221.00	452.45	341.22	406.49	545.54
西部	231.90	286.21	579.17	407.06	483.19	684.60
东部比中部高（%）	68.74	59.29	48.73	33.94	33.40	53.16
东部比西部高（%）	22.69	23.00	16.18	12.28	12.23	22.04
西部比中部高（%）	37.54	29.51	28.01	19.30	18.87	25.49

资料来源：财政部统计资料，转引自朱刚、贾康：《中国农村财政理论与实践》，山西经济出版社 2006 年版，第 34 页

而影响农村财政支出区域结构，但像义务教育这样的服务，由于具有利益上的强外溢性而更具有公共产品性质，也由于其具有缩小社会差距和实现社会公平的作用，因而应成为实现地区间公共服务均等化的重点，以此来评判取舍，不难得出目前财政农村义务教育支出在区域结构上存在不合理的结论。

（七）财政三农支出的环节结构不足

在“三农”问题内部，农业生产、农民收入和农村繁荣间具有复杂的内在关系，但在不同阶段“三农”问题的核心与重点有所不同。从我国经济社会发展现阶段来看，农业产量已实现总量平衡丰年有余，因此已不是“三农”问题的核心。农业本身问题在于两方面（温铁军，2005）：人多地少基本国情所决定的规模经营和就业不充分的问题，城乡二元结构体制所带来的农业产业化不足问题。而这两个问题关键影响在于农民收入增长缓慢，并由此带来农村自身积累缓慢而影响农村全面繁荣发展。因此，当前包括财政支出在内的政策调节重点应在于增加农民收入上，其中既包括农业

劳动力转移的非农业生产支持政策，更要包括农业生产的直接补助与支持政策。由此政策目标出发，可以看到财政支出与支持在环节结构上尚存不足。

1. 财政支农支出重流通环节轻生产服务环节，农民受益比重低

长期以来我国财政支农支出以间接支持尤其是流通领域的政策性补贴为主，在1998年以前一直是财政支农支出中最大的项目。而1998年以来，据统计在政府支农投入中，每年用于粮棉油糖流通的补贴都占政府农业支持总量的30%以上。以2000年为例，政府用于流通领域的补贴615亿元，占政府所有农业投入的30%，高于当年财政支农其他支出：农业基础设施600亿元、农业公共服务462亿元、直接用于生产支出423亿元①。可见，财政支农支出中重流通环节轻生产服务环节的特征十分明显。由此产生的结果是，在实践中大量财政补贴沉淀在流通部门而并未使农业生产者直接受益。而同时农民生产及增收所急需的生产和公共服务如农业产业化经营、技术推广、产前产后服务却明显投入不足。

2. 农业科技投入整体不足，忽视技术推广环节投入

按世界银行樊胜根（2003）的测算，农业科技投资是所有农村公共投资中具有最高边际收益率的项目，由此使得它成为农民增收和反贫困的最重要内容。但如前所述的，财政对农业科技投入十分不足。据有关资料，目前我国每年对农业科研投入为60多亿元，占农业总产值的0.25%，远低于发达国家平均2.37%和发展中国家平均0.7%—1%的水平。在总体投入不足的同时，政府在农业技术推广环节上的投入更是远远低于世界平均水平，由此造成农业

① 陈锡文：《中国农村公共财政制度》，中国发展出版社2005年版，第137页。

科研成果的转化率只有 30%—40%[①]。

（八）财政支出形式结构较为单一

随着市场化改革的发展，农业与农村投资资金来源结构已发生了很大变化。就农业投入而言，政府投资已由 1980 年的 29% 下降为不到 15%，而农户已成为基本主体，同时随农业产业化发展，企业投资也得到发展[②]；就整个农村投资而言，2002 年在全年新增固定资产投资 4 887.9 亿元中，按资金来源分，国家财政资金为 410.1 亿元，仅占 8.4%[③]。因此应看到，在市场化背景下要充分推动农业农村发展，国家财政对农业与农村的投入从根本上说只是为集体、农户和市场增加对农业和农村的投入创造外部条件，这就要求财政支出采取多样化的形式结构以更有效地激励农业与农村投资增长。但从我国“三农”支出的形式来看，结构较为单一，主要仍采取了无偿直接支出的形式，连原有的财政周转金形式都取消了，只在近年基础设施建设中少量采取了财政贴息形式。财政支出形式的单一和结构的不合理是削弱支出效果的重要原因之一。当前农村社会资金通过金融渠道的净流出是城乡发展失衡的重要原因，据统计在 1980—2000 年间农民资金经信用社净流出 8 722 亿元，加上邮政储蓄渠道，农民资金净流出 10 334 亿元[④]。这一状况与财政支农支出形式结构单一密切相关，以致未能有效引导社会资金的流向。

---

① 陈锡文：《中国农村公共财政制度》，中国发展出版社 2005 年版，第 137 页。

② 樊胜根、张林秀：《WTO 和中国农村公共投资》，中国农业出版社 2003 年版，第 166 页。

③ 根据国家统计局农村经济社会调查总队编：《中国农村投资问题研究》第 219 页数据计算。

④ 苏明：《中国农村发展与财政政策选择》，中国财政经济出版社 2003 年版，第 19 页。

四、城乡统筹下财政支出结构的调整

（一）财政支出结构调整的总体思路

城乡统筹中财政支出结构调整的总体思路应以当前中国经济社会发展所处的阶段和现实国情为依据，充分考虑到解决“三农”问题的紧迫性和渐进性的特征，以经济市场化和财政公共化来实现城乡经济社会统筹协调发展。

1. 短期政策性结构调整与中长期制度建设相结合

城乡差别的财政制度和缺失的农村公共财政制度是引起城乡差距扩大的成因，而农村财政支出结构上的种种问题不过是现行不合理财政制度的具体表现而已。因而应将短期内财政支出结构的政策性调整与中长期农村公共财政制度建设相结合。一方面，单纯进行财政支出结构的调整并不能达到实现城乡协调发展的目标，而应在构建农村公共财政整体制度框架下作出支出结构的安排，以城乡统筹为指导提供覆盖城乡的公共支出体系。另一方面，农村公共财政制度作为长期制度建设性任务，其最终完成也需要通过短期内具体财政支出结构尤其是财政支出城乡结构的调整来逐步实现的。而公共财政制度建设的主要内容大体应包括转移支付和专项补助制度、支农资金监督管理的专项制度、对社会资金投入“三农”的引导制度、农村财政公共选择制度等。

2. 增加三农支出与积极推动城镇化相结合

财政支出结构的调整，必然涉及以增加“三农”支出为主要内容的城乡结构调整。但城市化、工业化是我国当前实际和今后必然趋势，而“三农”问题的最终根本解决则在于减少农民数量，实现农村剩余劳动力向城镇转移。因此，城乡统筹要求在财政支出结构调整上不单独增加“三农”支出，还要积极增加城镇化支出，尤其是水电路等小城镇发展所需要的基础设施支出。

3. 以城乡结构调整为主，农村内部结构调整为辅

前文分析已表明，城市主导型财政制度下国家对农村多取少予的收支结构性问题是造成城乡差距拉大的人为主因。而目前财政除了支农支出不足外，在农村各项公共产品供给上都远低于城市甚至处于完全缺位的状态之中。因此，在城乡统筹背景下，财政支出结构的调整主要是以财政支出的城乡结构调整为主，由此通过对农村的多予少取来为缩小城乡差距创造条件。虽然各项财政农村支出由于边际收益率不同而存在通过内部结构调整来促进农村经济增长的可能，但与财政支出的城乡结构调整相比只能处在相对次要的位置上。

4. 结构调整应与方式创新相结合

财政支出城乡结构的调整目的在于增加农村公共产品供给总量，而财政农村支出内部结构的调整目的也在于增强农村公共产品供给效率。但农村公共产品种类众多、差异明显，全部由政府来提供既不可能也没有必要。因此，财政支出的结构调整应与农村公共产品供给机制创新相结合，在对农村公共产品进行分类的基础上探索并实现农村公共产品供给主体的多元化，并加快融资机制多样化的实践，在财政支出方式创新基础上更多吸引社会资金参与农村公共产

品的提供。这也是在城乡统筹中合理发挥市场与政府作用的要求。

（二）财政支出结构调整的具体政策建议

财政支出结构调整总体上应坚持“多予”原则，以城乡统筹为指导增加“三农”支出并调整其内部结构，为农业综合生产能力的提高、农村经济发展和农民收入提高提供基础条件。其重点内容应在于为农民、农业提供基本的公共产品和公共服务，满足农民生存和发展的需要，使公共财政“阳光”普照农村。

1. 在增量结构调整中增加财政支农支出比重，并保证支农支出的稳定增长

从前文分析中可以看到，财政支农支出在财政支出中的比重呈持续下降趋势，且其投入的增长机制也无从保证，这与农业的国民经济基础地位很不相称，也与农业及农村实际中的财政贡献不相称，在加入 WTO 后的国际比较背景下问题更为突出。因此，切实提高财政支农支出所占的比重，是实施工业反哺农业进而实现城乡统筹发展的最基础环节。

财政支农支出的增加应在财政支出总体结构调整中予以实现。基于各项财政支出的刚性特点及城乡统筹所具有的长期渐进特征，增加财政支出中支农支出比重应侧重在新增财力的分配上，通过经常性支出及新增国债投资向支农倾斜的增量调整来逐步稳定地提高财政支农支出比重。近些年来财政收入增幅很快，并在未来几年内有望继续保持这种势头，由此使得通过增量调整，保证支农支出比重的增长有了较大现实性。

2. 调整财政支农支出内部结构

根据前文对财政支农支出结构中所存在问题的分析，建议做如

下调整：

第一，适当增加建设性支出比重，控制乃至减少事业费支出。

在财政支农支出中基本建设支出、支援农村生产支出与农业事业费支出间的比重持续下降并明显失调，使财政支农支出总体上非生产性明显。农业基础设施主要指农田水利设施等与农民生产和生活条件关系密切的设施。由于农田水利设施所具有的规模经济效应和强外部性，使得预算内农业基本建设投资一直是农业基本建设的主要来源。由此应在财政整个基本建设支出及中长期国债投资中，加大农业基本建设支出及农田水利设施支出的结构比重。

与此同时，应控制各级农口部门农业事业费支出比重的上升，尤其要压缩人员经费支出的膨胀。农业事业费尤其是人员经费的膨胀表明农业公共产品提供的成本过高，不仅使原本有限的支农支出其相当部分并不发生和使用在农村，而且大大挤占了农业基本建设支出和农业业务经费支出。控制减少人员经费的治本措施在于继续深化机构改革，精减富余人员。对于县以上各级农口部门要着力调整政府职能，不新增人员编制并清退超编人员，将农业事业费真正用于农村基层；县乡两级则可一方面通过撤并乡镇减少一部分财政供养人员，另一方面调整农业结构促进农业产业化经营，以此来安排精减出的富余公务员去搞各种形式的产前产中产后服务。

第二，调整优化建设性支出内部结构。

在增加农业建设性支出的同时，应着力优化其内部结构（包括资金构成结构和项目投向结构），做到有增有压。根据前文分析，主要应做到以下两方面：首先，需要调整建设性支出中基本建设与更新改造支出的比重。目前更新改造投资比例持续下降并处于十分不合理的低比重中。历年来我国农业基本建设投资已经积累起相当可观的农业公共资本存量，只是由于年久失修的原因而不能有效发挥作用。因此增加更新改造投资的比重可以发挥存量的作用。建议对历年农田水利基础设施项目建立动态评估、检测、报修机制，在此基础上增加更新改造投资，以充分发挥农业基础设施存量效益。

其次，在建设性支出中，建议适当控制大中型水利工程支出比重，而相应增加直接作用于服务于农民生产生活的直接性投资。目前，大型水利工程已占了财政农业基本建设支出绝大部分比重，而其主要又是投入到防洪抗旱的救急性工程上。从今后的情况看，应立足于充分挖掘利用建国几十年来大型水利建设所形成的资本存量，相应控制新增投资的比重，着眼于调整优化结构、更新改造与加强管理。对于新增投资，应更多安排在与改善农民生产生活、增加收入关系更为密切的直接性投入上，主要包括中小型农业基础设施、科技基建、灾害预报、良种工程、信息体系建设、检验检测等社会化服务项目的基本建设支出。其中，应逐步把县以下中小型农业基础设施纳入各级政府基本建设预算支出中。

第三，调整支农支出的环节结构。

当前“三农”问题的核心在于增加农民收入。增加农业生产环节的直接补贴是促进农民增收、落实“多予”政策的直接手段，也是为世界各国所普遍采用的政府支出措施。目前我国粮食直补政策已取得较大进展，今后需要继续加大补贴改革，进一步压缩流通领域的财政补贴而将这部分资金转移为生产环节的直接补贴。同时还可以采取将主要农产品市场风险基金转为对农民的直接补贴、建立农民使用先进技术的直接补贴、将部分农产品出口补贴转为对农民的收入补贴等方式增大财政直接补贴的力度（周琳琅，2005）。

3. 调整社会事业支出的城乡结构

目前农村公共产品供给不足，突出表现在农村基础设施及科教文卫等公共服务得不到有效保障。按照城乡统筹及新农村建设的要求，必须调整社会事业及基础设施建设上的城乡结构，加大农村财政投入力度，改革城乡二元的公共产品供给机制，使公共财政在基础设施建设和公共服务上向农村延伸，扩大其覆盖的范围和领域。

第一，调整政府支出层级结构，增加农村义务教育投入。

我国义务教育财政支出上的城乡差距与财政支出层级结构上的偏差密切相关，源于各级政府间财力格局与义务教育事权责任间的不对称。在现有的财政体制下中央和省级政府集中了大部分的财力，而按义务教育体制它们仅承担很小的义务教育支出责任；而财力不足的县乡财政则担负着农村义务教育的主要责任，尤其随着农村教育事业附加费和教育集资的取消，县乡财政更难以承担义务教育投入。因此，要增加农村义务教育投入，就必然要强化中央和省级对农村义务教育投入的责任。建议，一方面中央和省级政府要在总体财政支出结构调整中增大教育支出比重的同时，积极适时调整高等教育与义务教育、城市义务教育与农村义务教育间支出比重上的偏差；另一方面要建立科学的转移支付制度，保证增加中央和省级政府对农村义务教育支出的比重。

第二，增加农村卫生支出比重，并优化其费用结构。

在财政卫生支出上，需要重新配置财政公共卫生资源投入的城乡结构。与农村义务教育体制问题一样，农村公共卫生支出主要由县乡财政来承担，这是导致城乡公共卫生资源差距的重要原因。因此，要在总体上提高财政对农村卫生事业的支持力度，上级政府应承担更多的支出责任，同时也只有中央和省级政府才能在协调城乡卫生资源配置上发挥有效的作用。建议中央和省两级财政在安排各年度新增财力时重点向农村卫生倾斜，使其年增幅大于同期财政支出增幅，以增量调整方式逐步缩小城乡在财政卫生资源上的差距。同时要结合农村医疗体制与社会保障改革，积极探索更为有效的财政支出方式，如以对农村合作医疗制度进行财政补助的方式建立中央和省对农村医疗的专项转移支付制度等。

在千方百计增加农村卫生支出的同时，更要优化其内部费用结构，重点克服由于体制原因造成的人员费用膨胀而业务费用缺乏的结构问题。上级政府的转移支付应实行增加业务费、公务费或设备购置费的有条件补助方式。同时在城乡统筹要求下，落实城市医院对农村医疗机构的对口支援制度，采取援赠医疗设备、人员培训、技术指导等方式，由此把财政支持的重点调整到支持医疗业务和公务上来。

第三，财政投资支出向农村基础设施倾斜，优化项目结构。

各类经济和社会性基础设施对农村生产发展和农民增收意义重大，但长期以来由于受城市偏向财政政策的主导而处于财政支出的薄弱环节。因此，对农村公共基础设施增大财政投入势在必行，应将其纳入各级财政支出范围，由此应做到以下几点：首先，财政应在投资性支出内部作出结构调整，坚决从原有竞争性营利性领域退出，减少市政建设性支出中的“形象工程”，活化公共资本存量等，以这些方式来筹集农村基础设施所需的资金；二者，从城乡统筹的基本原则出发，对水电、道路交通、邮电通讯等经济性基础设施的建设应考虑以中心城市财政为中心，对辖区内城乡水电道路进行统一布局、统一实施，使基础设施建设向农村延伸；三者，需要根据项目外溢性与公共性程度来正确界定政府投资范围，根据项目受益范围大小合理界定各级政府支出职责，并建立起上级政府（中央、省）对下级政府（市）转移支付制度；四者，探索多样化的政府支出形式结构，通过融资方式的创新，积极吸引民间资金参与，形成多元化投资体系；最后，应根据不同地区不同基础设施项目的不同边际收益率，合理安排项目的投资重点与先后顺序，以优化农村基础设施的项目结构。

第四，增加农业科技投入，优化其环节结构。

按前文的分析，我国农业科技支出是边际收益率最高而支出最薄弱的项目。按 WTO 的协议规则，农业科技支出包括研发和推广支出都属于“绿箱政策”的内容，正是财政能有作为并应该大有作为的领域。由此建议重点加大基础性、公益性的农业科研投入，并从两方面使财政支持向农业科技倾斜：一是在国家财政科技支出总体的结构调整中增大农业科技支出比重；二是应在财政各项“三农”支出中优先安排农业科技支出，增大其所占比重。

在增加农业科技财政支出的同时，应根据目前技术推广环节薄弱的现状来调整其内部结构，适当降低其他环节的支出比重而提高农业技术推广环节的支出比重，以增强农业科技成果的转化、运用、推广与普及。同时应优先安排公益性强的推广项目，如种子工程、禽畜良种工程、花果栽培技术的示范推广。

第五，合理安排各项社会事业财政支出的优先顺序，确定合理比重结构。

以上科教文卫及公共基础设等各项农村公共产品供给都相当短缺并与城市差距很大，因此都属于财政支出应加强的内容。但城乡统筹的渐进性、政府财力的有限性及项目不同收益率决定了还应优化各项社会事业财政支出的内部结构，合理安排各项支出的优先顺序。由此建议针对不同地区农村居民的不同偏好进行问卷调查，并对各项支出的效益进行合理评估，在此基础上，因地制宜地确定不同区域各项支出的优先顺序，并据以进行财政支出比例结构的合理调整。

4. 增加对农业产业化、农村城镇化、农民市民化的财政支持

从长远来看，“三农”问题的根本和最终出路应在“三农”之外，即通过城镇化水平的提高和农村剩余劳动力的转移来解决。因此，城乡统筹要求在财政支出结构调整上不仅要增加“三农”支出，还要积极增加对农业产业化、农村城镇化、农民市民化的财政支持。

农业产业化作为促进农业增产、农民增收，实现城乡融合、工农结合的关键，应得到财政的积极支持。基于农业产业化的特点，财政对农业的支农支出应从单纯以粮棉油为支持对象扩展到包括畜

牧、水产、蔬菜、花果在内的高效产业产品上；而对粮棉油产业的支持要从对生产流通领域的支持转变为同时支持其深加工、包装储运，以提高其附加值上；从对单纯粮农和非粮农产业化的支持转为以此为切入点同时支持乡镇企业发展上。财政支出形式既可包括传统的无偿补贴形式，还可包括税式支出形式，更要采取多样化有偿形式吸引鼓励引导企业、集体、农户乃至外资参与农业产业化经营发展。

统筹城乡发展就必须促进农村富余劳动力向城镇和非农产业转移，因此城镇化的实质就是农民的市民化，二者内涵上是一致的。城镇化的重点在于中小城镇的发展，其关键在于两方面，一是要有独特的产业来支撑，由此财政支出对农业产业化及相关非农产业发展的支持具有重要作用；二是水电路等基础设施建设是城镇化的必须投入，由此应构成财政支出的重点。以上这两方面实际上应以增加市县两级政府的财政投入为主，所以要进一步调整财政支出的层级结构与方式结构，一方面完善财政体制尤其是中央、省两级政府对市县的转移支付制度，另一方面创新财政支出方式，以广泛吸引社会资金。

以上是对城乡统筹下财政支出结构调整的全部具体政策建议。总体而言，尽管有财政“三农”支出内部结构的调整，如压缩粮食流通领域财政补贴而增加对农民生产者的直接补贴，如减少支农支出中的事业费支出而增加其建设性支出比重等。但基于农业及农村各项事业的普遍落后和各项财政普遍投入不足的现状，财政支出结构调整主要在“三农”支出的外部进行，即主要是调整各项财政支出的城乡结构，增大对农业及农村各项公共产品的支出。财政支出城乡结构的调整则以增量调整为主，即通过新增财力向农村各项支出倾斜，在动态调整中增大各项财政支出的农村份额；以存量调整为辅，主要可配合政府职能的转变，在国家财政总体结构调整中来实现，如通过退出竞争性营利性产业和对国有企业的支出而转向农业产业及其农村基础设施支出，减少城市居民不合宜的福利支出而转向增加农民粮食直接补贴等等。

（三）增强财政支出结构调整效应的配套制度建设

要切实增强财政支出结构调整的效果，从城乡统筹的长期性与渐进性相结合出发，应将财政支出结构的短期调整与农村公共财政长期制度建设相结合。由此主要应做到以下几点。

1. 建立规范化的转移支付和专项补助制度

前文的分析已一再表明，财政支出在政府层级结构上存在很大偏差，这是造成城乡差距的重要原因。而要通过财政支出结构的调整来统筹城乡公共产品供给，就必须要改变各级政府间财力格局与“三农”支出事权责任间的不对称格局，有效增强县乡财力。因此将城乡统筹要求下财政支出层级结构间的调整与建立，包括“三农”专项转移支付在内的规范化财政转移支付制度结合起来，势在必行。其中应包括健全完善中央对地方转移支付制度及省以下转移制度两方面，重点在于有效增强县乡财政财力，改善农村公共产品供给。

现有财政转移支付制度是建立在1994年分税制改革基础上的，明显带有体制转轨的痕迹，运行至今，在增进基层政府事权财权相对称的纵向平衡、促进各地区公共服务均等化的横向平衡上均不能有效发挥作用。因此，在城乡统筹背景下，需要进一步明确合理划分各级政府在“三农”支出上的事权与财权，除了要进一步采取如废弃税收返还形式、以因素法代替基数法等一般基础性的改革措施外，主要应确立以增加县乡“三农”支出财力为核心的专项财政转移支付制度。通过调整和改善财政转移支付的项目结构和支付形式，加大中央、省级政府对县乡政府的财政转移支付力度，在

"三农"转移支付的标准、程序、立法建设、预算监管监察等方面建立起规范化、法制化的具体制度，以避免"三农"专项转移支付中的随意性和盲目性。

2. 建立引导多层次社会资金投入制度

应该看到，"三农"问题的解决具有艰巨性，其投入所需资金数额巨大而远非财政所能单独承担。而从各项具体支出来看，无论是支农支出还是科教文卫具体项目还是基础设施建设，都并非纯公共产品而是外溢性或盈利性的项目，这决定了通过财政支出形式与融资形式的创新，是能够广泛吸引社会资金参与的。因此，需要调整优化财政支出形式结构，以多样化的财政支出形式结构来形成对农业和农村公共产品多元化的社会投资机制。

具体来看，首先应对农村公共产品按其纯度与营利性程度进行分类，对于外溢性较强的如农村教育、医疗卫生等项目，可仍主要以财政无偿供给方式提供，但财政无偿供给并不等于一定要政府直接运作，也可部分采取诸如公私合作方式，由私人部门运作经营而公共部门付费。对于外溢性较小而经营性较强的项目如农业产业化、基础设施投资等，针对不同项目的具体特点可以通过财政直接支出、专项补贴、政策性贴息、财政参股、财政担保、以奖代拨、以工代赈等多样化支出形式结构为引导，形成企业、农村集体、农户、银行资金及其他社会资金的多元化投资主体，以银行贷款、债券、股票、集资、委托承包及 BOT、BBT、ABS 等多元化资金来源的投融资体系，充分发挥财政支出的导向作用和杠杆作用。

3. 改进农村财政公共选择制度

公共财政本质上作为法治化的财政，其核心在于反映公民的偏好与意愿。因此从根本上说，财政支出结构优化最终的评判标准应在于是否符合了农村居民的偏好。而历来我国农村公共产品供需上所存在的问题，如二元结构下城市偏向的财政制度、公共财政缺失下乱收费与农民负担问题、税费改革后农村公共产品供给不足等等，问题的实质都在于农民偏好表达乃至公共选择机制的缺失。同样，现阶段我国农村财政支出结构上所存在的问题，其根本症结也在于公共产品供给并不完全是根据各农村辖区居民意愿而作出的决定，而更多反映的是地方政府部门决策者的偏好与意愿，故受制于特定的政绩与利益影响而产生了供需错位的结构性问题。

当前社会对“三农”问题的重视有利于推进乡镇财政乃至政府机构的公共化法治化进程，随着农村税费改革取得突出成效，基层机构改革、人员精简和制度建设可望取得显著进展，也为农村公共选择机制的构建完善提供了有利契机。特别在农村税费改革后，农村公共产品的供给普遍采取了“一事一议”的方法，这对于增强农民民主法制意识，增进农村自治和政务透明，构建规范化的公共选择机制提供了有利条件与制度雏形。在此背景下，应与进一步落实完善农村基层民主选举相配合，同时建立包括上级政府转移支付使用情况在内的农村公共资源与财政资源的使用监督机制，由此在民主管理、民主监督基础上构建起农村公共选择与民主理财机制，真正实现财政支出结构的优化。

本章参考文献

1. 陈锡文：《中国农村公共财政制度》，中国发展出版社2005年版。

2. 陈宗胜、周云波：《非法非正常收入对居民收入差别的影响及其经济学解释》，《经济研究》2001年第4期。

3. 陈宗胜：《改革、发展与收入分配》，复旦大学出版社1999年版。

4. 樊纲：《渐进改革中的政治经济学分析》，远东出版社1996

年版。

5. 樊胜根、张林秀、张晓波：《中国农村公共投资在农村经济增长和反贫困中的作用》，《华南农业大学学报》2002 年第 1 期。

6. 樊胜根、张林秀：《WTO 和中国农村公共投资》，中国农业出版社 2003 年版。

7. 何菊芳：《公共财政与农民增收》，三联书店 2005 年版。

8. 侯石安：《财政农业投入政策研究》，中国财政经济出版社 2002 年版。

9. 何振国：《财政支农规模与结构问题研究》，中国财政经济出版社 2005 年版。

10. 李卫平、石光、赵琨：《我国农村卫生保健的历史、现状与问题》，《管理世界》2003 年第 4 期。

11. 林毅夫：《再论制度、技术与中国农业发展》，北京大学出版社 2000 年版。

12. 林毅夫等：《中国的奇迹：发展战略与经济改革》，三联书店 1999 年版。

13. 罗剑朝：《中国政府财政对农业投资的增长方式与监督研究》，中国农业出版社 2004 年版。

14. 秦晖：《农民中国：历史反思与现实选择》，河南人民出版社 2003 年版。

15. 苏明：《财政支出政策研究》，中国财政经济出版社 1999 年版。

16. 苏明：《中国农村发展与财政政策选择》，中国财政经济出版社 2003 年版。

17. 陶文达：《发展经济学》，四川人民出版社 1995 年版。

18. 王朝才、傅志华：《“三农”问题：财税政策与国际经验借鉴》，经济科学出版社 2004 年版。

19. 温铁军：《“三农”问题与世纪反思》，生活·读书·新知三联书店 2005 年版。

20. 赵勇：《城乡良性互动战略》，商务印书馆 2004 年版。

21. 周琳琅：《统筹城乡发展：理论与实践》，中国经济出版社 2005 年版。

22. 周其仁：《产权与制度变迁》，社会科学文献出版社 2002 年版。

23. 赫希曼：《经济发展战略》，经济科学出版社 1991 年版。

24. 库兹涅茨：《各国的经济增长》，商务印书馆 1999 年版。

25. 库兹涅茨：《现代经济增长：速度、结构与扩展》，北京经济学院出版社 1989 年版。

26. 钱纳里：《工业化和经济增长的比较研究》，三联书店 1995 年版。

27. 钱纳里：《结构变化与发展政策》，经济科学出版社 1991 年版。

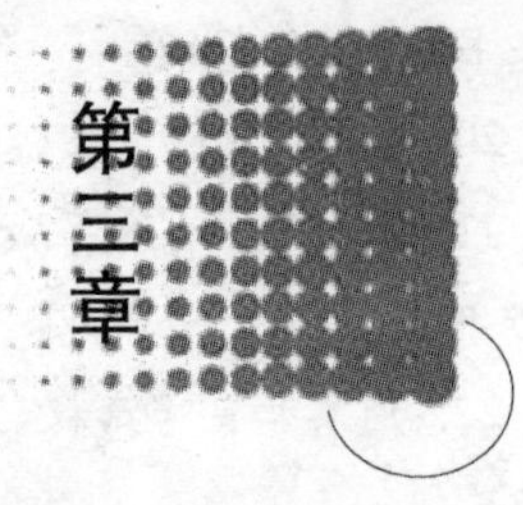

区域统筹与财政支出结构

我国是一个幅员辽阔、人口众多的国家，各地区的自然环境、社会文化、人口资源差异很大，同时由于某些历史的原因，我国目前各地区经济发展水平、人民生活水平有很大的差距并在总体上处于不断扩大的趋势之中。地区差距的扩大对我国实现经济科学发展与构建和谐社会形成了严峻挑战，由此必须正视并妥善解决这一问题。

一、地区间发展差异现状及其不利影响

地区差距首先表现为经济发展水平的差距，而经济发展最终服务于人民生活水平的提高，所以，我们将从总体经济发展水平和人民生活水平这两个角度使用描述统计学的方法研究地区差距的现状并分析它们的原因及影响。

（一）地区发展差异现状

1. 地区间发展差异现状

第一，生产力发展水平。

目前衡量地区经济总体发展水平一般使用 GDP 或人均 GDP 指标，通过分析 GDP 来研究地区发展差距已经有很多学者做过。用到的统计指标主要包括基尼系数、泰尔指数和变异系数等，使用不同的指标得出的结论基本上是相同的，即 1978 年以来地区差距先缩小后扩大。为了保持本书的完整性，同时由于有新的数据，本书仍要分析各地区 GDP 以描述地区差异。本书使用描述统计学的方法进行分析，使用的变异系数是标准差系数。

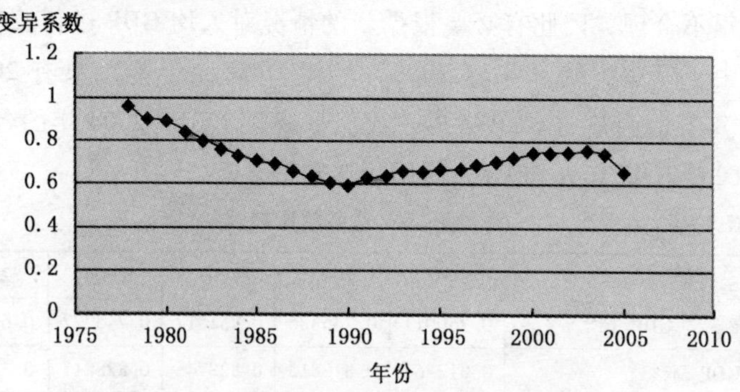

图 3－1　标准差系数—时间散点图

注：人均 GDP 数据来自《新中国五十五年统计资料汇编》和《中国统计年鉴 2006》，1993 年之前不包括重庆数据

图 3－1 是直接根据《新中国五十五年统计资料汇编》和《中国统计年鉴 2006》上的人均 GDP 计算各年标准差系数作的图。从绝对值来看，1978 年到 2005 年，标准差系数大约在 0.6—1 之间，1990 年之后在 0.6 到 0.8 之间。总体来说，标准差系数相当高，即使是最

低的0.6与国外相比也是非常高的，这说明我国的地区差距很大。

从发展趋势来看，1978年到1990年，标准差系数递减，地区差异减小，1990年达到改革开放以来的最低点，约为0.59。之后从1990年到2000年，标准差系数逐年递增，但是增长比较慢，尤其1993—1996年只有细微的增长。2000年到2004年，差异系数比较稳定，有增有减，但都比较小。2005年标准差系数突然大幅下降，由2004年的0.74降到0.66。出现这种状况，一个原因可能是2005年我国对GDP数据进行了修正，《中国统计年鉴2006》中的数据是修正的结果，所以与以前的GDP统计有很大的差别；另一个原因是，《中国统计年鉴2006》中北京、天津、上海的人均GDP数据是根据常住人口计算的，而之前都是根据户籍人口计算的，这样，这三地的人均GDP又和以前有很大的差别。例如，根据年鉴，2004年上海人均GDP是55 307元，2005年却降为51 474元，这明显很不合理，因此有必要根据新的情况对人均GDP进行调整。

由于《中国统计年鉴2006》（以下简称年鉴）只有2001—2004年各地调整的GDP数据，我们只调整2001—2004年的各地人均GDP，2005年人均GDP使用年鉴数据。

表3-1　　调整后标准差系数比较表

年　份	2001	2002	2003	2004	2005
未调整人均GDP	0.750011	0.746886	0.751517	0.743227	0.664667
根据GDP调整	0.812567	0.818812	0.82874	0.828817	0.664667
根据GDP调整，同时北京、天津、上海根据人口调整	0.689002	0.700513	0.701208	0.689651	0.664667

注：根据GDP调整即新人均GDP=新GDP/（旧GDP/旧人均GDP）。北京、天津、上海根据GDP和人口调整即新人均GDP=新GDP/（本年人口+上年人口）×2，人口为常住人口

从表3-1可以看出，在新的GDP统计方法下，标准差系数增大了，平均从0.75增加到0.82。如果新的GDP统计方法更准确地描述了地区总体经济发展水平，那么地区差距实际上比原先估计的

要大。但是北京、天津、上海人均 GDP 根据常住人口计算后，地区差距却大大缩小。这表明，这三个直辖市按户籍人口计算人均 GDP，而户籍人口大大低于常住人口，这是造成地区差距看起来特别大的一个重要原因。这里也可以推测，北京、天津、上海远高于其他省份的发展水平是导致标准差系数比较大的重要原因。

表 3－2　调整后标准差系数比较表（不包括北京、天津、上海）

年　份	2001	2002	2003	2004	2005
未调整人均 GDP	0.418473	0.421291	0.429417	0.425513	0.42002
根据 GDP 调整	0.421591	0.427347	0.436913	0.42806	0.42002

表 3－2 报告了剔除北京、天津、上海后的人均 GDP 标准差系数情况。剔除北京、天津、上海后，根据年鉴人均 GDP 计算的标准差系数从大约 0.75 锐减到 0.42，调整后的标准差系数也从约 0.7 减到 0.43，这充分表明，北京、天津、上海远高于其他省份的发展水平是导致标准差系数很大的重要原因。同时，剔除北京、天津、上海后 GDP 统计方法的变化对地区差距影响并不大。此外，结合表 3－1 和表 3－2，我们可以发现，2001 年到 2005 年，我国地区差距先增加后减少，不过时间太短，并不能说明变化的趋势。

标准差系数描述了各省人均 GDP 的平均离散程度。2001 年到 2005 年，根据调整后的人均 GDP 计算的标准差系数在 0.66 到 0.70 之间，虽然比简单根据年鉴数据计算的要小，但仍是相当大的。即使剔除超发达的京津沪地区，标准差系数也在 0.42—0.44 之间，与国外相比，仍然很高。

图 3－2 是 2005 年各省人均 GDP 按从小到大排列所画的散点图，可以让我们从另一个角度认识地区差距。从图中可以看出，2005 年各省人均 GDP 分布很广，最低的贵州是 5 051.96 元，而最高的上海是 51 474 元。事实上，从 2001 年到 2005 年，上海的人均 GDP 都是贵州的 10 倍以上。图上最后的三个点分别是天津

(35 783.19元)、北京（45 443.69 元)、上海（51 474 元)，可以看出它们与其他省份差距急剧拉大。不过，即使排除京津沪，最高的浙江（27 702.68 元）依然是最低的贵州的 5.5 倍左右，地区差距仍然是很大的。

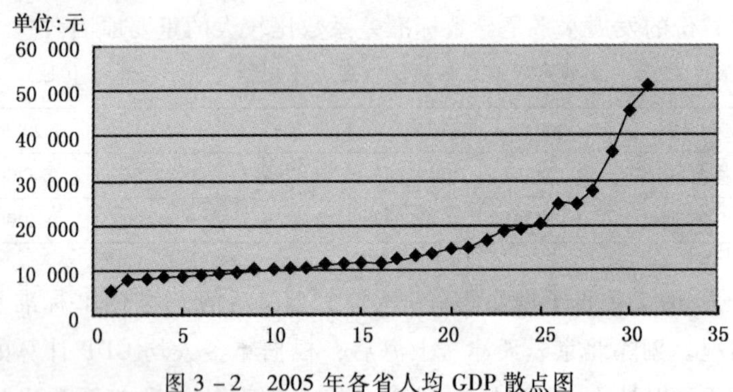

图 3－2　2005 年各省人均 GDP 散点图

数据来源：《中国统计年鉴 2006》

根据《中国统计年鉴 2006》的分法，我们把全国分为东部、中部、西部和东北四个地带，以比较地带间的发展差异。表 3－3 报告了各地带的内部标准差系数，从表上可以看出，中部、西部、东北部的标准差系数都很小，远低于全国水平，而东部由于包含超发达的北京、天津和上海，标准差系数比较大，但也低于全国水平，这表明我国各省经济发展具有明显的地带特征，同一地带的经济发展水平较接近。由此也可以推断，地带间的差距是我国省际经济发展差距的一个重要原因。

表 3－3　各地带内部变异系数

年　份	2001	2002	2003	2004	2005
东部	0.473633	0.482797	0.479478	0.472154	0.455413
中部	0.078374	0.08892	0.103109	0.108518	0.12085
西部	0.21977	0.220142	0.238314	0.244958	0.277261
东北	0.180717	0.195838	0.165588	0.138853	0.156596

注：根据相关年鉴分省人口数据和新口径分省 GDP 数据计算得到

表3－4报告了2001年到2005年东部、中部、西部和东北地带的人均GDP。从表上可以看出，就经济发展水平而言，东部最高，其次是东北，然后是中部，西部最低，前二者高于全国平均水平，后二者低于全国平均水平。东部经济发展水平最高，平均增长速度也最高，这扩大了与其他地带的差距；西部发展水平最低，其增长速度也低于人均GDP在其之上的中部，二者的差距在扩大；只有排名二、三的东北部和中部经济发展呈趋近之势。总之，按照地带分组，最发达和最落后地带的差距在扩大，中间则在收敛。

表3－4　2001—2005年东、中、西、东北地区的人均GDP比较

单位：元

年　份	2001	2002	2003	2004	2005	平均增长速度
全国	8 580.912	9 482.905	10 883.85	13 001.92	15 348.07	12.33%
东部	13 219.42	14 977.54	17 405.14	20 755.2	24 047.75	12.71%
中部	5 825.403	6 304.472	7 147.244	8 683.305	10 383.14	12.25%
西部	5 205.786	5 665.557	6 437.964	7 725.418	9 163.321	11.97%
东北	9 876.409	10 689.79	11 865.51	13 547.7	15 944.91	10.05%

注：根据相关年鉴分省人口数据和新口径分省GDP数据计算得到。全国数值不等于年鉴数值

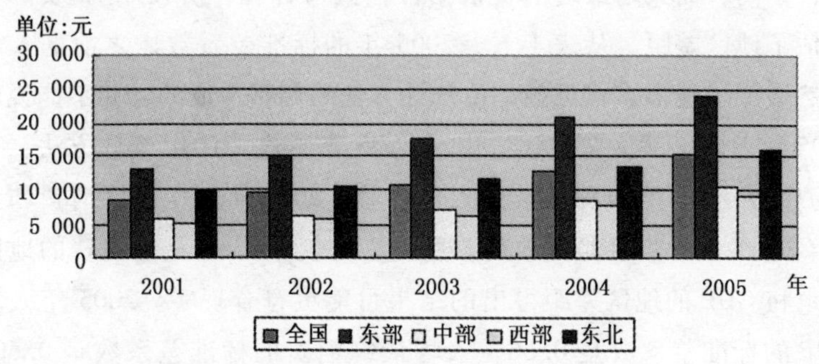

图3－3　中国经济带人均GDP示意图

第二，人民消费水平与结构。

我们使用分省人均最终消费来描述各省人民生活水平。最终消费支出指常住单位为满足物质、文化和精神生活的需要，从本国经济领土和国外购买的货物和服务的支出，可以分为居民消费支出和政府消费支出两个部分。居民消费支出指常住住户在一定时期内对于货物和服务的全部最终消费支出；政府消费支出指政府部门为全社会提供的公共服务的消费支出和免费或以较低的价格向居民住户提供的货物和服务的净支出。

表 3－5　　最终消费的地区差异表

年　份	1999	2000	2001	2002	2003	2004	2005
最终消费	0. 502191	0. 499958	0. 49618	0. 52263	0. 52142	0. 513069	0. 599012
居民消费	0. 501754	0. 495178	0. 499782	0. 525241	0. 525612	0. 516609	0. 5974
政府消费	0. 546779	0. 558708	0. 549466	0. 579157	0. 596939	0. 591225	0. 666609

注：根据历年《中国统计年鉴》分地区最终消费数据和人口数据计算得到

表 3－5 总结了最终消费的地区差距。从数值来看，1999 年到 2004 年，最终消费的标准差系数平均 0. 5 左右，而同样根据年鉴人均 GDP 数据计算的标准差系数约为 0. 75，说明最终消费的地区差异要比 GDP 小，但 0. 5 仍是一个比较大的数字。这里需要说明的是，年鉴上北京、天津、上海的人均 GDP 是根据户籍人口计算的，偏高，而人均最终消费根据常住人口计算，所以 0. 75 实际上高估了地区差距。从表上看，2005 年的标准差系数比之前的 6 年突然增加了很多，很可能是由统计方法的调整造成的，并不能说明 2005 年差距突然大幅扩大。由于 2005 年调整了 GDP 统计方法，京津沪的人均 GDP 改称按常住人口计算，2005 年人均最终消费和人均 GDP 的统计口径是一致的，所以，比较 2005 年最终消费的地区差距和 GDP 的地区差距得出的结果可能更符合现实。2005 年人均 GDP 的标准差系数是 0. 66，人均最终消费的标准差系数是 0. 60，虽然后者比前者少，但差异很小。这表明我国的财政体制并没有很好地起到调节地区收入差距的作用。

第三，地区间卫生发展指标。

我国卫生水平在改革开放后取得了巨大的进步，整体呈现大幅增长的趋势。根据《中国统计年鉴 2006》及《中国卫生统计年鉴 2006》的数据，至 2005 年，我国医院、卫生院（包括各类疗养院、门诊部、专科防治所、防疫站、妇幼保健院）达 298 997 所。卫生支出总费用由 1997 年的 3 384.9 亿元增加到 2005 年的 7 590.3 亿元，其中政府预算卫生支出相应地由 522.1 亿元增长到 2005 年的 1 293.6 亿元。

医疗机构病床数、每百万人医生数衡量一个地区客观的医疗条件，是高水平卫生水平的物质基础，也是财政支出能够直接影响的变量。这两个指标的数据来自《中国统计年鉴 2006》。孕产妇死亡率和人均预期寿命是一个地区卫生水平的表现，是一个地区卫生水平的指示表，也是改善卫生条件、提高卫生发展水平的目的。美中不足的是这两个指标受地理位置、人群特质等影响比较多，因此要结合前两个指标综合起来看。人均预期寿命指标来自《中国统计年鉴 2006》，是根据各省 1990 年以来人口变动调查公布的死亡率对 2000 年人口普查死亡数据修正后计算的。孕产妇死亡数来自《中国卫生统计年鉴 2006》。最终的结果如图 3－6 所示。

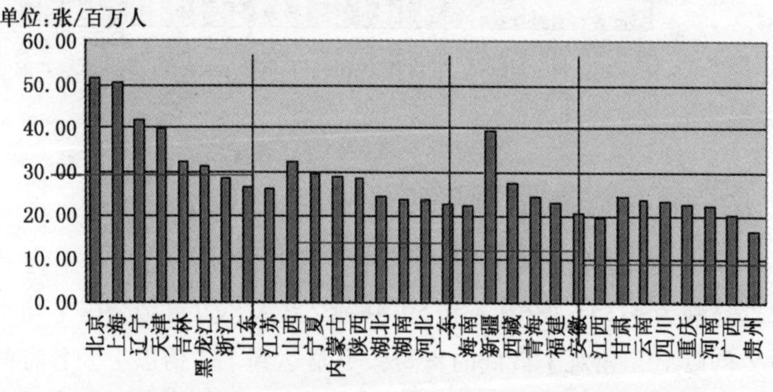

图 3－4　医疗机构病床数

注：图中竖线为分组标志，横线为各组平均值

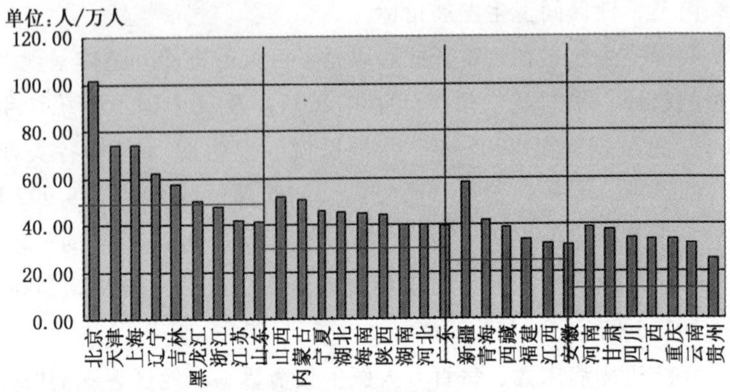

图 3-5 医疗机构人员数

注：图中竖线为分组标志，横线为各组平均值

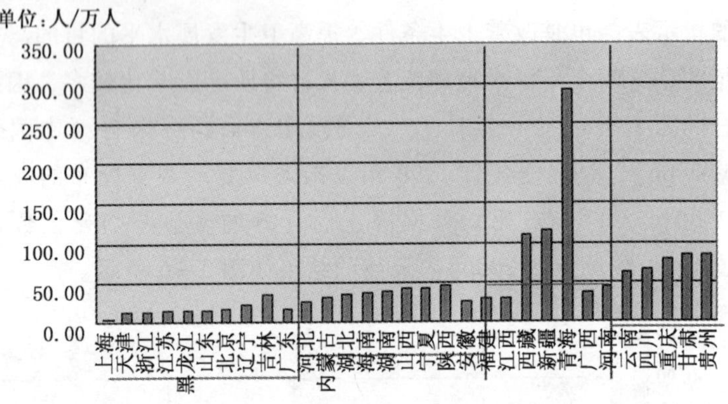

图 3-6 孕产妇死亡率

注：图中竖线为分组标志，横线为各组平均值

在医疗机构病床数这个指标中，最高的比率出现在上海和北京，分别为 51.41 张/万人和 50.48 张/万人，大致是全国平均水平的 2 倍以上，相对于最低的贵州，更是达到了 3 倍以上。各省的医疗机构人员数指标表现出和医疗机构病床数相同的趋势，这两个指标间的相关度很高。北京、天津和上海的数值为全国最高，达到了

102.06 人/万人，74.38 人/万人和 74.24 人/万人，紧接其后的是辽宁、吉林、黑龙江、江苏、山东等省，这些省份中属于东部地区的占了 77.78%，山西、内蒙古、宁夏、湖北等几个省份则大致处于全国平均水平，在 41.50 人左右。除了新疆、西藏和青海，在前两个指标中，福建、江西、安徽和河南、甘肃、四川、广西、重庆、云南、贵州等省份的水平都低于全国平均水平。

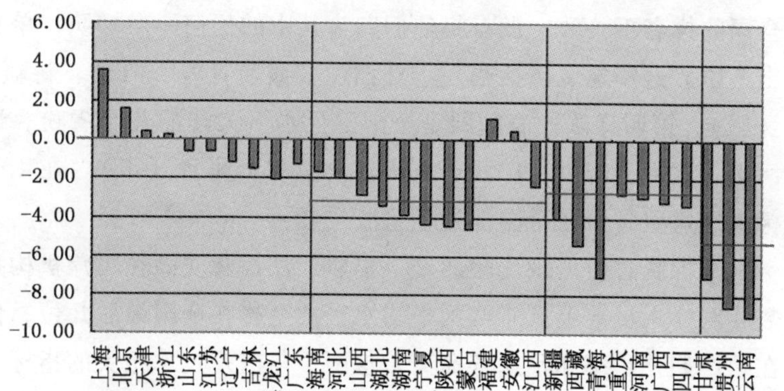

图 3-7　2000 年人口预期寿命离差（岁）

注：图中竖线为分组标志，横线为各组平均值

每 10 万人孕产妇死亡率和预期寿命离差值的指标中，上海的孕产妇死亡率已趋近于 0，人口预期寿命也是全国最高的。与之相反，新疆、西藏和青海的指标特别突出，这三个省的孕产妇死亡率十分高，预期寿命同时也是全国较短的。此外，甘肃、贵州和云南等省表现不佳，指标水平很低。结合各个省的地理位置，这两个指标中低于全国平均水平的样本中，西部地区的省份占了绝大部分，所占的比重分别为 76.92% 和 78.57%。

从上面 4 张图中可以很直观地看出，我国的卫生水平发展从高到低大致可以分为 4 个梯队：第一梯队包括北京、天津、上海、辽宁、吉林、黑龙江、江苏和山东等 9 个省（市），这些省份医疗水平的 4 个指标都排在前 30%，综合水平在全国最高。第二梯队代表卫生状况处于全国中等水平的9个省份：山西、内蒙古、宁夏、湖北、海南、陕西、湖南、河北和广东。相对于前面9个省份而言，这9个省（区）的指标一般在全国的排名在10—20位之间，或者某一项指标偏低。第三梯队的卫生水平次之，而且4个指标出现相互矛盾的地方，医疗机构病床数和人员数之间比较统一；孕产妇死亡率和人口预期寿命的离差之间也比较统一，但两组指标之间在全国的排名不一致，没有将他们归为其中的任何一个梯队，单独列出考虑。这些地区包括福建、江西、安徽、青海、西藏、新疆6省（区）。第四梯队代表的则是全国卫生水平欠佳的几个省份，诸如河南、甘肃、四川、广西、重庆、云南和贵州省（市）。在4个指标上，这些省份在全国都处于垫底位置。

第三梯队省份表现比较蹊跷，福建、江西和安徽在医疗机构病床数和医疗人员数上低于全国平均水平甚至排在全国最后几位，但却在孕产妇死亡率和预期寿命离差这两个与医疗技术相关的指标上表现上佳；新疆、西藏和青海则刚好相反，尽管人均医疗机构病床数和医疗人员数比例排在全国前列，但在后两个指标上大大地落后于全国其他省份。原因除了自身发展水平的问题之外，还可能在于福建、江西和安徽属于劳动力人口较为密集的地方，而新疆、西藏和青海则地处偏远，地广人稀，小诊所、小医院居多。相对于江西、安徽等人口大省来说，人口平均的指标表现优异也就不足为奇。考虑到新疆的特殊性，边疆建设兵团的驻扎带动了医疗机构的建设等特殊原因，会拔高医疗机构病床数和医疗人员数这两个人均医疗物质投入指标。新疆、西藏等边疆地区，高海拔、高寒、高温、气候条件恶劣，再加上经济相对落后，有些地方连温饱都无法解决，营养摄入不足也会影响到孕妇的安全和人口的预期寿命。

从下表可以看出，每个梯队内部之间的标准差和相对标准差基本都在全国的水平之下。在2000年预期寿命这一指标中，新疆、西藏和青海三地的特殊性以及安徽、江西和福建三省在这一指标上

表 3-6　　各地区卫生发展水平的统计指标

地　区	医疗机构病床数（张/百万人）				医疗机构人员数（人/万人）			
	均值	离差	标准差	相对标准差	均值	离差	标准差	相对标准差
全　国	25.63	—	8.45	0.33	41.50	—	15.64	0.38
第一梯队	36.57	10.95	9.76	0.27	61.46	19.96	19.60	0.32
第二梯队	26.30	0.67	3.58	0.14	44.89	3.39	4.46	0.10
第三梯队	25.87	0.24	7.28	0.28	39.48	-2.03	10.11	0.26
第四梯队	22.00	-3.63	2.79	0.13	33.64	-7.87	4.28	0.13
地　区	孕产妇死亡率（人/万人）				2000 年预期寿命离差（岁）			
	均值	离差	标准差	相对标准差	均值	离差	标准差	相对标准差
全　国	39.02	—	52.87	1.35	—	—	2.89	—
第一梯队	16.75	-22.27	8.71	0.52	0.00	—	1.75	—
第二梯队	35.67	-3.35	9.44	0.26	-3.14	—	1.30	-0.41
第三梯队	101.01	61.99	101.47	1.00	-2.87	—	3.23	-1.12
第四梯队	65.41	26.39	18.23	0.28	-5.26	—	2.81	-0.53

的良好表现使得这一指标的标准差高于全国平均水平，但差距不大，也处在预料之中。地区内部的差异很小，组与组之间的差距很好地解释了全国卫生发展水平的差异程度，第一、二、三、四梯队之间的差距明显。第一梯队内，北京、上海、天津三直辖市在各项指标上均列全国前列。如果把这些城市从中剔除，标准差和相对标准差都将大幅下降，医疗机构病床数、医疗机构人员数和孕产妇死亡率三指标的相对标准差更是缩小为：0.19、0.17 和 0.36。第一梯队趋同现象更加明显。

实际上，第一梯队的省市主要位于我国东北（黑吉辽）、华北（北京、天津、山东）和华东（上海、江苏）地区，第二梯队的省市主要位于我国的中部，第四梯队主要位于我国的西南，可以看出，这些省份的地理位置十分集中，区域带显现十分明显。总之，我国的医疗卫生总体水平不高，地区间差距较大，区域之间发展不平衡。

第四，地区间教育发展指标。

2005 年底我国普通高等学校达 1 792 所，普通高校专任教师数由 1978 年的 20.6 万人上升到 2004 年的 96.9 万人，在校学生数由 85.6 万人上升到 1 561.8 万人，国家财政的社会文教支出也由 1978 年的 146.96 亿元上升到 2005 年的 8 953.36 亿元。

在我们的研究中，采用小学师生比、15 岁及 15 岁以上文盲率和每 10 万人高校[①]在校生人数三个指标来反映全国各省的教育水平。第一个指标小学师生比是小学在校生人数与专职教师人数之比，数据来自《中国统计年鉴 2006》，代表一个省份的基本文化水平。指标越小，教育越发达。第二个指标的数据来自 2005 年全国 1% 人口抽样调查样本数据，文盲人口指 15 岁及 15 岁以上不识字及识字很少人口。比重越低，指标越好。这部分人群占总人口的比重能指示一个地区基础教育质量的高低。第三个指标每 10 万人高校在校生人数数据来自《中国统计年鉴 2006》，以代表一地的高等教育水准。人数越多，指标越好。

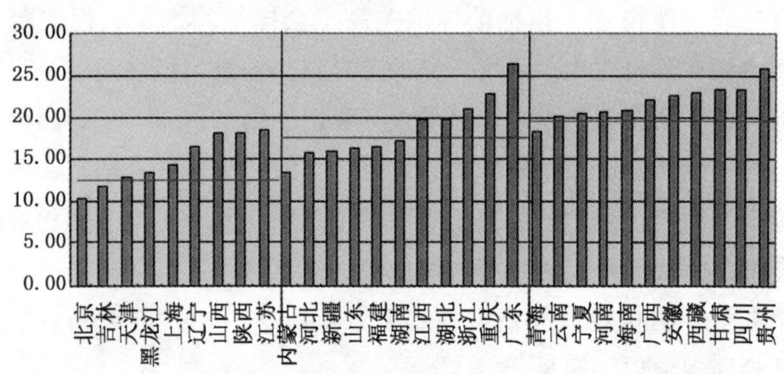

图 3-8 各省小学生师比（人）

注：图中竖线为分组标志，横线为各组平均值

① 高等学校包括普通高等学校和成人高等学校。

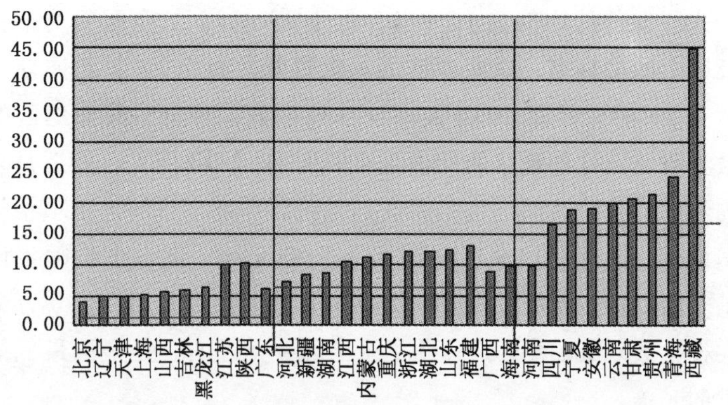

图 3－9　15 岁及以上文盲率（%）

注：图中竖线为分组标志，横线为各组平均值

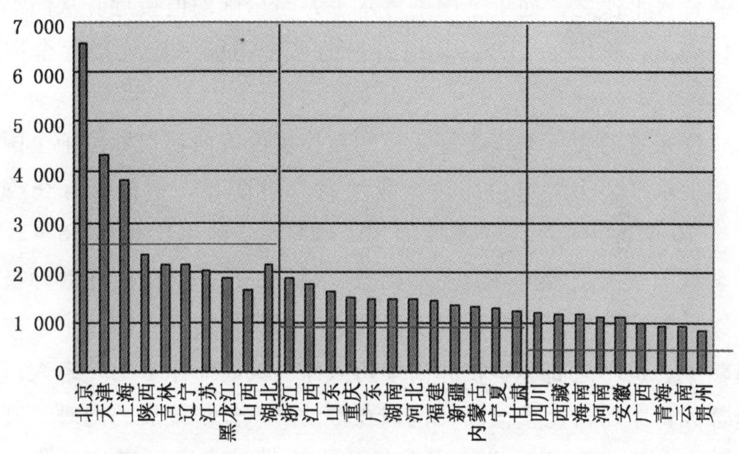

图 3－10　每 10 万人高等学校在校生（人）

注：图中竖线为分组标志，横线为各组平均值

从图 3－8、图 3－9、图 3－10 可以看出，中国的教育发展状况地区间层级现象明显，发展极不均衡。北京、上海、天津、吉林、黑龙江、辽宁、江苏、山西和陕西等九省（市）教育发达，三个指标都远远高于全国水准，构成第一梯队。小学师生比这个指

标，这些省份的均值为 14.9∶1，低于 19.43∶1 的全国平均值；15 岁及以上的文盲率，这些省份的均值很低，为 6.3%，而同期全国均值是 11.04%；每 10 万人高校在校生数，与全国其他地区的差距最为明显。这些地区的均值为 2 989.44 人/10 万人，将近是全国平均水平的两倍。而其中的超发达地区，如北京市的这三项指标居全国前列，远远高出全国平均水平。2005 年，该市小学师生比大约是全国均值的 1/2，文盲率仅是全国均值的 1/3，而每 10 万人高校在校生数 6 580 人更是达到了全国的 4 倍左右，是全国最低的贵州省的 8 倍。

属于第二梯队的省份包括湖北、浙江、江西、山东、重庆、广东、湖南、河北、福建、新疆和内蒙古等 11 个省（区）。这些省份教育水平次之，处于全国中等水平，与全国均值接近。从图形中可以看出，除广东省外，其他省份的三个指标都比较接近全国均值。

广东省的文盲率和高等学校的在校生数等两项指标位于全国中等偏上水平，小学师生比例十分地高。2005 年，广东省有在校小学生 10 670 304 人，专任教师 403 824 人，师生比高达 26.42∶1，排名位于全国倒数第一。在基础教育领域，广东省的专任教师极度匮乏。长期以来，广东省经济发展水平居全国前列，高技术人才相对集中，也不乏高等学校和高学历人才。同时广东省的外来人口在全部人口中所占比重很高，他们在推动广东经济发展的同时，其子女的义务教育要求同样给广东省的中小学带来了相当的压力。此外，不少面向外来务工人员子女的小学中也聘请了不少有专业素养的聘任制教师，他们没有计入学校专任教师数中，这也抬高了这一指标的数值。考虑到这些因素，综合后两个指标，还是应该把广东省纳入第二梯队。

第三梯队地区的教育相对落后，各项指标的平均值低于全国均值，在上图中列在第三部分。这些地区包括宁夏、甘肃、四川、西藏、海南、河南、安徽、广西、青海、云南和贵州等11省（区）。如表3－7所示，在15岁及以上的文盲率这个指标中，第三梯队的组内均值为19.45%，接近全国平均水平的两倍。剔除广西、海南和云南等三省（区）后，均值更是高达23.22%。而且全国15岁及以上的文盲率最高的省份是西藏。根据2005年全国1%人口抽样调查显示，在西藏，近一半（44.84%）的人不识字或识字很少。这与西藏特殊的地理位置和藏族特殊的文化传统有关。

从地理位置看，教育最发达的地区（北京、上海、天津、吉林、黑龙江、辽宁、江苏、山西和陕西等9省、市）大部分都是位于我国东北、华北和一些华东的省份，基本属于传统意义上的东部。教育发展居全国平均水平的地区包括湖北、浙江、江西、山东、重庆、广东、湖南、河北、福建、新疆和内蒙古等11省（区、市），除了新疆和内蒙古，主要位于我国中部和东南部。教育发展程度低的那些省份（宁夏、甘肃、四川、西藏、海南、河南、安徽、广西、青海、云南和贵州）主要位于我国西南和中北部。按此标准可以计算出我国各地区教育发展水平的统计指标。结果列于表3－7。

就全国水平而言，三个指标的标准差和相对标准差都比较大，地区间的教育发展水平相差很大。在三个梯队内部，小学师生比和15岁及以上文盲率两个指标的标准差和相对标准差均低于全国水平。每10万人高校在校生数，三梯队的相对标准差低于全国水平；在从第一梯队中剔除北京这个特殊点后[①]，三梯队的标准差同样低于全国水平。从以上分析可以得出，我国的教育发展现状呈现出全国总体水平偏低，内部差距很大的问题。地区内部分层现象严重，

① 北京市地处中国的经济、政治和文化中心，高校众多，导致这一指标的水平远远高于全国平均水平。在剔除这个特殊点后，第一梯队的均值下降为2 540.63人/10万人，标准差下降为988.72，相对标准差为0.39。

表 3－7　各地区教育发展水平的统计指标

地　区	小学师生比（人）				15 岁及以上文盲率（%）				每 10 万人高校在校生数（人）			
	均值	离差	标准差	相对标准差	均值	离差	标准差	相对标准差	均值	离差	标准差	相对标准差
全　国	19. 43	—	4. 07	0. 21	11. 04	—	8. 19	0. 74	1 612. 58	—	1 173. 63	0. 73
第一梯队	14. 90	－4. 52	3. 04	0. 20	6. 30	－4. 74	2. 30	0. 36	2 989. 44	1 376. 86	1 633. 48	0. 55
第二梯队	18. 62	－0. 80	3. 80	0. 20	10. 26	－0. 78	2. 34	0. 23	1 574. 35	－38. 24	266. 04	0. 17
第三梯队	21. 87	2. 44	1. 99	0. 09	19. 45	8. 41	9. 92	0. 51	1 075. 80	－536. 78	144. 32	0. 13

发达与不发达地区之间差距很大。教育问题已经成为我国亟须解决的重大问题。关乎国计民生，延及子孙后代。办好教育，功在当代，利在千秋。

2. 中国地区间发展差异产生的原因

造成地区差距的原因是多种多样的，国内外经济学者已经对此进行了广泛的研究。总体来说这些因素可以分为四类，包括要素投入、经济结构、政策和制度因素、地理位置和历史因素等①。

第一，要素投入。

要素投入方面，劳动力、资本、人力资本、技术是主要的投入要素。一般而言，相对发达的东部沿海地区在投资（如外商直接投资 FDI）、技术、人力资本等方面比中西部地区有优势，这可能是地区差距扩大的直接原因。

第二，经济结构方面。

加工主导型产业主要分布在东部沿海地区，资源开发型产业大多分布在中西部，这两种产业结构的差异及其经济效率的差异是东西部经济发展差距的重要原因；从所有制结构角度来说，沿海地区非公有制经济发展迅速，经济效率较高也是地区差距的重要原因。

第三，政策和制度因素方面。

在改革开放过程中，中央给东部沿海地区大量的政策优惠，使得东部地区对外开放程度、市场化程度以及城市化程度都高于西部地区，很多研究认为，地区或部门偏向的政策和制度是地区差距扩大的根本原因。

第四，地理位置和历史因素方面。

沿海地区在交通运输、对外开放方面有很大的优势，有利于发

---

①　张吉鹏、吴桂英：《中国地区差距度量与成因》，《世界经济文汇》，2004 年第 4 期。

展出口导向的工业，地理上的优势是国家政策向东部倾斜的重要原因，也是地区差距的重要原因。

以上几种原因并不是严格分开的，而是相互作用的，是从不同角度看问题的结果。地理因素如地理位置、自然资源、气候条件等是各地区最基本的差异，是难以改变的，经济政策的实施很容易受到地理因素的影响。例如改革开放最初在沿海地区进行，很大原因是沿海地区的地理位置优势，与外国的交通和交流比较便利。历史上各种经济政策的积累造成了各地区经济制度和经济结构上的差异。各种因素共同作用，造成了直接的生产要素如资本、技术、劳动等的差距，并最终形成各地区经济发展水平的差距。

财政支出主要作为经济政策对地区经济发展水平的差异产生影响。转移性支出是社会财富的再分配，经常性支出构成社会消费，资本性支出构成社会投资，经常性支出和资本性支出都是对产出的需求。政府支出如何构成、如何在地区间分配都会影响各地区经济需求和投入，影响地区产出。从长期来看，它会影响各地区的经济结构、经济效率、人口和资本的流动等，从而影响各地区经济的长期发展，并导致地区差距的扩大或缩小。财政支出对地区发展差距的影响是本课题研究的主题。

（二）与世界其他国家地区发展水平比较

1. 生产力发展差异的国际比较

地区差异是各个国家都有的现象，进行中外比较有利于进一步认识我国地区差距的现状。中国、印度、美国、加拿大都是世界上领土面积较大的国家，国内各地区自然环境、社会文化、人口资源等差异较明显。表3－8比较了这四个国家包含所有地区的地区人均GDP标准差系数。从表上可以看出，美国、加拿大这两个发达国家的地区差异要比作为发展中国家的印度和中国小，印度虽然总体经济发展水平不如中国，但它的地区差异比中国要小。

表3－8　中、印、美、加地区差异对比表（包含所有地区）

	地区数	2001	2002	2003	2004	2005
加拿大	13	NA	0.317053	0.380087	0.41529	0.388216
印度	32	0.542541	0.52974	0.551568	0.562927	0.541619
美国	51	0.3522	0.364407	0.371781	0.384821	NA
中国	31	0.689002	0.700513	0.701208	0.689651	0.664667

注：印度2004年只有29个地区的数据，2005年只有26个地区的数据

数据来源：根据各国分地区GDP和人口数据计算。原始数据来源：加拿大：Statistics Canada，印度：http：//mospi. nic. in，美国：U. S. Bureau of Economic Analysis

这四个国家有一个共同点，即少数地区发展水平远高于国内其他地区，造成地区差异的扩大。表3－9比较了中、印、美、加剔除部分超发达地区后的标准差系数。从表中可以看出，剔除超发达地区后，四国标准差系数都急剧降低，美国、加拿大减少大约一半，中国和印度减少大约1/3。中国的标准差系数仍比印、美、加高。

表3－9　中、印、美、加地区差异对比表（剔除部分超发达地区）

	地区数	2001	2002	2003	2004	2005	剔除地区
加拿大	12	NA	0.171869	0.187022	0.199817	0.230465	多伦多西北部地区（Northwest Territories）
印度	28	0.316074	0.310753	0.321732	0.325501	0.344701	昌迪加尔、德里、彭地治利、果阿（Chandigarh，Delhi，Pondicherryi，Goa）
美国	50	0.182199	0.176132	0.174316	0.177974	NA	哥伦比亚特区（District of Columbia）
中国	28	0.421591	0.427347	0.436913	0.42806	0.42002	北京、天津、上海

注：印度2004年只有25个地区数据，2005年只有23个地区数据，数据来源同表3－8

表 3－10　　中日医疗水平的地区差异比较

地区	预期寿命离差（岁）			孕产妇死亡率（人/万人）			医院病床位数（张/万人）			每 10 万人医生数（人）		
	均值	标准差	相对标准差	均值	标准差	相对标准差	均值	标准差	相对标准差	均值	标准差	相对标准差
日本	—	0.43	—	6.40	6.22	0.97	118.62	8.45	0.07	195.80	34.83	0.18
中国	—	2.89	—	39.02	52.87	1.35	25.63	28.38	1.11	41.50	15.64	0.38

注：日本的统计数据根据日本国家统计局 www.stat.go.jp 整理得到。卫生机构数/万人和医疗机构病床数/万人为 2003 年数据，执业医生数/万人为 2002 年数据

总之，不论是否包含超发达地区，中国的标准差系数都比印度、美国、加拿大高，尤其几乎是美国、加拿大的两倍。这说明，我国的地区差距过大，不仅远大于美国、加拿大这样的发达国家，也大于印度这样的发展中国家。我国的地区差距问题必须引起足够的重视，并加以妥善解决。

2. 教育卫生发展差异的国际比较

日本作为亚洲经济最发达的国家，虽然国土面积较小，但其国内分有一都、一道、两府、43 县，区域特征明显，并且日本与我国相邻，文化及传统上兼有相通之处，考量其国内地区间差距水平，对我国区域经济的发展有着一定的借鉴作用。

日本在医疗卫生领域的发达程度高于我国，人均预期寿命为 81. 16 岁，我国的人均预期寿命是 71. 40 岁；孕产妇死亡率只有中国的 1/6，医院病床数和每 10 万人医生数是我国的 4—6 倍。

从地区差距看，日本国内地区间的医疗水平差异也远小于中国。无论从标准差还是相对标准差看，四个指标中有三个指标（预期寿命离差、孕产妇死亡率、医院病床位数）都低于中国。每 10 万人医生数的标准差虽然高于中国水平，但这主要是由于过高的平均水平引起的，日本每 10 万人就有 195. 80 位医生，是中国平均水平的将近 5 倍，也是中国最高水平的北京市的近两倍。但标准差仅为中国的两倍，相对标准差为 0. 18，反而只有中国的 1/2。

表 3 – 11　　中日教育水平的地区差异比较

地区	小学师生比			每 10 万人高校在校生数		
	均值	标准差	相对标准差	均值	标准差	相对标准差
日本	17. 36	2. 21	0. 13	1 674. 03	1 043. 07	0. 62
中国	19. 43	4. 07	0. 21	1 612. 58	1 173. 63	0. 73

注：日本的统计数据根据日本国家统计局 www. stat. go. jp 整理得到。普通高校师生比为 2005 年（平成 17 年）的数据

教育指标的均值中国略低于日本，小学师生比大概低 10%，每 10 万人高校在校生数比大约低 3%。从差距来看，这两项标准差和相对标准差，中国的值都高于日本的值。教育发展的地区间差异，中国比日本大。

（三）地区间发展差异过大的不利影响

地区发展差距过大对整个国家社会政治经济的发展是不利的。首先，从社会福利的角度来说，财富在低收入者手中的效用要高于在高收入者手中的效用，地区间发展差距过大、地区收入不平等不利于整个社会福利的改善。其次，地区差距过大造成地区间的不公平竞争，发达地区收入水平高，经济效率高，在吸引人才、投资以及争夺国内市场方面都处于优势。不发达地区为保护本地经济，容易形成地区保护主义，如限制外地产品的进入等；发达地区为保护经济发展的成果也容易形成地区保护主义，如限制低素质人口的进入等。这些状况不利于全国统一的产品、要素市场的形成，不利于全国经济的长期发展。此外，地区发展差距过大，地区不公平感的加剧，容易造成地区背离倾向，国家凝聚力下降，影响社会安定团结。

1. 对社会公平的影响

所谓公平，是指社会以公正、不偏不倚的态度对待每个社会成员。虽然世界上并不存在绝对的公平，只有相对公平和尽可能公平，比如我国各地区在资源禀赋社会人文等方面是天赋的差异，这些因素不可能也没必要消除。而在当今社会，真正要做的，是尽力实现全民的“起点公平”、“过程公平”，这才是保障人民基本生活权力和发展空间的根本方向。但是我国地区间差距大有一部分是人为和制度等历史因素造成的，这个使得我国不同区域的人民在面临社会发展机会时必须要面对“起点不公平”，有时甚至“过程”公平都难以保证。这些对我国人民特别是下一代的健康成长和社会和谐造成了极大的影响。

2. 对市场效率的影响

地区间发展不平衡的最明显的影响，就在于给经济的持续发展造成了巨大的障碍。最突出的一点，在于妨碍了国内大市场的有效运作。地区间发展不平衡使得各省之间建立起自我保护屏障，在行政区域的框架下形成地方经济割据，这不仅是产业集群重复建设，造成资源严重浪费的主要原因，更是使得劳动力市场要素流动极大扭曲的始作俑者。同时，由于东西部市场隔离度增大，使得具有不同资源优势的东中西部无法有效合作，极大地影响中西部市场和资源充分利用，对提高我国整体市场效率，维持和促进社会经济的可持续发展是有百害而无一利的。

3. 对政治和社会稳定的影响

保证人民的基本生活权力，让全国人民都能获得相当的公共服务，达到相当的生活水平，这是实现和谐社会的基本途径。如果地区发展差距维持现有水平或持续扩大，落后地区甚至发达地区的国家向心力无疑会持续削弱。一个最简单的例子，美国 1861 年内战的爆发，除了南北方意识形态的差距之外，很大程度上是由于南北方经济社会发展阶段的极大不同。这场战争消耗了美国那个时期的很大社会资源，给人民带来了无尽的苦难。以古为鉴，反观我国的现实国情，我国几大分裂势力在国外政治力量的支持下一直蠢蠢欲动，西藏的达赖集团和新疆的“东突”组织时不时活动，对我国边疆人民的社会生活活动和祖国的和谐发展造成了极恶劣的影响。从以上数据分析来看这些地方，正都是与国内大多数地区的经济社会发展存在一定差距的地区，如果不推动地区间的和谐发展，使欠发达地区人民的社会生活水平得到保证，享有相当的公共服务水平，就会使这些分裂势力有机可乘。

二、地区发展差距与财政支出结构关系实证研究

财政收支是社会经济的重要组成部分，2005 年，全国（含中央和地方）财政支出将近 3.4 万亿，约占 GDP 的 20%。通过提供公共服务，增加经济建设资金，财政收支在经济增长过程中发挥着巨大的作用。在讨论地区发展差距时讨论财政支出结构在其中的作用十分必要。

（一）财政支出结构现状

1. 中央与地方财政收支概况

从表 3－12 可以看出，1994 年到 2005 年，我国的财政支出逐年递增，从 1994 年的 5 792 亿增加到 2005 年的 33 930 亿，环比增长速度为 17.43%，同期 GDP 环比增长速度为 12.90%。财政支出的平均增长速度高于全国 GDP 的平均增长速度，财政支出占 GDP 的比重不断上升。如图 3－11 所示，1994 年是 12.02%，到 2005 年已达到 18.53%。

在全部财政支出结构中，中央财政支出所占的比重约为 30%，地方财政支出所占的比重约为 70%。这两个比重相对比较稳定，在中央财政收入占全部财政收入的比重提高后，中央政府通过转移支付的方式补充了地方财力。从支出结构来看，中央主要提供全国

表 3-12　　中央和地方财政支出及比重

年份	GDP（亿元）	支出总额（亿元）			占 GDP 比重（%）			占总支出比重（%）	
		全国	中央	地方	全国	中央	地方	中央	地方
1994	48 197.86	5 792.62	1 754.43	4 038.19	12.02	3.64	8.38	30.29	69.71
1995	60 793.73	6 823.72	1 995.39	4 828.33	11.22	3.28	7.94	29.24	70.76
1996	71 176.59	7 937.55	2 151.27	5 786.28	11.15	3.02	8.13	27.10	72.90
1997	78 973.03	9 233.56	2 532.50	6 701.06	11.69	3.21	8.49	27.43	72.57
1998	84 402.28	10 798.18	3 125.60	7 672.58	12.79	3.70	9.09	28.95	71.05
1999	89 677.05	13 187.67	4 152.33	9 035.34	14.71	4.63	10.08	31.49	68.51
2000	99 214.55	15 886.50	5 519.85	10 366.65	16.01	5.56	10.45	34.70	65.30
2001	109 655.17	18 902.58	5 768.02	13 134.56	17.24	5.26	11.98	30.50	69.50
2002	120 332.69	22 053.15	6 771.70	15 281.45	18.33	5.63	12.70	30.71	69.29
2003	135 822.76	24 649.95	7 420.10	17 229.85	18.15	5.46	12.69	30.10	69.90
2004	159 878.34	28 486.89	7 894.08	20 592.81	17.82	4.94	12.88	27.71	72.29
2005	183 084.80	33 930.28	8 775.97	25 154.31	18.53	4.79	13.74	25.86	74.14

资料来源：《中国统计年鉴 2006》

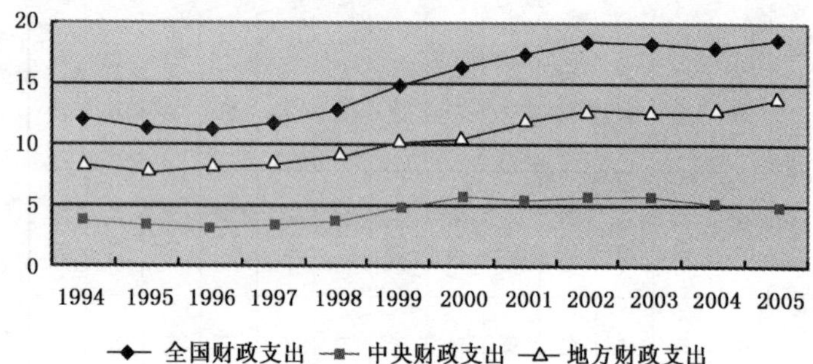

图 3－11 财政支出占 GDP 的比重（%）

性的公共产品和服务，地方主要提供区域性的公共产品和服务。具体来说，中央在科技、国防、武装警察部队、外交外事、政策性补贴等方面的支出比较高，而地方在企业挖潜改造、支援农村、城市维护建设、教育卫生文体广播、社会保障、公检司法等方面的支出比较高。

2. 政府间转移支付概况

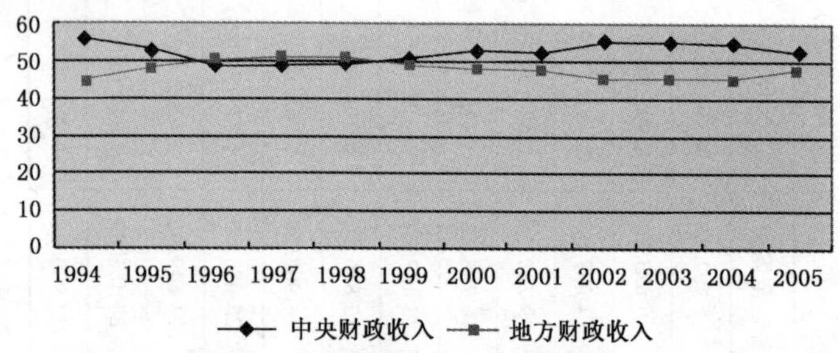

图 3－12 中央和地方财政收入比重（%）

从图 3－12 可以看出，1994 年以来的 10 年里，中央财政收入占财政总收入的比重超过五成，相应地方财政收入不及全国的半数财力。这与地方政府承担全国近七成的支出任务不相匹配。地方政府收入和支出之间的巨大缺口，主要通过中央政府对地方政府的收入返还和转移支付等补助性收入弥补。

我国现行的政府间转移支付制度是在1994年财政体制改革之后建立的。目前中央政府对地方政府的转移支付可以分为两个部分：一是财力性转移支付，二是专项转移支付。前者主要目标是弥补纵向财政不平衡并促进地方政府提供公共服务能力的均等化，包括一般性转移支付、民族地区转移支付、调整工资转移支付、农村税费改革转移支付和县乡财政奖补资金等；后者主要是为了实现中央特定的政策目标，实行专款专用，包括一般预算专项拨款、国债补助等①。返还性收入主要包括“两税”返还和所得税基数返还两块。

表3－13　　中央补助收入和地方财政支出

年份	GDP（亿元）	支出额（亿元）		中央补助比重	
		地方支出	中央补助	占GDP	占地方支出
1996	71 176.59	5 786.28	2 672.35	3.75%	46.18%
1997	78 973.03	6 701.06	2 800.90	3.55%	41.80%
1998	84 402.28	7 672.58	3 285.33	3.89%	42.82%
1999	89 677.05	9 035.34	3 992.28	4.45%	44.19%
2000	99 214.55	10 366.65	4 747.65	4.79%	45.80%
2001	109 655.17	13 134.56	6 117.18	5.58%	46.57%
2002	120 332.69	15 281.45	7 352.71	6.11%	48.12%
2003	135 822.76	17 229.85	8 058.19	5.93%	46.77%
2004	159 878.34	20 592.81	10 222.44	6.39%	49.64%
2005	183 084.80	25 154.31	11 120.07	6.07%	44.21%

资料来源：《中国统计年鉴2006》和历年《中国财政年鉴》

中央对地方的补助性收入数额很大，2004年已经超万亿大关，2005年更是达到1.11万亿，成为地方政府财政支出的重要收入来

① 分类来自李萍：《中国政府间财政关系图解》，中国财政经济出版社2006年版。

源。中央政府对地方政府的财政补贴性收入占地方财政收入的比重超过44%。占补助性收入主要部分的转移支付数量保持着很高的增长速度，近10年的增长速度一直保持在两位数，占财政支出的比重也逐年递增（如图3－13所示）。其占GDP的比重基本呈上升趋势，1996年仅为GDP的3.75%，2005年已达到GDP的6.07%。

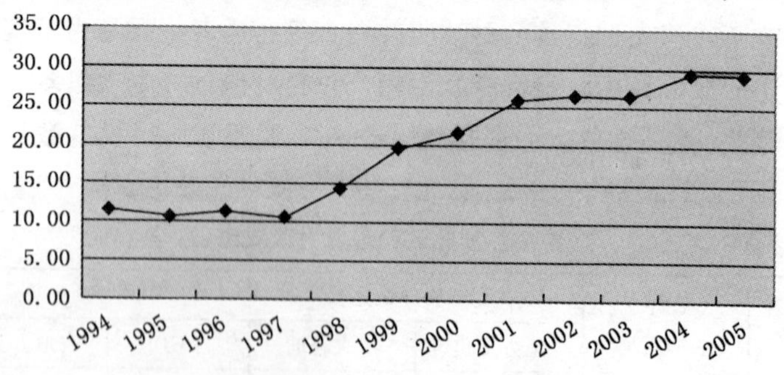

图3－13　转移支付占财政支出的比重（%）

为了分析转移支付的分布特征，我们分析了1996年到2004年（2005年是新的GDP统计口径，与以前年度不一致，所以不包括2005年）各省的人均转移支付、人均财力性转移支付、人均专项转移支付与各省人均GDP的相关关系，结果如表3－14所示。

表3－14　　人均转移支付与人均GDP的相关关系

年　份	1996	1997	1998	1999	2000	2001	2002	2003	2004
转移支付	0.64	0.63	0.58	0.48	0.41	0.21	0.18	0.25	0.26
财力性	0.70	0.70	0.69	0.63	0.60	0.42	0.49	0.51	0.51
专项	0.00	－0.03	－0.02	－0.02	－0.21	－0.16	－0.22	－0.20	－0.32

资料来源：根据历年《中国统计年鉴》和财政部预算司数据计算

表3－14表明，转移支付总额与GDP呈正相关关系，经济发展水平高的地区倾向于获得更多的转移支付，这表明转移支付的公平性不高。尽管财力性转移支付的一个重要目标是促进地区财政能力的均等化，但是现实看起来距离这个目标还很远，财力性转移支

付与 GDP 的相关程度相当高，现在的财力性转移支付应该主要使用与弥补中央和地方财政的纵向失衡。相比之下，专项转移支付与 GDP 呈负相关关系，其公平性较好。1996 年到 2004 年，三个相关系数均有所下降，说明转移支付的公平性有所提高。

3. 地方财政支出水平的差异

各省经济发展水平差异很大，各省的财政支出水平也有很大的差异。以 2004 年为例，人均财政支出这个指标，水平最高的上海为 10 263 元，水平最低的河南只有 945 元。从表 3－15 可以看出，1996 年到 2004 年财政支出的标准差系数均大于对应年份的 GDP 的标准差系数，财政支出的差异程度要高于产出的差异程度，这说明了经济发展水平对财政支出的影响。一方面 GDP 和财政支出之间存在正相关关系，经济越发达的地区，财政支出量越大。另一方面，各年度地区间财政支出量之间的差距要大于经济发展程度之间的差异。

表 3－15　各省人均财政支出和人均 GDP 的标准差系数

年　份	1996	1997	1998	1999	2000	2001	2002	2003	2004
财政支出	0.77	0.82	0.80	0.82	0.83	0.81	0.84	0.88	0.89
GDP	0.67	0.69	0.71	0.73	0.75	0.75	0.75	0.75	0.74

资料来源：根据历年《中国统计年鉴》数据计算

财政支出结构方面，各地区之间没有呈现出明显的差异。2005 年，最发达的 5 个省份与最不发达的 5 个省份各项支出①占总支出的比重之间相差无几。地方的财政支出结构并没有体现出地区间经济发展程度的不同，统一化现象比较严重。

① 发达地区的城市建设支出占财政支出的比重比较高，主要原因在于发达地区城市化进度比较高，城市面积比较大。

表 3-16　2005 年最发达的 5 个省份和最不发达 5 个省份的支出结构比较

	不发达省份	发达省份	发达省份（2）
基本建设	10.14%	12.70%	11.63%
企业挖潜改造资金	2.02%	7.08%	3.98%
地质勘探费	0.65%	0.14%	0.26%
科技三项费用	0.62%	1.39%	2.57%
农业支出	4.08%	3.04%	4.55%
林业支出	3.22%	0.40%	0.83%
农林水利气象等部门事业费	1.39%	1.06%	2.11%
工业交通部门事业费	1.16%	0.99%	1.72%
流通部门事业费	0.17%	0.05%	0.20%
文体广播事业费	2.83%	2.34%	3.25%
教育事业费	16.63%	14.56%	19.88%
科学事业费	0.53%	0.87%	0.77%
卫生经费	4.59%	4.55%	5.11%
其他部门的事业费	4.02%	4.55%	6.78%
抚恤和社会福利救济费	2.92%	2.29%	3.31%
行政事业单位离退休经费	5.14%	1.99%	4.64%
社会保障补助支出	5.96%	3.73%	5.85%
国防支出	0.14%	0.07%	0.15%
行政管理费	10.56%	8.02%	13.17%
外交外事支出	0.07%	0.05%	0.07%
武装警察部队支出	0.16%	0.10%	0.26%
公检法司支出	6.48%	7.40%	10.76%
城市维护费	3.18%	6.97%	8.82%
政策性补贴支出	1.65%	0.49%	1.32%
支援不发达地区支出	1.81%	0.10%	0.44%
海域开发建设和场地使用费支出	0.00%	0.01%	0.03%
车辆税费支出	1.13%	0.13%	0.23%
债务利息支出	0.05%	0.02%	0.21%
专项支出	1.68%	2.51%	3.27%
其他支出	7.04%	12.39%	13.62%

注：根据人均 GDP 排序，2005 年最发达的 5 个省份是江苏、浙江、天津、北京、上海，最不发达的 5 个省（区）是贵州、甘肃、云南、安徽、广西。发达省份是指辽宁、山东、广东、江苏、浙江，即剔除京津沪之后的最发达地区

（二）地区发展差距与财政支出结构关系的实证研究

财政是以国家强制力为基础进行的社会资源分配，对社会经济的发展具有重大影响。我国各地区经济发展的差异与各地的财政支出规模和结构具有密切的关系。下面对我国各地区财政支出结构和经济发展水平做一个计量分析。

1. 理论基础

假设生产函数如下：

$$Y_{it} = AK_{it}^{\alpha}E_{it}^{\beta} \quad (1)$$

上式中，Y 代表人均产出，K 代表人均资本存量，E 代表人均政府支出，A 是全要素生产率，下标 i 和 t 分别代表省份和年度，α 是资本的生产率，β 是财政支出的生产率，代表财政支出对产出的影响。由于 Y、K、E 均取人均值，所以上式不包含劳动。

对方程（1）取对数可得：

$$\log(Y_{it}) = \log(A) + \alpha\log(K_{it}) + \beta\log(E_{it}) \quad (2)$$

为了估计财政支出对经济的影响，我们可以回归如下方程：

$$\log(Y_{it}) = \log(A) + \alpha\log(K_{it}) + \beta\log(E_{it}) + u_{it} \quad (3)$$

由于缺乏资本存量的数据，我们假设各地区资本折旧率一样，设为δ，用 D 代表折旧额，则 D/δ 即为资本存量，代入方程（3）得：

$$\log(Y_{it}) = \log(A) + \alpha\log(D_{it}/\delta) + \beta\log(E_{it}) + u_{it}$$

$$\log(Y_{it}) = [\log(A) - \alpha\log(\delta)] + \alpha\log(D_{it}) + \beta\log(E_{it}) + u_{it} \quad (4)$$

$\log(A) - \alpha\log(\delta)$ 为常数项，方程（4）为最终的回归方程。

$\log(E_{it})$ 是包括经济建设支出、科技、教育卫生等各项支出的向量。包括 JINGJI、WENWEI、KEJI、XINGZHENG、QITA 等五个分量，相应表示经济建设类支出、文教卫生类支出、科技类支出、行政管理类支出以及其他类支出。

2. 数据

我们主要使用"十五"和"十一五"期间的数据，由于2005年GDP的统计口径发生了变化，为了保持一致性，我们只使用1996年到2004年的数据，即使用旧的GDP口径的数据。

折旧额我们取固定资产折旧数据，指一定时期内为弥补固定资产损耗按照规定的固定资产折旧率提取的固定资产折旧，或按国民经济核算统一规定的折旧率虚拟计算的固定资产折旧。它反映了固定资产在当期生产中的转移价值。各类企业和企业化管理的事业单位的固定资产折旧是指实际计提的折旧费；不计提折旧的政府机关、非企业化管理的事业单位和居民住房的固定资产折旧，是按照统一规定的折旧率和固定资产原值计算的虚拟折旧。

财政支出数据来自全国31个省、直辖市、自治区的《财政一般预算收支决算总表》。把其中三十多项支出细项按经济性质归为经济建设类支出等五类。其中经济建设类支出包括基本建设、企业挖潜改造资金、地质勘探费、流动资金、农业支出、林业支出、农林水利气象等部门事业费、工业交通部门事业费、流通部门事业费、城市维护费、政策性补贴支出、支援不发达地区支出、海域开发建设和场地使用费支出、车辆税费支出、债务利息支出、专项支出。文教卫生类支出包括文体广播事业费、教育事业费、卫生经费。科技类支出包括科技三项费用、科学事业费。行政管理费支出包括行政管理费、武装警察部队支出、外交外事支出、公检法司支出、国防支出、其他部门的事业费。其他支出归入其他类。这五类支出的和为总支出。

各年数据均使用GDP平减指数转化为可比价格下的数据。年鉴上没有GDP平减指数的数据，我们使用的GDP平减指数是根据GDP指数数据计算得到，按1996年为100的GDP平减指数缩减，以剔除价格变化的影响，把名义数量转化为可比较数量。计算公式为：GDP 平减指数 $deflator = \frac{GDP_i}{GDP_i index} \Big/ \frac{GDP_{1996}}{GDP_{1996} index}$。

所有数据来自或根据相关年度《中国统计年鉴》和《中国财政年鉴》数据计算得到。某些省份①和年份的数据有缺失。

3. 结果和分析

第一，全国总体情况。

方程（4）是基本的回归方程，为了分析财政支出结构对经济发展的影响，我们还把财政支出分解成几个组成部分。回归结果如下：

表 3－17　　财政支出与地区产出回归（全国 1）

	Variable	Coefficient	Std. Error	t－Statistic	Prob.	Adjusted R－squared
回归 1	C	2.84554	0.117745	24.16691	0	0.920317
	log（D）	0.937417	0.02641	35.49514	0	
	log（E）	－0.07396	0.024773	－2.98549	0.0031	
回归 2	C	3.28936	0.209036	15.73583	0	0.935075
	log（D）	0.812178	0.03282	24.74679	0	
	log（JINGJI）	－0.17414	0.042407	－4.10636	0.0001	
	log（WENWEI）	0.352728	0.078747	4.479269	0	
	log（KEJI）	0.122513	0.032873	3.726866	0.0002	
	log（XINGZHENG）	－0.17589	0.063841	－2.75515	0.0063	
	log（QITA）	－0.06986	0.026742	－2.61253	0.0096	

① 重庆成立于 1997 年 4 月 13 日，故 1996 年的部分数据无法获取。此外，折旧额指标，2005 年统计年鉴报告的是 2003 年数据；2006 年统计年鉴报告的是 2005 年数据，2004 年数据无法获取。

回归1仅包括资本和财政总支出支出两个变量，以此衡量大致的情况。财政支出总额与产出呈负相关关系，系数为 -0.074，并在1%的显著性水平上异于零。这表明财政支出效率比较低，其增长并不利于产出的提高。

回归2把财政支出分为经济建设支出、文教卫生类支出、科技类支出、行政管理类支出和其他支出，分项进入方程。从回归结果来看，经济建设支出生产率为负，表明经济建设支出规模过大，重复建设严重。教育、科技对经济发展影响为正，其中教育的生产率最高，为0.37，科技次之，为0.12。卫生、行政和社会保障支出的生产率均为负值，其中卫生和行政支出只在10%的水平上显著。其他支出对经济影响很小而且很不显著。

回归方程中，系数向量β的含义深刻。对方程（4）一阶差分可得：

$$\begin{aligned}\log(Y_{it})-\log(Y_{i(t-1)}) &= \alpha\lfloor \log(D_{it})-\log(D_{i(t-1)})\rfloor \\ &\quad +\beta\lfloor \log(E_{it})-\log(E_{i(t-1)})\rfloor \\ &\quad +(u_{it}-u_{i(t-1)})\end{aligned}$$

设 $E\lfloor \log(Y_{it})-\log(Y_{i(t-1)})\rfloor$ 为由财政支出E变动导致的Y的变动量，则有

$$\beta = E\lfloor \log(Y_{it})-\log(Y_{i(t-1)})\rfloor / \lfloor \log(E_{it})-\log(E_{i(t-1)})\rfloor \quad (5)$$

又有 $\log(Y_{it})-\log(Y_{i(t-1)})$ 约等于 $(Y_{it}-Y_{i(t-1)})/Y_{i(t-1)}$，后者为GDP的增长率，因此系数β表示的是国内生产总值对财政支出的弹性系数，财政支出增加变动百分之一，导致经济增长率增加百分之几。

简单从β的值上看不出财政支出对产出的真实影响，这还涉及国内生产总值和当年各项财政支出①量之间的比值。以2004年为例，当年全国31个省、自治区、直辖市在科技方面的投入约为

① 为各省数字的加总数，与统计年鉴上列示的数据可能会有些差异。

351.75 亿元，当年全国的 GDP 为 159 878.30 亿元，为科技研究支出的 455 倍。从回归 2 可以看出，当科技支出增加 1% 时，GDP 倾向于增加 0.1225%。当政府在科技研发方面增加 1 单位投入时，会推动国内产出增加 55.69 单位。同理，当政府在文化、教育和卫生等人力资本投入方面增加 1 单位，会带来 12.53 单位产出的增加。

考虑到教育和科技支出的成效并不是立竿见影的，我们取其以前年度的数据进行回归，回归结果见表 3－18。回归 3 中教育和科技支出均取前一年的值，与回归 2 相比，文教卫生类支出的生产率由0.35下降为0.28，科技类支出的生产率由0.12提高为0.13。

表 3－18　　财政支出与地区产出回归（全国 2）

	Variable	Coefficient	Std. Error	t－Statistic	Prob.	Adjusted R－squared
回归 3 JIAOYU、KEJI 滞后一期。调整后有 217 个样本	C	3.175748	0.216442	14.67252	0	0.932235
	log（D）	0.842409	0.034395	24.49212	0	
	log（JINGJI）	－0.19293	0.047783	－4.03759	0.0001	
	log（WENWEI）	0.281496	0.083748	3.36122	0.0009	
	log（KEJI）	0.132766	0.035347	3.75613	0.0002	
	log（XINGZHENG）	－0.1043	0.067085	－1.55474	0.1215	
	log（QITA）	－0.07516	0.032649	－2.30201	0.0223	
回归 4 JIAOYU、KEJI 取前 3 年的移动平均值。调整后有 155 个样本	C	2.972497	0.243031	12.23094	0	0.937424
	log（D）	0.866547	0.039662	21.84835	0	
	log（JINGJI）	－0.23595	0.05806	－4.06379	0.0001	
	log（WENWEI）	0.203131	0.101358	2.004089	0.0469	
	log（KEJI）	0.146451	0.041435	3.53444	0.0005	
	log（XINGZHENG）	0.011649	0.07524	0.154831	0.8772	
	log（QITA）	－0.06896	0.042598	－1.61879	0.1076	

回归 4 中教育支出和科技支出取前 3 年的移动平均值，文教卫生类支出的生产率进一步降为 0.2，科技支出的生产率进一步提高为 0.145。与回归 2 的结果一致，在回归 3 和回归 4 中，文教卫生类支出和科技类支出的系数都显著，系数为正，并且生产率最高。这在一定程度上体现了我国主要依靠要素投入促进经济增长，忽视提高人民受教育的程度和国家的科技发展水平的现实。从回归 2、回归 3 和回归 4 中，经济建设支出的效率不断降低，从 -0.17 不断下降为 -0.19 和 -0.23，均在 1% 水平上显著，说明政府介入市场活动过多，导致经济的总体效率下降。在回归 2 和回归 3 中，行政管理类支出的系数并不显著异于 0，其中可能的原因在于地方政府的支出冲动，经济的发展程度影响财政支出中行政管理类支出的量，两者之间的关系比较复杂。

在回归 3 和回归 4 的基础上，分别取经济建设类支出取滞后一期和前 3 年移动平均值，进行实证检验。回归结果与上面的回归 3 和回归 4 的结果基本一致。结果列在表 3 - 19 中。

第二，落后地区情况。

前面的回归是对全国而言的，为了研究落后地区财政支出效应的特征，我们对 15 个落后省份进行了回归。这 15 个省份[①]根据 2004 年人均 GDP 排序得到。研究中分按不同情况，对经济建设类支出、文教卫生类支出和科技类支出取不同滞后期，分别进行了 6 次回归。表 3 - 20 和表 3 - 21 报告了对 15 个相对落后省份的回归结果。

从回归结果来看，资本系数在各次都在 1% 水平上显著，系数在 0.5—0.6 之间，小于全国水平的 0.8—0.9。这与传统观念中，由于不发达地区资本稀缺从而资本对经济体的作用更加明显的看法相符合。但实际上，从后面的分析可以看出，由于技术水平跟不

① 这 15 个省（区）包括贵州、甘肃、云南、广西、陕西、安徽、宁夏、四川、江西、青海、湖南、山西、海南和河南。

表 3－19　　财政支出与地区产出回归（全国 3）

	Variable	Coefficient	Std. Error	t－Statistic	Prob.	Adjusted R－squared
回归 5 JINGJI、JIAOYU、KEJI 滞后一期。调整后有 217 个样本	C	3. 144778	0. 219144	14. 35028	0	0. 930455
	log（D）	0. 854218	0. 03447	24. 78149	0	
	log（JINGJI）	－0. 16546	0. 051038	－3. 24183	0. 0014	
	log（WENWEI）	0. 239699	0. 083163	2. 88228	0. 0044	
	log（KEJI）	0. 126653	0. 035761	3. 541613	0. 0005	
	log（XINGZHENG）	－0. 0994	0. 068243	－1. 45663	0. 1467	
	log（QITA）	－0. 07347	0. 033707	－2. 17961	0. 0304	
回归 6 JINGJI、JIAOYU、KEJI 取前 3 年的移动平均值。调整后有 155 个样本	C	2. 958081	0. 247737	11. 94043	0	0. 935388
	log（D）	0. 889625	0. 038973	22. 82658	0	
	log（JINGJI）	－0. 22681	0. 067381	－3. 36604	0. 001	
	log（WENWEI）	0. 132975	0. 097737	1. 360538	0. 1757	
	log（KEJI）	0. 150763	0. 042533	3. 544614	0. 0005	
	log（XINGZHENG）	0. 034093	0. 076493	0. 445692	0. 6565	
	log（QITA）	－0. 0577	0. 045544	－1. 26697	0. 2072	

表 3－20　　15 个落后省（区）的财政支出与地区产出回归

	Variable	Coefficient	Std. Error	t－Statistic	Prob.	Adjusted R－squared
回归 7	C	4. 624228	0. 195381	23. 66774	0	0. 7678
	log（D）	0. 668455	0. 040314	16. 58116	0	
	log（E）	－0. 08287	0. 026381	－3. 14144	0. 0021	
回归 8	C	5. 159904	0. 295215	17. 47845	0	0. 801646
	log（D）	0. 578981	0. 045679	12. 67511	0	
	log（JINGJI）	－0. 202426	0. 053429	－3. 78869	0. 0002	
	log（WENWEI）	－0. 087824	0. 139483	－0. 62964	0. 5302	
	log（KEJI）	0. 039172	0. 0546	0. 717434	0. 4746	
	log（XINGZHENG）	0. 076539	0. 102314	0. 748074	0. 456	
	log（QITA）	0. 126112	0. 038123	3. 308006	0. 0013	

表 3－21　15 个落后省份财政支出结构与地区产出回归（落后 1）

	Variable	Coefficient	Std. Error	t－Statistic	Prob.	Adjusted R－squared
回归 9 JIAOYU、KEJI 滞后一期。调整后有 105 个样本	C	5.440586	0.332171	16.37885	0	0.773385
	log（D）	0.579413	0.05151	11.24848	0	
	log（JINGJI）	－0.193863	0.060549	－3.20173	0.0018	
	log（WENWEI）	－0.288144	0.153421	－1.87813	0.0633	
	log（KEJI）	0.10233	0.057348	1.784371	0.0775	
	log（XINGZHENG）	0.158332	0.108343	1.461396	0.1471	
	log（QITA）	0.154299	0.047463	3.250918	0.0016	
回归 10 JIAOYU、KEJI 取前 3 年的移动平均值。调整后有 75 个样本	C	5.538915	0.377782	14.66167	0	0.777006
	log（D）	0.545405	0.060512	9.013117	0	
	log（JINGJI）	－0.178044	0.07136	－2.49501	0.015	
	log（WENWEI）	－0.547744	0.183002	－2.99311	0.0038	
	log（KEJI）	0.11633	0.064989	1.790002	0.0779	
	log（XINGZHENG）	0.375775	0.117025	3.21107	0.002	
	log（QITA）	0.203047	0.060614	3.349838	0.0013	

上，相应配套的人才支持不够，西部的资本的生产率要低于全国的水平。这一点很有启发意义。

从支出结构来看，JINGJI 变量基本上都在 1% 水平上显著，系数为负。经济建设支出生产率为负，与全国水平持平，在 －0.2 左右波动。

考虑到落后地区教育和科技等方面投入的收益期比较长，发挥对经济的推动作用的周期要更长。我们尝试对经济中变量取前一年的值，参加到回归中来。在回归 9 中，教育和科技支出均取前一年的值，文教卫生类支出的系数变为负值，科技支出系数仍为正值。二者在 10% 水平上显著。回归 10 教育和科技支出取前三年的移动平均值。教育支出的系数进一步降低，科技支出的系数进一步提高。与全国水平相比，落后地区的教育和科技支出的效率会更低一些，教育支出的效率甚至为负。这是令人十分费解的一件事情。

落后地区经济不发达，增加对教育方面的投入不是促进，而是延缓地区的经济增长速度。这与当前“孔雀东南飞”、“西部不留人”的现象不无关系。发达地区收入高，大量的人才从落后地区流动到发达地区，落后地区反而承担着为发达地区人才培养“买单”的倒挂现象。

在包含滞后项的回归中，对照15个省的回归结果中，科技类支出的系数略小，低于全国水平；经济建设类支出的生产率为负，与全国水平持平。政府投资领域狭窄，多集中在基础设施建设方面，对经济的负面影响已经凸现。落后地区的问题并不仅仅是政府投资就能解决的问题。解决这个问题需要通盘考虑，从全国和全局的角度协调考虑。

经济建设类支出，由于有些建设工期比较长，超过一年，其对经济的影响会在以后的各期逐步体现，因此我们尝试对JINGJI变量进行滞后，在回归9—10的基础上，分别对JINGJI变量取前一年的值和前三年的移动平均值，体现经济增长的这种时间性。回归结果列在表3－22和表3－23中。计量结果与上面两回归结果基本一致。

表3－22 15个落后省份财政支出结构与地区产出回归（落后2）

<table>
<tr><th></th><th>Variable</th><th>Coefficient</th><th>Std. Error</th><th>t－Statistic</th><th>Prob.</th><th>Adjusted R－squared</th></tr>
<tr><td rowspan="7">回归11 JINGJI、JIAOYU、KEJI 滞后一期。调整后有105个样本</td><td>C</td><td>5.494487</td><td>0.331138</td><td>16.59273</td><td>0</td><td rowspan="7">0.771137</td></tr>
<tr><td>log（D）</td><td>0.574902</td><td>0.0516</td><td>11.14156</td><td>0</td></tr>
<tr><td>log（JINGJI）</td><td>－0.196878</td><td>0.064952</td><td>－3.03111</td><td>0.0031</td></tr>
<tr><td>log（WENWEI）</td><td>－0.311379</td><td>0.152463</td><td>－2.04232</td><td>0.0438</td></tr>
<tr><td>log（KEJI）</td><td>0.092025</td><td>0.056997</td><td>1.614542</td><td>0.1096</td></tr>
<tr><td>log（XINGZHENG）</td><td>0.167487</td><td>0.109086</td><td>1.535369</td><td>0.1279</td></tr>
<tr><td>log（QITA）</td><td>0.173472</td><td>0.04777</td><td>3.631359</td><td>0.0005</td></tr>
<tr><td rowspan="7">回归12 JINGJI、JIAOYU、KEJI 取前3年的移动平均值。调整后有75个样本</td><td>C</td><td>5.55845</td><td>0.372167</td><td>14.93536</td><td>0</td><td rowspan="7">0.778498</td></tr>
<tr><td>log（D）</td><td>0.558953</td><td>0.061502</td><td>9.088336</td><td>0</td></tr>
<tr><td>log（JINGJI）</td><td>－0.216501</td><td>0.083485</td><td>－2.5933</td><td>0.0116</td></tr>
<tr><td>log（WENWEI）</td><td>－0.573688</td><td>0.175017</td><td>－3.2779</td><td>0.0016</td></tr>
<tr><td>log（KEJI）</td><td>0.121493</td><td>0.065085</td><td>1.866682</td><td>0.0663</td></tr>
<tr><td>log（XINGZHENG）</td><td>0.401852</td><td>0.115624</td><td>3.475499</td><td>0.0009</td></tr>
<tr><td>log（QITA）</td><td>0.223666</td><td>0.060028</td><td>3.725998</td><td>0.0004</td></tr>
</table>

（三）转移支付与地区经济收敛的实证研究

1. 理论基础和模型

政府间转移支付是指一个国家的各级政府之间在既定的职责、支出责任和税收框架下，财政资金的无偿转移。目前，我国中央政府对地方政府的转移支付已经占地方政府支出得很大比重，中央政府对各地转移支付政策的倾斜，是协调地区发展、缩小地区差距的重要手段。在我国西部大开发过程中，财政转移支付资金向西部倾斜也是大家广为提及的一项政策。

前面的分析结果表明各地区的财政支出结构与经济发展密切相关，地方政府可以通过调整支出结构来促进本地经济发展。但是这并不一定能够缩小地区差距，原因在于落后地区和发达地区都可以通过财政支出结构的最优化，推动本地的经济发展。地区的协调发展不是要求发达地区停下来等待落后地区，而是要让全国各地区的经济发展综合协调发展，不发达地区的经济增长能快步跟上全国的整体节奏。

地区特别是落后地区，调节不同财政支出项目的规模和比重，提高能影响地区综合发展潜力的因素，提升本地区的产出水平，逐步赶上发达地区的发展程度，这是在地方政府层次能够实现的。除此之外，要缩小地区差距，政府体系中最高层次的中央政府地位超然，协调地区间的发展水平差异优势明显。产业政策、财政政策以及税收政策是中央政府经常运用的手段之一。其中转移支付是财政政策中最直接也是比较重要的手段之一。通过转移支付，中央政府可以将更多的资源投入落后地区，加快落后地区的发展，从而实现地区差距的缩小。

根据宏观经济学中的索洛（Solow）模型，如果经济中的各种参数不变，如储蓄率、技术进步率、人口增长率、资本折旧率等，那么经济将向平衡增长路径趋近，趋近的速度取决于经济与平衡增长路径的距离，即下一期的经济增长速度由前一期的产出与平衡增长路径的差距决定。如果各项参数不变，那么平衡增长路径也是确定的，则下一期的经济增长速度由前一期的产出决定。索洛模型预言经济向平衡增长路径收敛，某年的产出实际上可以看作未来经济发展路径的起点，未来的经济发展是可以预测的。

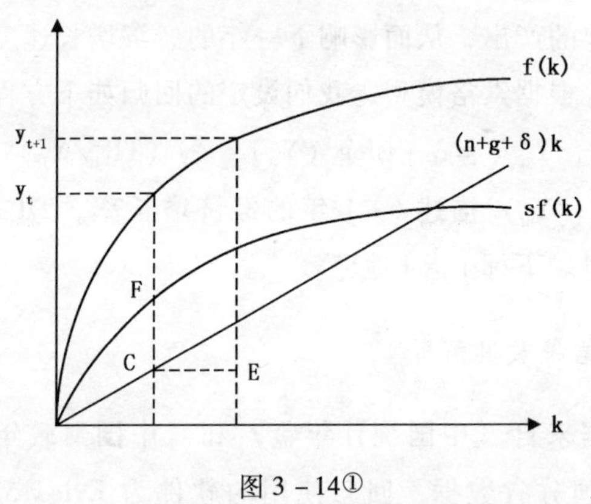

图 3－14①

如上图所示，k 表示有效劳动力的人均资本存量，n、g、δ 分别表示劳动力的增长率、知识的积累率以及资本的折旧率，s 为每年投资占产出的比重。$(n+g+\delta)$ k 为磨损和为新加入劳动者补充资本消耗的资本量，经济体要加快发展，投入的资本量要超越这个数量，是打破均衡的阀值，因此被称为“打破平衡投资量”。sf (k)为实际的投资量，超过“打破平衡投资量”时，经济呈现出加速发展态势。假设 t 年的产出在 Y_t 的位置，则下一年的产出 Y_{t+1} 就可以通过图中虚线确定，下一年的经济增长率也就确定了(图中 AC = BC，为资本的增加量)。

① 根据 D. Romer（2000）第 21 页 Figure 1.6 修改得到。

如果该经济体系中存在某个外来冲击，影响到“打破均衡投资量”和实际投资量二者中的一个或全部，很明显，下一年的经济增长将由上一年的产出及外来冲击决定。

转移支付会增加某地区的资本存量，从而对地区经济发生的影响，转移支付的变动对各个地区来说是一个外来冲击。某年的转移支付是该年各地产出的一个再分配，会影响各地实际支配的资源，从而影响下一年的产出。所以第 t 年的产出和第 t 年的转移支付都会影响下一年的产出，从而影响下一年的经济增长速度。为了区别这两个影响，根据索洛模型，我们设定的回归如下方程：

$$\log(Y_{it+1}/Y_{it}) = \alpha + \beta\log(Y_{it}) + \gamma(TR_{it}/Y_{it}) + u_{it} \quad (6)$$

$\log(Y_{it+1}/Y_{it})$ 描述 t+1 年的经济增长率，TR_{it}/Y_{it} 描述第 t 年的转移支付。下标 i 指 i 地区。

2. 实证结果及其解释

回归数据来自《中国统计年鉴》和《中国财政年鉴》1996—2004 年的中国分省数据，回归使用的软件为 Eviews5.0 计量软件包。回归结果列在表 3-23 中。

表 3-23　　转移支付与地区经济收敛（回归 1）

	Variable	Coefficient	Std. Error	t - Statistic	Prob.	Adjusted R - squared
回归 1	C	-0.031347	0.029402	-1.066141	0.2874	0.087004
	LOG (Y_{it})	0.013425	0.003262	4.115354	0.0001	
	TR_{it}/Y_{it}	0.068192	0.017834	3.82365	0.0002	
回归 2	LOG (Y_{it})	0.009959	0.000263	37.8251	0	0.086496
	TR_{it}/Y_{it}	0.062762	0.017096	3.671086	0.0003	

回归 1 直接对方程（1）进行回归，常数项不显著，因此我们在回归（2）中剔除了常数项。从结果来看，上一年度产出和转移

支付对下一年度经济增长速度的影响都显著异于0，上一年度产出的提高有利于下一年度经济的增长，同样，上一年度转移支付率的提高，有利于下一年度经济的增长。

log（Y_{it}）的系数β表示经济的收敛程度。一个地区经济越是发达，产出水平越高，也就是Y_{it}越大，相应log（Y_{it}）也越大。当β为正的时候，在其他条件不变的情况下，发达地区i的log（Y_{it}）大于落后地区j的log（Y_{jt}），相应i地区的经济增长速度log（Y_{it+1}/Y_{it}）大于j地区的经济增长速度log（Y_{jt+1}/Y_{jt}）。这说明我国的地区不存在收敛现象，地区间的发展差距反而出现逐步扩大的趋势。

式（6）中包含转移支付项，γ表示的是转移支付对地区经济增长速度的影响。相应式（6）中的系数β表示得是剔除转移支付后，地区间的经济收敛程度。为了评估地区经济发展差距的变化趋势，我们设立一个参照系，衡量在包含转移支付情况下，地区间的经济收敛程度。回归方程设定如下：

$$\log(Y_{it+1}/Y_{it}) = \alpha + \beta\log(Y_{it}) + u_{it} \quad (7)$$

需要注意的是，方程（7）仅仅描述上一年度产出和下一年度经济增长速度之间的统计关系而不是因果关系。与方程（6）不一样的是，方程中的系数β包括了转移支付对经济收敛的影响。回归结果列在表3－24中。

表3－24　转移支付与地区经济收敛（回归2）

	Variable	Coefficient	Std. Error	t－Statistic	Prob.	Adjusted R－squared
回归3	C	0.000756	0.028948	0.026117	0.9792	0.036454
	LOG（Y_{it}）	0.010473	0.003256	3.216322	0.0015	
回归4	LOG（Y_{it}）	0.010557	0.000212	49.846	0	0.040352

回归结果表明，上一年度产出越高的地方，下一年度的产出增

长速度也倾向于比较高。从现状来说，平均起来我国的地区经济差距呈现出扩大的趋势。这一点与前面我们使用标准差系数进行分析的结果基本一致。

转移支付对地区差距的变化有什么影响呢？比较两个方程的回归结果①，我们可以发现其中的奥妙。从方程（7）来看，现实的地区差距变化趋势是地区间的产出每增加1%，相应该地区该年的经济增长速度就会提高0.010557%。如果某年a地经济增长速度为10%，b地上一年产出比a地高1%，则b地的经济增长速度为10% +0.010557% =10.010557%。这是包含转移支付效应的结果。而从方程（6）来看，在剔除转移支付效应后，地区间相同的产出水平差距，两地间的本年经济增长速度的差距只是0.009959%，其他是转移支付的影响。假设不存在转移支付，地区间1%的产出水平差异，使地区间经济增长速度差距变动的幅度大约是0.009959%，转移支付的存在使得地区间增长速度扩大的幅度增加了。转移支付不是缩小了地区间的发展差距，恰恰相反，转移支付的存在加剧了地区发展差距的扩大。现在转移支付对地区间经济的影响不是收敛性的，并没有起到协调地区间的经济增长的作用，反而具有轻微的发散性。

但是需要注意的是，0.010557和0.009959相差不大，在考虑到地区间GDP差距的百分比，转移支付对地区经济差距的影响也是很微小的。例如经济发达地区i的GDP比经济相对落后地区j的GDP高10%，地区i的经济增长速度倾向于比地区j的经济增长速

① 方程（6）中常数项对LOG（Y_{it}）系数的影响很大，在包含常数项的方程中，LOG（Y_{it}）的系数是0.013425。在包含常数项的情况下，转移支付看上去是有利于地区差缩小。但这不能成为支持转移支付缩小地区发展差异的依据。一方面，如前面所提及的，在于在回归1中，常数项在10%水平上不显著。另一方面，0.013425与0.010557相差很小，只有0.002868。假设两地的GDP相差8%，那么转移支付对经济增长速度的影响大约为0.229‰。

度快0.006%。相对于我国年均8%的增长率，这个速度的影响基本上可以忽略不计。综合起来，转移支付很可能对地区差距影响不大，或者只是极度微弱地扩大了地区差距。

三、区域统筹与财政支出结构调整

在区域统筹基本原则的指导下，朝有利于缩小区域差距方向所进行的支出结构调整，主要应包括中央财政转移支付支出重点的调整、地方财政支出结构调整这两大方面。但事实上，这两方面支出结构调整的实施及其效果，却更主要依赖于转移支付制度和地方公共财政制度建设及完善本身。因此，应在制度建设框架下进行支出结构的调整。

（一）转移支付制度公共化，公共服务均等化

发达国家的经验表明，没有设计完美的转移支付制度，很难实现地区间的协调发展。合理的转移支付制度可以促进公共服务提供的效率、财政体制的负责性和财政的协调，有利于保证地方政府的健康。世界银行经济发展学院首席经济学家和公共部门管理项目负责人沙安文在谈到政府间财政转移支付的时候提出了九条标准(Anwar Shah, 1994)。这些标准具体包括：（1）自主性：地方政府在行政时具有完全的独立性和灵活性。（2）收入充足：地方政府有足够的收入承担支出责任。（3）公平：地方得到的资金与财政支出需要正相关、与本地方的财政能力负相关。（4）可预见性：地方政府能预计到未来能够得到的转移支付数量。（5）效率：转移支付不能诱使政府采取策略性措施，损害地区的长期利益。

（6）简单明了：转移支付规则应该易于理解。（7）激励：转移支付制度要能防止资金的无效使用。（8）确保拨款人的目标：保证作为拨款人的中央政府目标的实现。（9）单一目标：每一个拨款项目都应当集中实现单一目标。

这些标准相互间可能有矛盾，应该比较各个不同因素，通过分配优先权来警醒、权衡。从我国当前来说，转移支付制度方面还存在诸多不完善的地方，需要在以区域统筹为核心的结构调整中改革完善，以进一步理顺政府间的关系。

1. 提高转移支付制度公共化程度，调整支出重点

从上面的分析可以看出，我国的转移支付承担了过多的政策性任务，每一次政策性调整，转移支付制度都面临又一次调整。这不但使得我国的转移支付制度纷繁复杂，名目繁多。在提高地区增长速度的目标下，利用转移支付，中央政府补助地方财政支出或者中央政府直接支付某些地方开支。这种家长制的做法大包大揽，直接插手地方事务，树立各项保护措施来滋养发展不佳的地区，反而只会减缓甚至阻碍自然调节的规律，从根本上影响落后地区的长期发展潜力，形成落后地区长期处在劣势的恶性循环，形成地区的“转移支付依赖症”（Courchen，1996）。在德国统一前，在联邦德国运行良好的转移支付制度，由于统一的需要进行调整，民主德国萨尔州等地区为了转移支付放弃对该地区长期利益有益的措施，这造成民主德国地区的经济依然滞后于联邦德国地区（施潘，2004）。

要提高转移支付的公共化程度，就要保证转移支付制度的设计与公共产品和公共服务联系起来。作为公共财政体制的一个重要组成部分，政府间转移支付制度的落脚点要放在公共产品上。政府间转移支付的政策性色彩要逐步减轻，以平衡地区间公共服务水平为主要任务的转移支付制度不应该承担过多介入经济运行的任务。在公平和效率的目标的权衡上，转移支付制度要更多承担起公平的职

能。这一点不但为国外的经验所证实，从中国的数据和实证结果也可以看出来。

只有公共化转移支付制度，致力于地区间公共服务的均等化目标，把转移支付量与政府要提供的公共产品的数量和公共服务的水平结合起来，转移支付制度的设计才可能简洁、透明。地区在获得足以弥补公共产品的成本后，可以在相同的起点进行竞争。这种良性的竞争配合人才和要素在地区间自由流动的政策，Tiebout (1956) 提出的“以脚投票”机制才能产生作用。这种竞争的效果不可忽视。举例来说，向基础医疗卫生服务和小学教育所提供的转移支付就可以平等面向公共部门和非营利的私有部门，把资金合理分配到合适的地方。这一举措可以促进竞争和创新，刺激服务水平的提高。同时，通过均等化地区间的公共服务水平可以建立起政府间的合作对话机制，保证经济体的健康运行。从这个角度说，公共化的转移支付制度不但是公平的，而且是有效率的。

2. 保持税收返还制度，降低税后分享在转移支付制度中的比重

作为1994年分税制的重要内容，“两税”返还和所得税基数返还是平衡政府间财政关系的重要手段。在当时，这种制度对于改革起到了积极的促进作用，在推行的过程中很好地平衡了富省和穷省之间的关系，具有一定的稳定作用。税收分享或者税基分享制可以在保持地方自治的情况下加强其责任感。还有的学者（杨志勇，2006）认为，中央政府通过获取财政收入增量，财政实力也得到增强，从而更有可能支持财政困难地区的发展。因此在当前的情况下，出于保持政策连续性的目的，税收返还制度安排不宜取消。

但在现行的转移支付制度中，以1993年既得财力为基数的办法，出现了受益地区继续受益，吃亏地区仍然吃亏的局面。经济较发达的东部沿海地区，由于税收返还的基数大，相对得到的财力也

大；反之中西部落后地区，返还的财力就小，地区之间财力分配不合理的格局未得调整。旧体制的既得利益格局得以沿袭，地区间的不平衡，甚至有扩大的趋势，成为进一步改革完善转移支付制度乃至分税制财政体制所要解决的主要问题之一。在我国的税收结构中，增值税数额巨大，并且占全部税收收入的比重很高。在现行的增值税管理制度下，增值税的征收地并不一定是增值税税负的实际承担地。这实际上与转移支付的目的是背道而驰的，是相互矛盾的。

在不能取消税收返还制度的情况下，应该逐年按比例降低中央返还给地方的税收收入，增量部分可以考虑从三成下降至两成，并逐年下降，在条件成熟的时候，取消税收返还制度。在改革过程中释放出来的可支配收入全部转入用于平衡地区财力差别的转移支付资金来源中。

3. 调整专项转移支付的支出结构

专项转移支付应从上马经济建设项目转向在全国范围内提供最低标准的国家公共产品，保持地区间统一。设立地区间公共服务的国家最低标准有两个好处，一是国家制定整体标准有益于商品、服务、劳动力和资本的自由流动，二是基本的公共服务由政府提供，可以保障居民对公共产品最基本的需要，为最需要公共服务的人群，如穷人和老人提供最需要的公共服务。专项转移支付援助的对象应该集中到教育、卫生、科技、公共交通体系。

以卫生领域的转移支付为例，中央政府根据与国内生产总值增长率相联系的转移支付增长率向各省提供人均卫生转移支付。对开支的具体用途不做限制，但对获得补助的标准和居民可以获得的卫生服务水平提出要求。这样可以保证国家的政策目标，也不会干涉地方政府在提供服务方面的决策，方便当地因地制宜地提供公共服务。

同时设立转移支付项目的中止条款，这些条款包括普遍性、可转移性和限制性三类要求。可以根据具体公共服务的类型加以详细要求。普遍性条款要求保证公共服务的覆盖面包括全体大众；可转移性条款要求保证居民搬迁到其他省份后，在过渡时期内仍可以保留原居住省份的卫生权利；限制性条款要求地方政府在为居民提供公共产品和服务时不能额外增加收费。

对转移支付的项目进行周期性检查和评估，比如每隔五年一次，合格后才能继续执行。如果项目违反中止条款的普遍性和可转移性要求，拨款项目中止。如果违反限制性要求，拨款的数额会减少，并追究相关人员责任。在周期性评估前的年份，不对项目进行改动，保证地方政府预算编制的稳定性和项目的连续性。

4. 调整财力性转移支付，平衡地区间人均财力

财力性转移支付并不具有严格的均等化转移支付的作用，其中采用公式法分配的一般性转移支付更是有限。这就很大程度上削弱了财政性转移支付平衡地区财力差异的初衷。应该将各项财力性转移支付纳入统一的框架，具体来说分成三个步骤。第一个步骤将边境地区转移支付和革命老区转移支付统一纳入到一般性转移支付的范围内，实现一般性转移支付的统一，名称沿用原来的一般性转移支付。第二步是将民族地区转移支付、农村税费改革转移支付、退耕还林还草转移支付和天然林保护工程转移支付纳入一般性转移支付，进一步扩大一般性转移支付的规模。第三步是将调整工资转移支付整合到一般性转移支付的框架中。同时把税收返还制度改革后中央政府增收的部分，全部划入“收入池”中，用于平衡地区间财力的财力性转移支付，提高政府调控地方财政收入的能力。

同时要调整原来一般性转移支付数额分配使用的公式。这一公式虽然包括了标准化收入和标准化支出两个方面的内容，但过多强调保证公务员工资和机构正常运转的需要，在计算标准化支出时主

要包括经常性支出，吃饭财政的色彩过于严重，而且没有反映各地提供同样公共产品的平均成本的差异。

改革的备选方案有两个，一个是在计算财力性转移支付数额时，根据税基和税率来计算标准化的转移支付数额，通过衡量人均财政能力指标计算出各地区的拨款额。利用代表性税收体制计算财政能力均等化相对来说比较容易，所需要的数据不是太多，也不需要太多严格的运算，操作性更强一些。另一个可行的方案就是在衡量地方政府的标准化支出时，将决定行政经费、教育经费和公共卫生经费的基本因素计算出各自的标准化数额，以保证地方政府提供公共产品的职能得以顺利履行。在条件成熟，统计数据可得的时候，综合考虑影响转移支付的多种因素，要全面计算地方政府的标准化支出数额。从而从分析地方标准化支出与标准化收入之间的差额，来得出各地的转移支付数额。

5. 构建转移支付的多层次机构体系

转移支付的组织机构包括三个层次。第一个层次是决策层，由转移支付的利益相关方——拨款人、接受拨款的人组成。通过协商和协调，就转移支付的制度和相关问题达成广泛的共识，同时还可以保证财政体制的简单和透明。参照澳大利亚模式，这个机构的参加者包括总理、负责经济事务的副总理、各省主管经济的省长或者副省长，以及发展与改革委员会主任和财政部部长，组成高层理事会。转移支付的重要事项，接受第三层次咨询委员会的建议，高层理事会商议拍板决定后，交财政部具体操作。财政部属于第二层次，是操作层。

第三个层次是咨询层，由专家和独立机构的研究人员组成专家委员会，属于正式的法定机构，与各个省的专家委员会相独立。其目标在于周期性地对政府间财政体制进行设计和改革，确定财力均等化的具体方案，提交高层理事会参考。专家委员会与高层理事会和财政部相互独立，但要相互联系。

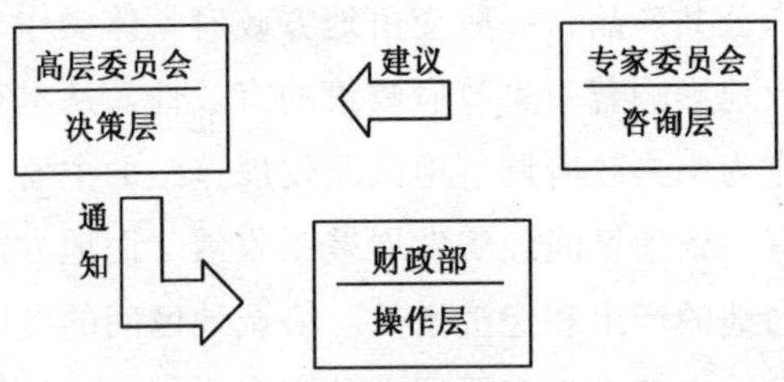

图 3－15　转移支付组织机构设想示意图

6. 转移支付制度法治化，保持其稳定

在第十届全国人大的立法规划中，政府间转移支付法也是其中之一。但至今为止，中国政府间的转移支付多以“通知”和“决定”形式出现。这不利于政府间财政关系的规范化和长期化。

政府间转移支付的基本法，应该确定中央和地方之间的支出责任，确定转移支付制度的远景战略规划，明确转移支付的收入来源和转移支付数额的确定方式和依据，以及转移支付方法的调整计划，让地方政府形成预先的确定性预期。从而，让地方政府在制定预算和安排项目时能心中有数，减少政策制定过程中的不确定性。

（二）地方财政支出结构公共化

长期以来，有一种观念，那就是地区间的协调发展是中央的责任，把缩小地区间的发展差距全部寄托在中央政府对落后地区的“输血”和补助上。这其中有合理的成分，比如中央政府处于政府结构中的最高层，财政实力高于一般的地方政府。但是中央政府在协调地区发展的方面也有不足的地方。一方面是因为中央政府距离实际使用公共服务的居民比较远，很难做到因地制宜地提供不同公共产品，难免出现“一刀切”的现象；另一方面中央政府对地方的公共服务和公共产品，一般交由地方政府具体操作。地方政府的运行效率极大地影响着中央政府政策的有效性。从本章的实证结果可以看出，作为中央政府调节地区间发展差距的主要手段——转移支付，并没有导致地区间经济发展差距收敛。而地方财政支出却极大地影响着当地的产出和经济增长。协调地区间的发展，不但需要中央政府的政策支持，也需要地方政府有所作为，特别是在财政支出方面。中央政府和地方政府的通力合作，才可能实现地区协调发展的大好局面。

从财政支出看，地方政府的财政支出很不合理，一些支出项目的比重超过了合理的水平，而有些项目的支出却明显不足，主要表现在：(1) 经济建设类支出[①]所占比重有所下降，但仍占财政支出较大比重。在“一五”时期到“六五”时期，经济建设费高达50%以上，其中“二五”和“四五”时期甚至高达66.6%。经过“七五”“八五”时期的经济体制转轨，淡化了国家在资源配置中的主导地位，发挥市场在资源配置中的基础作用。但1999—2004年，全国各省（含自治区、直辖市）的经济建设类支出所占的比重围绕40%上下波动。(2) 行政管理类支出所占比重很大，对经济发展极为不利。数据显示，近10年来，全国分省财政支出中，行政管理类支出的比重超过20%，有的省份甚至超过30%。而从国际比较的经验来看，无论是发达国家还是发展中国家，这一比重大多低于10%[②]（张美玲，2005）。(3) 科技类财政支出比重非常低，政府对科技研发的支持力度不够。1999—2004年，全国各省

① 地方财政支出的分类方法与实证部分相同。与统计年鉴上的经济建设费的概念略有不同。

② 根据张美玲的研究，1997年，美国、英国、泰国和韩国一般公务支出占全部财政支出的比重分别为8.7%、3.8%、4.9%和5.1%。工业化国家的社会保障和福利费用以及卫生支出所占的比重很高，其他发展中国家教育费用比较低。

（含自治区、直辖市）的科技类财政支出占当地财政总支出的比重只有1%。(4) 教育、卫生类支出不够，人力资本方面的投入远远不够，远远没有达到人民的需要，也不利于经济增长模式的转变。虽然相比以前，国家在教育和卫生类支出方面的投入增多，但受制于规模膨胀的经济建设类支出和行政管理类支出，这两项的支出还是无法满足老百姓的需要，甚至连GDP的增长速度也没办法赶上。1999—2004年，全国各省（含自治区、直辖市）教育卫生类支出占财政总支出比重在25%以下，其中教育类支出在20%以下，卫生类支出在5%以下。

从上面的分析可以看出，财政支出中的“越位”和“缺位”现象并存。这也导致落后地区本已捉襟见肘的财政，无法提供当地急需的足够数量的公共产品。提高地方政府支出效率的良方就是要把地方政府的支出与提供公共产品和公共服务联系在一起。公共财政将大大提高各级政府的支出效率。在市场经济下，政府的收入只能用于为市场提供公共服务，并应尽可能地提高其支出效率，而这些又只有在市场控制和决定政府支出时才能真正做到。因为只有市场和资本才真正了解自己的需要，同时通过权衡政府支出的成本收益关系，来确定支出项目和支出规模等，从而将税收负担压至最低限度。对此，政府预算通过一整套的政治程序运作和法律规范，为精打细算、节约有效地使用政府经费提供了制度保障。……建立公共财政和真正的政府预算，将从制度上大大促使我国政府支出效率的提高。

（三）地方财政支出结构调整的对策

1. 控制经济建设支出，保证基础设施投资

在过去的体制下，政府是采取周转金扶持和直接投资的方式刺

激经济增长的（黄家年，2000）。这种投资方式不但会对民间投资资金产生挤出效应，也挤占了民间乐于进入的投资项目，而且政府管理的不到位会造成资金使用上的“道德风险”，出现“企业负盈不负亏，财政出钱不收钱”的现象。这与市场经济的大方向不一致，无益于经济的增长。上面的实证也可以看出，无论从落后地区还是全国范围看，经济建设类支出对经济增长是无益的。经济建设类支出的规模需要控制。

经济建设类支出需要控制的范围首先是竞争性和盈利性的项目和行业，财政资金要从不属于社会公共需要的领域撤出。除军工企业外的其他企业的资金来源应该走市场化的渠道，财政应该停止对企业资本金的补充。现行企业挖潜改造资金拨款应逐步减少并最终全部取消。除少数关系国计民生的企业的计划亏损外，对大多数企业的亏损补贴都予以取消，通过改组、兼并、联合等多种形式放开搞活小型企业，对大中型企业实行规范的公司制改革，实现国有经济的战略重组，从根本上扭转国有经济效益低下的局面。

财政在退出竞争性生产领域的同时，要加大对基础设施和基础产业的投资力度。国际经验表明，社会公共基础设施是实现工业化的基础，特别是在工业化初期，包括基础设施在内的基础产业，更是推动经济快速持续增长的主动力。大力发展基础设施如铁路、公路网的建设，城市化和城市基础设施的建设等，目前仍是我国经济发展不可逾越的阶段。在建设过程中，地方（省级）政府要根据当地情况，发展与本地经济水平相适应、相配套的基础设施，切忌贪多求大，盲目跟风。

农业在整个国民经济中处于基础地位，由于历史原因发展也相对缓慢，同样应该得到财政资金的支持。支农资金首先要保证农村基础设施建设，主要包括全省性及跨地（市）水利工程的建设，全省性农林水利事业发展项目以及农村公共道路的建设。积极推动科技推广和农业社会化服务体系建设，在重大科技成果推广应用、发展优质高效农业社会化服务体系及推广先进适用的农业技术等方面做好文章。此外要综合运用税收、贴息、补助等手段引导社会多方面资金，增加农业投入，大力支持农业的产业化发展方向。

2. 压缩行政管理费规模，提高行政效率

改革开放以来，我国的行政管理支出增速快，规模很大。政府行政支出恶性膨胀，政府公务成本日渐高昂，许多基层财政出现了名副其实的“吃饭”财政（庞海军，2001）。2005 年，我国总人口是 130 756 万人，财政供养人口为 4 459. 83 万人，财政供养系数达到 29[①]。也就是说 29 个人要养活一个“吃皇粮”的人。与我国唐朝的 1∶400、清朝的 1∶910，以及国外的日本 1∶236（1983 年），美国的 1∶83（1987 年）比较，都要高得多（宁素娟，2003）。政府机构过度膨胀，冗员过多，挤占了大量的公有资源，给老百姓背上了沉重的负担。减少行政管理类支出势在必行。

减支要从机构、人员和政府采购三个方面着手。第一是要精简机构，对不同类型的机构，要以是否提供公共产品为标准来区别。履行政府职能的关键部门，财政要保证全额拨款，对于一些性质不明，或者可以由社会上的中介机构来代替的部门，比如一些行业协会等，要坚决对其“断奶”。第二是要裁汰冗员，对于岗位重复的或者“只吃饭不干事”的要利用行政和经济手段，多管齐下，转移出财政负担的行列。而且，在行政编制和事业编制上，推行“下管一级”的做法：上级政府决定下级政府的人员编制数，本级政府对本级行政事业单位的人员没有增加权——防止因领导换届而形成的机关事业单位的进人潮。第三是要在坚持非营利性和公开招标的前提下逐步推行政府采购制度。这是通过经济手段实施管理、节约支出的有效方式。

---

① 财政供养系数 = 总人口/财政供养人口。

当然政府机关是国家政策的执行载体，同时还扮演着公共产品的生产者和提供者的角色。必要的行政开支是国家正常运转的必要前提，在西部和落后地区，增加必要的行政经费开支，有助于当地经济的良好运行。减支不是要裁掉所有的行政管理类支出，而是要框定政府行为的范围，解决财政包揽过宽过多，造成财政不堪重负的问题。通过各种挖潜改造，提高行政部门的行政效率，从结构上提升单位行政管理类经费的产出是行政管理费支出改革的第二个途径。首先是要建立政府公务员内部的竞争机制，坚持公务员的公开考核制度，而且要形成机关干部的辞退制度，行政人员能进能出，能上能下。压力与动力相结合，在公务员内部形成人人讲服务，个个争效率的良好环境。其次是要改革公务员的薪酬支付体系，把所有等同于工资的收入纳入管理的范围，改“暗补”为“明补”，通过开职工工资专户，政府统一通过银行发放等有效方式控制人员经费的不合理增长。此外还要在管理上下功夫，鼓励财政行政资金节支制度创新。达到“用相同的钱办更多的事”，“办同样的事用更少的钱”的好效果。这些措施包括对人员实行“节编”奖励，对住宅公费电话实行定额包干、超额自付，对会议费实行总额控制、统一标准、分类包干办法等。

3. 增加科技资金规模，提高财政支出中科技支出的比重

科技是第一生产力，世界各国特别是发展中国家都重视在科学研究上的投入力度。科技因素在众多的经济推动力中成为最为关键的最为有力的一种。我国要实现社会主义现代化的宏伟蓝图，跳出粗放式发展的老路，走可持续发展的道路，就必须重视科技对经济的带动作用，走科技兴国的道路。可从地方财政支出的角度来看，现实却不容乐观。近 10 年来，全国大部分省（含自治区、直辖市）的科技类财政支出占当地财政总支出的比重在 1%。这个比重非常低，远远无法满足建设和谐社会的要求。

财政要承担起基础科技投入的主渠道作用，配合中央财政在跨学科、跨专业的基础科学研究方面增加投入，结合当地情况，优先考虑涉及人口、环境保护、医药卫生和信息等高新科技的投入要求，促进重点社会发展领域的发展。对于纯粹的私人服务和营利性的科技服务，如应用科研、中介服务等机构则应逐步将其推向市场，使其成为自负盈亏的市场经济实体。介于二者之间的，可酌情按照合理的比例由财政解决一部分，自己创收一部分。总之，在鼓励民间科技投入的前提下，财政要在无法营利、民间资本不愿介入，但又对国家或地区的科技战略有很大意义的基础科技研究领域，承担起资助的主要责任。

此外，地方财政要配合金融部门，把有赢利能力的科研单位推向市场，利用财政贴息手段，使这些单位获得相对优惠的启动资金。对于当地企业的研发和创新，有条件的地区要建立科技研发基金和科技成果转化基金，通过奖励的方式，鼓励企业在研发方面投入得更多，有计划有重点地推动企业科技进步。

4. 增加教育支出规模，提高其占财政支出的比重

教育是科技之本、科技之源，是科技发展的决定性因素之一，是生产力发展的源泉和动力。自从我国提出科教兴国战略以来，无论是中央财政还是地方财政对教育的投入都有了增长。虽然教育投入的数额不少，但相对于我国庞大的人口基数来说，这些钱还不能满足人们日益增长的对教育的需要。地方财政加大教育投入，是关注子孙利益、注重地区长期发展的必然选择。为此，应当注意：(1) 需要继续加大财政资金的投入力度，在安排预算的时候要尽量保证教育资金，保证教育投入指标的三个增长：地方政府教育拨款的增长要高于财政经常性收入的增长，生均教育经费要逐步增长，教师工资和公用经费要逐步增长。(2) 财政还可以通过贴息、补贴等方式促进教育信贷体系的建立，吸引多方资金投资于教育，

鼓励私人、民间和外资办学，把社会的力量和资金吸引到教育发展上来，扩大教育可用资源的来源。（3）地方政府和财政除支持基础教育和普通高等教育外，还要发展职业教育和失业人员的职业培训，丰富不同层次的教育产品。避免搞“一刀切”，充分发挥地方政府更贴近百姓需求的特点。（4）地方财政还要注重图书馆、博物馆等公益性文化事业的建设，提升当地的文化氛围，在潜移默化中，形成该地区尊重知识、热爱知识的大好局面。

5. 增加卫生支出规模，提高其占财政支出的比重

要扩大公共卫生事业发展资金的来源，多方面、多渠道为公共卫生事业筹集资金，首先要加大财政对公共卫生支出的投入力度，根据我国的经济发展水平，有计划地保持公共卫生预算长期、稳定、合理的比例。从国际经济经验来看，这个比例保持在 GDP 的 1.5% 的水平比较合理。此外，还要开辟其他资金来源，发展以公益事业为宗旨的基金会、红十字会和慈善组织接受捐赠，县级政府也可以接受捐赠。而且公共卫生机构可在适当的范围内开展有偿服务，但以弥补成本需要为限。

调整公共卫生支出结构，改变目前重医疗保健，轻卫生防疫的局面，地方政府要大力支持公共防疫体系的建立；改变卫生支出结构中，重人员经费，轻管理科研的局面，向管理要效益，走研发的高效之路；改变卫生发展的城乡结构，要扭转农村卫生发展水平极度落后的状况。在农村建立起区域统筹为主的互助合作医疗制度，经济发达地区的农村可以鼓励农民参加商业医疗保险，为将来逐步实现城乡医疗保障制度奠定基础。

建立公共卫生事件应急机制和重大疾病的预防控制体系。从“非典”和禽流感事件中举一反三，吸取教训，建立包括信息采集系统、科研和疾控系统、协调指挥系统等完整体系，未雨绸缪，以预防为主，保证人民的生命和健康安全。

6. 严格预算纪律，加强财政支出的监督

从目前的状况看，财政管理工作中重分配、轻监督，重收入监督、轻支出监督的现象还较为普遍，导致财政支出约束不严、控制不力，造成资金使用效益不高（门胜利，2000）。对财政支出的监督极大地影响着财政支出的结果。监督得好，支出结果好，才能按支出的计划提供合格的公共产品和公共服务。监督得不好，再好的支出计划，再多的财政资金，也无法达到想要的效果。

财政支出监督首先要靠预算，通过细化预算，把各层次各部门的全部支出囊括到一张统一的预算表中，形成法规级的书面文件，做到所有支出全部通过预算，不经预算的不得从财政开支。同时争取对财政支出定期公布，提高财政支出的透明度。

财政支出监督还需要发挥多方面的力量，形成全方位、立体化的财政支出监督网。不但上级财政部门要对下级的财政支出进行监督，而且要保障各级人大、各级政协、各级审计部门和社会公众对同级财政支出的监督权力。充分发挥这些部门的监督和稽查作用，使不合法不合理支出无处遁形。

财政支出监督要法制化，对财政支出中出现的问题要追究责任。其内涵包括两层意思，一是要追究财政支出分配环节的责任，一是要追究财政支出管理环节的责任。支出监督约束机制的对象不应仅局限于单位本身或者是单位的领导集体，具体的领导人和直接的责任者还要承担起相应的责任，以监督的法制化进一步强化支出管理，提高公共支出管理效率与效益。

本章参考文献

1. Anwar Shah.，1994. The reform of inter－government fiscal relations in developing and emerging market economics. Washington，DC：

World Bank.

2. Jeffrey Petchey, Perry Shapiro and Cliff Walsh., 1997. Transfers in federal systems: a critical survey. In: Fisher, Ronald C (eds), Inter - government fiscal relations. Kluwer Academic Publishers, Boston, PP 99 - 132.

3. Courchene Tomas., 1996. Macro - federalism. Unpublished paper, World Bank, Washington, DC.

4. Tiebout, C., 1956. A pure theory of local expenditures. Journal of political economy 64, 416 - 424.

5. 冯少雅:《政府间转移支付制度模式的国际比较与借鉴》,《湖北财税(理论版)》2000年第10期,第10—11页。

6. 李兰英:《政府间转移支付的国际比较与借鉴》,《财会月刊》2004年第8期,第63—64页。

7. 杨志勇:《转移支付:解决财政横向和纵向不公平的有效手段》,载杨志刚等著《财政分权理论与基层公共财政改革》经济科学出版社2006年版,第217—260页。

8. 李萍、许宏才:《中国政府间财政关系图解》,中国财政经济出版社2006年版。

9. 马岩:《完善我国政府间转移支付制度的思考》,未发表学位论文,2004年版。

10. 杨志勇:《中国的政府间财政转移支付:现状、问题与出路》,载沙安文、沈春礼主编《财政联邦制与财政管理——中外专家论政府间财政体制》,中信出版社2005年版。

11. 保罗·伯恩德·施潘:《促进地区发展的政府间转移支付:国际视角》,载沙安文、沈春礼主编《财政联邦制与财政管理——中外专家论政府间财政体制》,中信出版社2005年版。

12. 马海涛:《政府间财政转移支付制度的比较与借鉴》,载沙安文、沈春礼主编《财政联邦制与财政管理——中外专家论政府间财政体制》，中信出版社 2005 年版。

13. 张馨：《财政公共化：我国当前改革的关键步骤》，《财政研究》2001 年第 2 期，第 44—48 页。

14. 门胜利：《试论市场经济体制下的财政支出结构》，《内蒙古财会》2000 年第 4 期，第 13—15 页。

15. 宁素娟：《“六化”推动政府公共支出改革》，《山东审计》2003 年第 12 期，第 36—37 页。

16. 徐冉：《我国公共财政支出结构的优化问题研究》，《现代企业教育》2006 年第 9 期，第 141—142 页。

17. 陈红萱：《构建中国公共财政的基本框架》，《福建论坛·经济社会版》2003 年第 9 期，第 37—38 页。

18. 骆勤：《构建我国科学规范的公共财政支出体系的思考》，《中国软科学》2004 年第 9 期，第 156—160 页。

19. 王根贤：《论公共财政支出体系的构建》，《广东商学院院报》2001 年第 3 期，第 30—33 页。

20. 孙志亮、杨焕玲：《构筑适合中国国情的公共财政支出框架》，《科技创业月刊》2005 年第 9 期，第 48—49 页。

21. 张美玲：《财政支出结构的国际比较对我国的启示》，《北京工商大学学报》2005 年第 9 期，第 1—6 页。

22. 程瑶：《我国财政支出状况实证分析》，《广西经济管理干部学院学报》2004 年第 4 期，第 40—43 页。

23. 庞海军：《关于构筑我国公共财政支出框架的思考》，《中央财经大学学报》2001 年第 3 期，第 17—21 页。

24. 杨树琪：《论政府职能转变与公共财政支出的改革与完善》，《经济问题探索》2001 年第 7 期，第 81—84 页。

25. 黄家年：《优化公共财政支出结构的基本构想》，《湖北财税（理论版）》2000 年第 2 期，第 48 页。

26. 康锋丽、郑一萍：《财政支出与经济增长：近期文献综述》，《财贸经济》2005 年第 1 期，第 68—71 页。

27. 陈迅、于杰、赵三英：《经济增长对公共支出增长的促进关系研究——基于 ECM 的弱外生性检验》，《统计观察》2005 年第 7 期，第 67—70 页。

28. 孙长清、赵桂芝等：《长期经济增长与中国财政支出结构优化研究》，《财经问题研究》2004 年第 12 期，第 62—67 页。

29. 祝接金、胡永平：《政府支出、效率改进与经济增长——基于面板数据随机系数模型的实证研究》，《当代财经》2005 年第 2 期，第 15—19 页。

30. 马拴友：《公共教育支出与经济增长——我国财政教育支出的最优规模估计》，《社会科学家》2002 年第 2 期，第 16—20 页。

31. 张军、章元：《对中国资本存量 K 的再估计》，《经济研究》2003 年第 7 期，第 35—44 页。

32. 曹艳春：《我国公共支出规模对经济增长影响效应的实证分析》，《财贸经济》2006 年第 4 期，第 65—69 页。

33. 庞瑞芝：《财政支出影响经济增长的作用机制分析》，《南开经济研究》2002 年第 3 期，第 14—16 页。

34. 郭庆旺、吕冰洋、张德勇：《财政支出结构与经济增长》，《经济理论与经济管理》2003 年第 11 期，第 5—12 页。

35. 范丽红、凌卫平：《中国财政支出结构与经济增长的实证分析》，《北方经济》2006 年第 1 期，第 50—51 页。

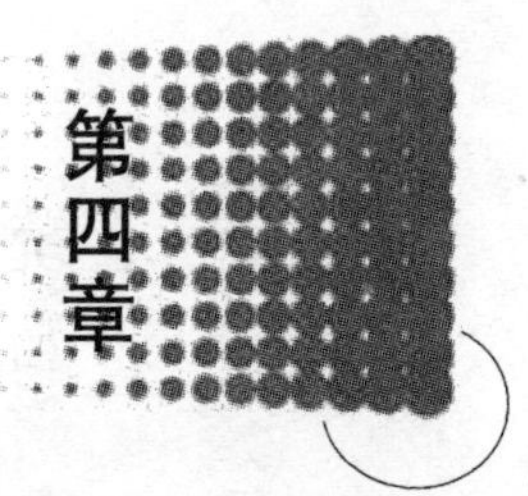

统筹经济社会发展与财政支出结构

中国社会科学院课题组（2005）指出，我国经济增长已经到了这样一个阶段，即增长本身要求必须解决增长过程中的种种不协调问题，要求树立和落实全面、协调、可持续的科学发展观，否则经济不仅难以长期持续增长，甚至有可能陷入“有增长而无发展”的困境。我国目前的情况是，一方面经济快速增长，另一方面社会矛盾也有所积累，经济与社会发展存在一些不协调的方面。目前多数居民在教育、医疗卫生、社会保障等问题上的消极预期，已经成为导致宏观经济需求不足的一个重要因素。长此以往，不仅影响经济发展，而且危及社会的稳定以及公众对改革的支持程度。

有鉴于此，本章考察经济与社会发展间的矛盾，主要从财政支出结构的视角分析政府在当前诸多经济社会矛盾中的责任与问题。因为社会问题涉及众多方面，而当前人们最关心的集中于教育、医疗卫生、社会保障三大方面，因此，我们将分别对它们进行分析研究。针对政府财政支出结构在这三个方面存在的问题，根据各领域的特征，提出改革政府财政支出结构的相关政策建议。

一、统筹经济和教育发展与财政支出结构

为全面落实科学发展观，坚持教育优先发展，充分发挥教育在现代化建设中的基础性、先导性、全局性作用，依据《中华人民共和国国民经济和社会发展第十一个五年规划纲要》，教育部制定了《国家教育事业发展“十一五”规划纲要》。它指出：当今世界，知识成为提高综合国力和国际竞争力的决定性因素，人力资源成为推动经济社会发展的战略性资源，各国纷纷把发展教育作为国家发展的战略举措。加快教育发展，是把我国巨大的人口压力转化为人力资源优势的根本途径。能否培养和造就数以亿计的高素质劳动者、数以千万计的专门人才和一大批拔尖创新人才，关系到全面建设小康社会宏伟目标的实现，关系到我国社会主义现代化建设的全局，关系到党和国家的兴旺发达，关系到中华民族的前途命运。

2000 年底，我国实现了基本普及九年义务教育、基本扫除青壮年文盲的“两基”目标。但这种普及还是低成本低质量的普及，办学条件仍比较落后。另外，其他层级的教育也存在不少问题。随着国民经济的迅速发展，人们对教育的需求也随之增长，教育经费短缺的问题日益突出。近年来，“上学难、上学贵”已成为重要的社会问题之一。因此，关注经济增长与教育发展之间的关系，促进经济与教育协调发展，是统筹经济社会发展的重要内容之一。分析我国政府财政对教育事业的支持水平和结构特征，针对其中存在的问题，从教育事业性质和发展要求来探讨我国未来政府教育投入的水平和结构调整，是本节的主要内容。

（一）财政支出结构中教育支出规模分析

加快教育事业发展，要求财力保障。为了实现教育发展目标，我国不断提出政府对教育支持力度的要求。1993 年《中国教育改革和发展纲要》提出，逐步提高国家财政性教育经费支出占国内生产总值的比例，本世纪末达到 4%。2007 年《国家教育事业发展"十一五"规划纲要》也强调公共财政对教育事业的经费保障。本节我们从总体财政支出结构中教育支出规模的角度来审视我国财政对教育的投入水平。

教育总经费在逐年上升，财政在教育方面的支出也呈现逐年上升的趋势：（1）2004 年的财政性教育经费是 1992 年的 6.13 倍，2004 年的预算内教育经费是 1992 年的 7.48 倍。（2）从相对额来看，我国财政性教育支出水平还很低，远未完成预定目标。由表 4－3可知，20 世纪 90 年代以来我国财政性教育经费占 GDP 的比重一直处于 3% 以下①。预算内教育经费占 GDP 的比重更低，部分年份甚至低于 2%。这样的财政性教育支出水平远未完成预定的 4% 的战略发展目标。从财政性教育经费占财政支出的比重来看，20 世纪 90 年代以来，财政性教育经费占财政支出的比例一般维持在 15%—22% 之间，但从 1997 年起，一直维持在 20% 以下，且有下降的趋势。预算内教育经费占财政支出的比重则维持在 14% 左右。(3) 从年增长率和增长弹性来说，在多数年份，我国财政性教育支出的增长没有完成预定的增长要求。由表 4－3 和图 4－1 可知，财政性教育支出增长率与 GDP 增长率、财政支出增长率及财政收入增长率之间保持相对一致的变动趋势，说明我国教育支出随着经

① 比较不同学者的计算结果，发现一些差别，主要是 GDP 数值不同，原因在于《中国统计年鉴 2006》数据调整的结果。

济波动而波动，但存在着一定的偏差。从 1993 年起，我国就一直强调增加教育投入，要求政府财政性教育支出的增长要高于财政经常性收入的增长。但从表 4 －4 中，我们发现，自 1992 年起，我国财政性教育支出对 GDP、财政支出、财政收入的增长弹性，在很多年份里要低于 1，尤其是对财政收入的增长弹性。财政性教育经费对财政收入的增长弹性只有 1994 年和 1995 年超过 1，其余年份都低于 1；预算内教育经费对财政收入增长弹性也只有 1994 年、1998 年、1999 年、2001 年和 2002 年超过 1，其余年份均低于 1。说明多数年份里，政府财政性教育支出并没有达到规定的增长要求。这是我国教育投入不足，无法满足日益高涨的教育需求的重要原因。

表 4 －1　　全国教育经费总收入　　单位：万元

年份	合　计	国家财政性教育经费	其中：预算内教育经费	社会团体和公民个人办学经费	社会捐资和集资办学经费	学费和杂费	其他教育经费
1992	8 670 490. 5	7 287 505. 8	5 387 381. 7	—	696 285. 2	439 319. 3	247 380. 2
1993	10 599 374. 4	8 677 618. 3	6 443 914. 0	33 322. 7	701 856. 1	871 476. 9	315 100. 4
1994	14 887 812. 6	11 747 395. 6	8 839 794. 7	107 795. 2	974 487. 1	1 469 228. 1	588 906. 6
1995	18 779 501. 1	14 115 233. 3	10 283 930. 0	203 671. 5	1 628 414. 0	2 012 422. 5	819 759. 8
1996	22 623 393. 5	16 717 045. 5	12 119 133. 6	261 998. 9	1 884 189. 5	2 610 391. 2	1 149 798. 4
1997	25 317 325. 7	18 625 416. 3	13 577 262. 1	301 746. 4	1 706 587. 6	3 260 792. 0	1 422 783. 4
1998	29 490 592. 0	20 324 526. 0	15 655 917. 0	480 314. 0	1 418 537. 0	3 697 474. 0	3 569 741. 0
1999	33 490 416. 4	22 871 756. 1	18 157 597. 3	628 957. 1	1 258 694. 2	4 636 107. 9	4 094 901. 1
2000	38 490 805. 8	25 626 055. 7	20 856 792. 0	858 537. 2	1 139 556. 9	5 948 304. 3	4 918 351. 7
2001	46 376 626. 2	30 570 099. 5	25 823 761. 9	1 280 895. 2	1 128 851. 8	7 456 013. 5	5 940 766. 2
2002	54 800 277. 6	34 914 047. 5	31 142 383. 3	1 725 548. 7	1 272 791. 0	9 227 791. 7	7 660 098. 7
2003	62 082 653. 0	38 506 236. 6	34 538 582. 6	2 590 147. 8	1 045 926. 9	11 214 984. 7	8 725 357. 0
2004	72 425 989. 2	44 658 574. 8	40 278 158. 0	3 478 528. 8	934 203. 8	13 465 517. 3	9 889 164. 5

资料来源：《中国统计年鉴 2006》，中国统计出版社 2006 年版

表 4－2　　财政教育支出占 GDP 及财政支出的比例　　单位：%

年份	国家财政性教育经费所占比例		预算内教育经费所占比例	
	占 GDP 比例	占财政支出比例	占 GDP 比例	占财政支出比例
1992	2.71	19.47	2.00	14.40
1993	2.46	18.69	1.82	13.88
1994	2.44	20.28	1.83	15.26
1995	2.32	20.69	1.69	15.07
1996	2.35	21.06	1.70	15.27
1997	2.36	20.17	1.72	14.70
1998	2.41	18.82	1.85	14.50
1999	2.55	17.34	2.02	13.77
2000	2.58	16.13	2.10	13.13
2001	2.79	16.17	2.35	13.66
2002	2.90	15.83	2.59	14.12
2003	2.84	15.62	2.54	14.01
2004	2.79	15.68	2.52	14.14

资料来源：根据《中国统计年鉴 2006》相关数据计算

表 4－3　　财政教育支出、GDP、财政支出、财政收入年增长率　　单位：%

年份	国家财政性教育经费年增长率	预算内教育经费年增长率	GDP 年增长率	财政支出年增长率	财政收入年增长率
1992	—	—	—	—	—
1993	19.08	19.61	31.2	24.1	24.8
1994	35.38	37.18	36.4	24.8	20.0
1995	20.16	16.34	26.1	17.8	19.6
1996	18.43	17.85	17.1	16.3	18.7
1997	11.42	12.03	11.0	16.3	16.8
1998	9.12	15.31	6.9	16.9	14.2
1999	12.53	15.98	6.2	22.1	15.9
2000	12.04	14.87	10.6	20.5	17.0
2001	19.29	23.81	10.5	19.0	22.3
2002	14.21	20.60	9.7	16.7	15.4
2003	10.29	10.91	12.9	11.8	14.9
2004	15.98	16.62	17.7	15.6	21.6

注：各项目年增长率均按当年价格计算

资料来源：根据《中国统计年鉴 2006》相关数据计算

表 4-4　　财政教育支出的相关增长弹性　　单位：%

年份	国家财政性教育经费的增长弹性			预算内教育经费的增长弹性		
	对 GDP 的增长弹性	对财政支出的增长弹性	对财政收入的增长弹性	对 GDP 的增长弹性	对财政支出的增长弹性	对财政收入的增长弹性
1992	—	—	—	—	—	—
1993	0.61	0.79	0.77	0.63	0.81	0.79
1994	0.97	1.43	1.77	1.02	1.50	1.86
1995	0.77	1.13	1.03	0.63	0.92	0.83
1996	1.08	1.13	0.99	1.04	1.10	0.95
1997	1.04	0.70	0.68	1.09	0.74	0.72
1998	1.32	0.54	0.64	2.22	0.91	1.08
1999	2.02	0.57	0.79	2.58	0.72	1.01
2000	1.14	0.59	0.71	1.40	0.73	0.87
2001	1.84	1.02	0.87	2.27	1.25	1.07
2002	1.46	0.85	0.92	2.12	1.23	1.34
2003	0.80	0.87	0.69	0.85	0.92	0.73
2004	0.90	1.02	0.74	0.94	1.07	0.77

注：教育支出对 GDP 的增长弹性 = 教育支出年增长率/GDP 年增长率
教育支出对财政支出的增长弹性 = 教育支出年增长率/财政支出年增长率
教育支出对财政收入的增长弹性 = 教育支出年增长率/财政收入年增长率
资料来源：根据表 4-3 相关数据计算

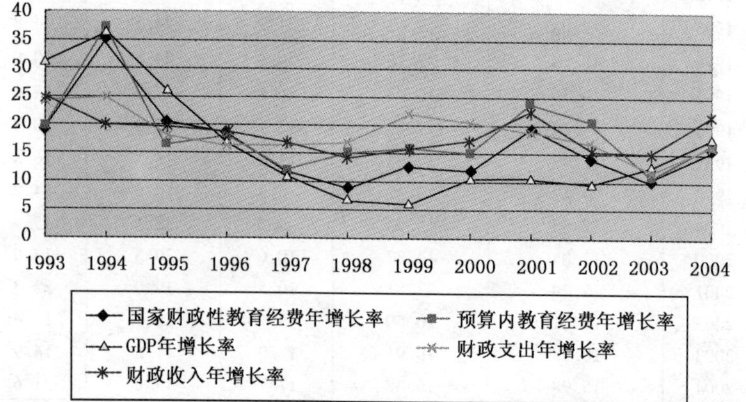

图 4-1　财政教育支出、GDP、财政支出、财政收入年增长率的关系

为了有效反映我国财政性教育支出的水平，往往要进行公共教育支出的国际比较。国际上，公共教育经费占 GDP 比例的大小反映一国政府为教育发展做出的财政贡献。因此，一般用公共教育支出占国内生产总值的比重来比较各个国家教育支出的相对规模，衡量各国政府对教育的投入程度。表 4-5 列出了部分国家 1991 年、2000 年和 2004 年公共教育经费支出占国内生产总值的比重。从中我们发现，我国公共教育经费支出远低于世界平均水平，不仅低于高收入国家和中等收入国家，甚至低于低收入国家的平均水平。从国别来看，就可比数据而言，在 1991 年，只有中国澳门、孟加拉国、印度尼西亚、越南、尼日利亚等国低于我国的水平；在 2000 年，也只有印度尼西亚、缅甸、巴基斯坦等国低于我国的水平。因此，从国际比较来看，我国公共教育支出处于非常低的水平。增加公共教育投入，发展教育事业，成为当前和今后我国政府的重要任务之一。

表 4-5　　公共教育经费支出占国内生产总值比重

国家和地区	公共教育经费支出占国内生产总值比重（%）		
	1991	2000	2004
世界	4.01	4.04	4.70③
高收入国家	5.00	5.04	5.54③
中等收入国家	3.91	4.02	4.50③
低收入国家	2.82	3.09	—
中国	2.23⑤	2.08⑤⑥	—
中国香港	2.82	3.99②	4.69
中国澳门	1.99	3.62	2.89③
孟加拉国	1.49	2.47	2.25
印度	3.65	4.12	3.26③
印度尼西亚	0.99	1.24	0.94③

续表

国家和地区	公共教育经费支出占国内生产总值比重（%）		
	1991	2000	2004
伊朗	4.08	4.94	4.81
以色列	6.48	7.01	7.31③
日本	—	3.60	3.65③
哈萨克斯坦	3.86	3.26	2.39
韩国	3.78	3.44	4.62③
马来西亚	5.12	6.20	7.97③
蒙古	11.49	6.67	5.65
缅甸	—	0.57	1.26②
巴基斯坦	2.60	1.84	1.97
菲律宾	2.97	3.49	3.22③
新加坡	3.07	3.72②	—
斯里兰卡	3.19	3.05①	—
泰国	3.09	5.41	4.19
土耳其	2.37	3.46	3.74③
越南	1.80	—	—
埃及	3.89	—	—
尼日利亚	0.89	—	—
南非	5.92	5.58	5.37
加拿大	6.49	5.65	5.24④
墨西哥	3.85	4.86	5.79③
美国	5.09	5.75②	5.86③
阿根廷	3.28	4.60	3.54③
巴西	—	4.30	4.15
委内瑞拉	4.50	—	—
白俄罗斯	5.69	6.00	5.78
保加利亚	5.43	3.53②	4.24③

续表

国家和地区	公共教育经费支出占国内生产总值比重（%）		
	1991	2000	2004
捷克	—	4.04	4.56③
法国	5.63	5.75	6.02③
德国	—	4.53	4.77
意大利	2.99	4.64	4.87③
荷兰	5.61	4.99②	5.33③
波兰	5.19	4.97	5.81③
罗马尼亚	3.53	2.89	3.60③
俄罗斯联邦	3.57	2.94	3.68③
西班牙	4.28	4.43	4.51③
乌克兰	6.19	4.17	4.56
英国	4.79	4.64	5.48③
澳大利亚	4.87	4.80	4.80③
新西兰	6.10	6.85②	6.86

注：①1998年数据，②2001年数据，③2003年数据，④2002年数据，⑤世界银行统计数据，⑥1999年数据

资料来源：《国际统计年鉴：2006—2007》，中国财政经济出版社2007年版

（二）财政性教育支出结构分析

1993年的《中国教育改革和发展纲要》对财政教育经费提出了“三个增长”要求：中央和地方政府教育拨款的增长要高于财政经常性收入的增长，使按在校学生人数平均的教育费用逐步增长，切实保证教师工资和生均公用经费逐年有所增长。2006年修订通过的《中华人民共和国义务教育法》和《国家教育事业发展“十一五”规划纲要》对“三个增长”又予以了强调。本节我们分

析我国财政性教育支出的结构特征，检验其是否满足“三个增长”的要求，并对中央与地方教育事权和财力划分进行分析。

1. 全国教育经费来源的结构分析

由表4-1可知，我国教育经费的来源包括国家财政性教育经费、社会团体和公民个人办学经费、社会捐（集）资经费、事业收入及其他教育经费。比较分析各种来源的经费在总经费中的比重变化情况，可以发现我国教育经费来源的结构变迁，尤其是财政性教育经费的变动情况。

由表4-6可知：（1）财政性教育经费是我国教育经费的主要来源。从相对比重来说，财政性教育经费占全国教育经费总收入的主要比重，一般都超过60%。从财政性教育经费内部来说，预算内教育经费是其主要部分，占70%以上，且有不断上升的趋势，2004年占90%，成为财政性教育经费的绝对主体①。因此，预算内教育经费也是全国教育经费的主要来源，超过50%。（2）从变动趋势来看，财政性教育经费在全国教育经费总收入中的比重呈现不断下降的趋势，个人支出则呈现上升趋势。财政性教育经费从1992年的84.05%下降到2004年的61.66%。预算内教育经费占全国教育经费总收入的比重从1992年的62.13%下降到2004年的55.61%。相对而言，个人缴纳的学杂费则呈现不断上升的趋势，从1992年的5.07%上升到2004年的18.59%。这些变动趋势表明，在我国教育支出中，政府对教育的投入相对弱化，个人的教育负担则相对加重。这是近年来居民家庭感觉“上学贵”的重要原因。（3）社会捐赠和集资办学经费呈现不断下降的趋势，从1992

① 这与我国财政体制和预算制度的改革是一致的，1998年以来的“收支两条线”改革，不断将预算外收支纳入预算内核算，必然使得许多预算外教育支出纳入了预算内管理。

年的8.03%下降到2004年的1.29%，说明我国多渠道筹集教育资源的任务还没完成好，鼓励正常捐赠持续增长的社会激励机制还很不完善。

表4-6　全国教育经费来源的结构比重　单位：%

年份	合　计	国家财政性教育经费	其中：预算内教育经费		社会团体和公民个人办学经费	社会捐资和集资办学经费	学费和杂费	其他教育经费
			占全国教育经费总收入比重	占国家财政性教育经费比重				
1992	100.00	84.05	62.13	73.93	0	8.03	5.07	2.85
1993	100.00	81.87	60.80	74.26	0.31	6.62	8.22	2.97
1994	100.00	78.91	59.38	75.25	0.72	6.55	9.87	3.96
1995	100.00	75.16	54.76	72.86	1.08	8.67	10.72	4.37
1996	100.00	73.89	53.57	72.50	1.16	8.33	11.54	5.08
1997	100.00	73.57	53.63	72.90	1.19	6.74	12.88	5.62
1998	100.00	68.92	53.09	77.03	1.63	4.81	12.54	12.10
1999	100.00	68.29	54.22	79.39	1.88	3.76	13.84	12.23
2000	100.00	66.58	54.19	81.39	2.23	2.96	15.45	12.78
2001	100.00	65.92	55.68	84.47	2.76	2.43	16.08	12.81
2002	100.00	63.71	56.83	89.20	3.15	2.32	16.84	13.98
2003	100.00	62.02	55.63	89.70	4.17	1.68	18.06	14.05
2004	100.00	61.66	55.61	90.19	4.80	1.29	18.59	13.65

资料来源：根据表4-1相关数据计算

2. 财政预算内教育支出结构分析

我国教育经费支出分为事业性经费支出和基建支出两部分。事业性经费支出分为“个人部分支出”和“公用部分支出”。“个人部分支出”指用于人员经费方面的支出，“公用部分支出”指用于公务费、业务费、设备购置费、修缮费及其他属于公用性质的经费支出。教育经费的支出结构反映各类别经费对教育发展的实际支撑力度，以及教育经费使用的总体效率，并从一定程度上反映出教育经费的丰裕程度（王烽，2006）。

表4－7　财政预算内教育经费支出构成及增长率　单位：%

年份	总计		事业性经费支出						基建支出	
			小计		个人部分		公用部分			
	所占比例	年增长率	所占比例	年增长率	所占比例	年增长率	所占比例	年增长率	所占比例	年增长率
1998	100.00	—	93.23	—	73.61	—	19.62	—	6.77	—
1999	100.00	11.88	93.25	11.91	74.06	12.56	19.19	9.45	6.75	11.54
2000	100.00	14.12	94.13	15.20	75.81	16.82	18.32	8.97	5.87	-0.78
2001	100.00	23.46	94.64	24.12	77.41	26.07	17.22	16.04	5.36	12.87
2002	100.00	19.42	94.34	19.04	76.90	18.62	17.44	20.92	5.67	26.15
2003	100.00	11.86	94.46	12.00	75.64	10.03	18.82	20.70	5.54	9.47
2004	100.00	16.13	94.51	16.20	74.83	14.89	19.68	21.44	5.49	14.90

资料来源：《中国教育经费统计年鉴》（1999—2005），中国统计出版社2000—2006年版

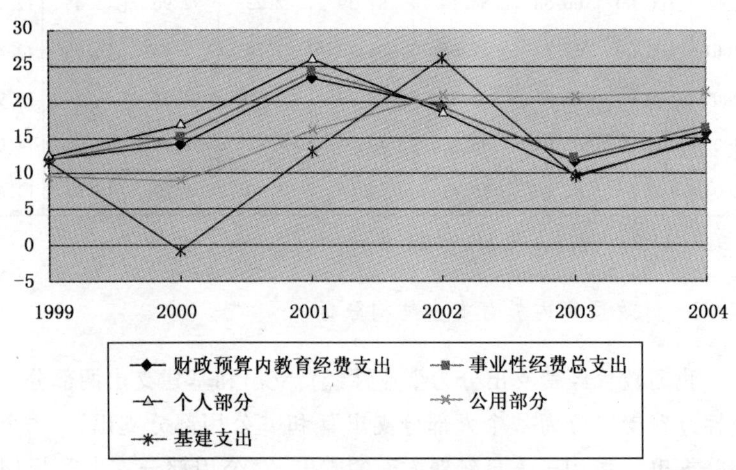

图4－2　财政预算内教育经费支出增长率

表 4-8　　生均预算内教育经费支出结构及增长率　　单位：元/%

年份	总计		事业性经费支出						基建支出	
			小计		个人部分		公用部分			
	数额	年增长率	数额	年增长率	数额	年增长率	数额	年增长率	数额	年增长率
1998	721.59	—	672.76	—	531.20	—	141.56	—	48.84	—
1999	802.43	11.20	748.29	11.23	594.30	11.88	153.99	8.78	54.14	10.85
2000	915.56	14.10	861.85	15.18	694.08	16.79	167.77	8.95	53.71	-0.79
2001	1 121.19	22.46	1 061.07	23.12	867.96	25.05	193.10	15.10	60.13	11.95
2002	1 326.38	18.30	1 251.24	17.92	1 019.92	17.51	231.32	19.79	75.14	24.96
2003	1 473.43	11.09	1 391.75	11.23	1 114.46	9.27	277.29	19.87	81.69	8.72
2004	1 716.33	16.49	1 622.18	16.56	1 284.40	15.25	337.78	21.81	94.15	15.25

资料来源：《中国教育经费统计年鉴》（1999—2005），中国统计出版社 2000—2006 年版

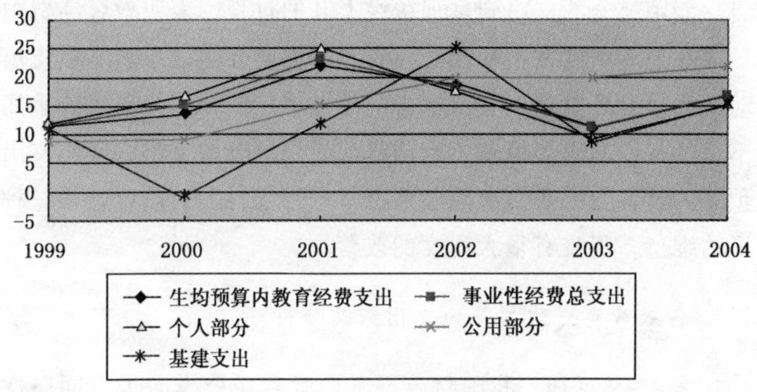

图 4-3　生均预算内教育经费支出增长率

由表 4-7、表 4-8 和图 4-1、4-2，可以发现，（1）在我国财政预算内教育支出中，事业性经费是其主体部分，基建支出只占非常小的比重。在事业性经费中，个人部分又占主要部分。这是由教育事业的特性决定的，教育消费主要是人员消耗和日常办公经费等经常性支出，建造校舍是资本性支出，不是经常性支出。但从相

对比重来看，个人经费占比过大，用于其他支出，如公用部分和基建支出的资金则非常有限，这种状况下无法提高各级教育的办学条件。（2）从生均财政预算内教育经费来看，其基本实现了逐年有所增长的要求。2004 年的生均财政预算内教育经费总支出是 1998 年的 2.38 倍，生均财政预算内个人部分支出增长了 2.41 倍，生均财政预算内公用部分支出增长了 2.42 倍。从预算内教育支出来看，基本实现了“三个增长”中“使按在校学生人数平均的教育费用逐步增长，切实保证教师工资和生均公用经费逐年有所增长”的要求。（3）从年增长率来看，图 4－2 和图 4－3 显示了各项支出的变动趋势。预算内教育经费和事业性经费总支出、个人部分支出保持了相对一致的变动趋势，经历了一个先增长后下降再增长的过程。这在一定程度上表明，虽然财政预算内教育经费的绝对额不断增长，但增长率却没有保持相对稳定，这影响了教育事业的可持续发展。公用部分的支出则呈现缓慢上升的过程，表明教育经费中用于日常办公的条件在不断改善，有利于提高办学效率。基建支出的波动最大，这是由基建支出本身的特性决定的，因为新建或重建校舍不是经常性支出。但是，我国目前公用部分的支出和基建支出是在预算内教育支出非常有限的情况下进行安排的，因此，是一种低水平的维持，很难有很大程度的改善。

3. 各级教育财政预算内支出结构分析

从表 4－9 可知，我国财政预算内教育经费投向了不同层次的学校，包括高等学校、中等专业学校、技工学校、中学、职业中学、小学、特殊教育学校、幼儿园等，其中高等学校、中学和小学构成主要支出对象，而普通高等学校、普通中学和普通小学又是重中之重。表 4－9 显示，从 1998 年到 2004 年，我国各级学校财政预算内教育支出的比例保持了相对稳定的结构。表 4－10 将教育事业划分为三个等级，从中可以看出各级教育所占比重的变化。从

表 4－9　　各级学校财政预算内教育支出比例　　单位：%

年份	高等学校	中等专业学校	技工学校	中学	职业中学	小学	特殊教育学校	幼儿园	其他
1998	21.97	7.11	0.60	27.65	3.05	33.20	0.41	1.42	4.61
1999	23.98	6.77	0.53	27.14	2.97	32.60	0.39	1.41	4.20
2000	25.17	5.87	0.52	27.39	2.83	32.39	0.39	1.40	4.03
2001	24.48	4.93	0.41	28.29	2.60	33.40	0.39	1.36	4.14
2002	23.55	4.03	0.43	29.60	2.49	34.12	0.38	1.30	4.10
2003	24.10	3.69	0.46	30.00	2.49	33.58	0.37	1.29	4.01
2004	23.42	3.20	0.45	30.78	2.47	33.75	0.37	1.30	4.24

资料来源：《中国教育经费统计年鉴》（1999—2005），中国统计出版社 2000—2006 年版

表 4－10　　我国财政预算内三级教育支出结构　　单位：%

	人均 GDP（美元）	三级教育投资比例（%）		
		初等教育	中等教育	高等教育
三级教育投资比例与经济发展水平之关系*	500 以下	42.9	28	15.6
	600—2 000	40.5	29	17.9
	2 000—5 000	31.6	22.4	23.2
	5 000 以上	37.7	37.7	17.1
1998	820.87	33.20	38.41	21.97
1999	864.73	32.60	37.41	23.98
2000	949.18	32.39	36.61	25.17
2001	1 041.65	33.40	36.23	24.48
2002	1 135.44	34.12	36.55	23.55
2003	1 273.65	33.58	36.64	24.10
2004	1 490.38	33.75	36.90	23.42

注：*引自刘华："优化财政性三级教育支出结构"，《中国流通经济》2004 年第 12 期

初等教育指小学，中等教育包括中等专业学校、技工学校、中学、职业中学，高等教育包括高等学校

资料来源：《中国教育经费统计年鉴》（1999—2005），中国统计出版社 2000—2006 年版；人均 GDP 的数据根据《中国统计年鉴 2006》相关数据计算

1998年到2004年，我国三级教育保持了相对稳定的结构，初等教育占33%左右，中等教育占37%左右，高等教育占23%左右。从三级教育投资比例与经济发展水平的关系来看，在不同的经济发展水平下，三级教育投资的比例不同。我国1998年到2004年的人均GDP水平处于600—2 000美元的层次，比较这一层次的三级教育支出结构，可以发现，我国初等教育的投资比重较低，高等教育的投资比重较高，中等教育的投资相对也较高。

为了使有限的教育资源产生最大的效益，需要比较不同层级教育的投资效益。教育投资收益分为私人教育收益和社会教育收益，分别是指个人和社会因教育投资而获得的经济以及社会收益。表4－11是1994年George Psachropoulos利用精确法估算的世界上100多个国家和地区的教育投资收益率。其研究结果表明，世界上大多数国家和地区的初等、中等教育投资收益率都高于高等教育。世界平均高等教育投资的个人收益率和社会收益率分别为10.9%、20.3%，而初等教育投资的个人收益率和社会收益率分别为18.4%、29.1%，比高等教育分别高出68.87%和43.35%（刘华，2004）。因此，改善我国财政预算内教育支出结构的重要任务之一就是调整三级教育支出比重，使有限的教育经费产生最大的经济社会效益。

表4－11　　三级教育投资的收益率比较　　单位：%

国家或地区	年　份	私人收益率			社会收益率		
		初等	中等	高等	初等	中等	高等
比利时	1960	—	21.2	8.7	—	17.1	6.7
玻利维亚	1989	9.8	8.1	16.4	9.3	7.3	13.1
巴西	1989	36.6	5.1	28.2	35.6	5.1	21.4
加拿大	1985	—	20.7	8.3	—	10.6	4.3
智利	1989	9.7	12.9	20.7	8.1	11.1	14.0
哥伦比亚	1989	27.7	14.7	21.7	20.0	11.4	14.0

续表

国家或地区	年　份	私人收益率			社会收益率		
		初等	中等	高等	初等	中等	高等
英国	1978	11.0	23.0	—	—	9.0	7.0
希腊	1977	20.0	6.0	5.5	16.5	5.5	4.5
中国香港	1976	—	18.5	25.2	—	15.0	12.4
印度	1978	33.4	19.8	13.2	29.3	13.7	10.8
日本	1976	13.4	10.4	8.8	9.6	8.6	6.9
墨西哥	1984	21.6	15.1	21.7	19.0	9.6	12.9
荷兰	1965	—	8.5	10.4	—	5.2	5.5
新西兰	1966	—	20.0	14.7	—	19.4	13.2
巴基斯坦	1984—1985	30.9	30.2	26.5	24.6	17.8	19.8
菲律宾	1988	18.3	10.5	11.6	13.3	8.9	10.5
新加坡	1966	—	—	—	6.6	17.6	14.1
南非	1980	—	—	—	22.1	17.7	1.8
韩国	1986	—	10.1	17.9	—	8.8	15.5
中国台湾	1972	50.0	12.7	15.8	27.0	12.3	17.7
南斯拉夫	1986	14.6	3.1	5.3	3.3	2.3	3.1
低收入国家	—	35.2	19.3	23.5	23.4	15.2	10.6
中低收入国家	—	29.9	18.7	18.9	18.2	13.4	11.4
中高收入国家	—	21.3	12.7	14.8	14.3	10.6	9.5
高收入国家	—	—	12.8	7.7	—	10.3	8.2
世界平均	—	29.1	18.1	20.3	18.4	13.1	10.9

资料来源：George Psachropoulos，Returns Investment in Education：A Global Update，World Development，1994（9）. 转引自刘华："优化财政性三级教育支出结构"，《中国流通经济》2004 年第 12 期

4. 中央与地方政府教育支出责任分析

由于数据资料有限，我们这里只能列出直到 2004 年有关中央

与地方财政预算内教育支出的情况。由表4－12和4－13，我们可以看出：（1）地方政府承担了教育支出的绝大部分。从1998年到2004年，地方财政预算内教育支出的比重在90%左右，且有缓慢上升的趋势。中央与地方财政预算内教育支出比从1998年的13∶87变为2004年的9∶91。这与财政收入的比重变化形成鲜明的对比。从1994年分税制以来，中央政府逐步提高了其财政收入占全国财政收入的比重。表4－12显示，从1998年以来，中央与地方的财政收入比在稳步上升，目前维持在55∶45的水平。这种反差表明，在目前财权财力不断上收中央的情况下，教育支出的事权却没有相应上收，甚至有继续下压的倾向。这必然增加地方政府财政教育支出的压力。在地方财力拮据的情况下，其压缩教育支出的动机在所难免。而且，在地方政府承担了绝大比重教育支出的情况下，各地教育支出和教育水平必然受到经济水平差异的影响，从而影响教育发展的区域公平性。（2）虽然各级政府财政预算内教育支出的绝对数逐年增长，但从增长率来看，各级政府都没有完全完成增长要求。1993年以来，教育经费的“三个增长”要求之一就是中央和地方政府教育拨款的增长要高于财政经常性收入的增长。从表4－12的增长弹性来看，1998年到2004年间，中央政府只有2003年达到要求；相对而言，地方政府则比中央政府好很多，除了2003年和2004年外，其余年份都完成了增长要求。但是，2003年和2004年地方财政预算内教育支出对财政收入的增长弹性小于1的现实，也表明各级政府对教育的支出没有随着经济增长而相应增长，必然影响教育事业的可持续发展。（3）由表4－13可知，中央与地方政府在三级教育中的支出重点不同。高等教育在中央政府的教育支出中占绝对比重，超过90%；其次是中等教育，且比重在不断下降；最后是初等教育，占比一般低于0.1%。地方政府的支出重点在初等和中等教育，高等教育的支出比重则相对较低。从各级教育的中央与地方支出比来看，初等教育几乎全部都是由地方

表 4－12　　中央与地方财政预算内教育支出

年份	中央		地方		中央∶地方（财政预算内教育支出）	中央∶地方（财政收入）	对财政收入的增长弹性	
	数额（千元）	增长率（%）	数额（千元）	增长率（%）			中央	地方
1998	19 713 570	—	133 116 766	—	13∶87	49.5∶50.5	—	—
1999	20 866 349	5.85	150 122 891	12.78	12∶88	51.1∶48.9	0.30	1.04
2000	23 059 370	10.51	172 079 298	14.63	12∶88	52.2∶47.8	0.54	1.01
2001	27 575 217	19.58	213 342 834	23.98	11∶89	52.4∶47.6	0.86	1.10
2002	28 760 171	4.30	258 935 982	21.37	10∶90	55.0∶45.0	0.20	2.34
2003	33 073 046	15.00	288 736 264	11.51	10∶90	54.6∶45.4	1.06	0.73
2004	35 455 519	7.20	338 247 406	17.15	9∶91	54.9∶45.1	0.32	0.83

资料来源：《中国教育经费统计年鉴》（1999—2005），中国统计出版社 2000—2006 年版；中央与地方的财政收入比重和增长率根据《中国统计年鉴 2006》相关数据计算

表 4－13　　中央与地方财政预算内三级教育支出

年份	初等教育			中等教育			高等教育		
	中央（%）	地方（%）	中央∶地方	中央（%）	地方（%）	中央∶地方	中央（%）	地方（%）	中央∶地方
1998	0.04	38.11	0.01∶99.99	5.69	43.25	1.91∶98.01	91.56	11.66	53.77∶46.23
1999	0.06	37.12	0.02∶99.98	4.68	41.96	1.53∶98.47	94.59	14.17	48.13∶51.87
2000	0.08	36.72	0.03∶99.97	2.71	41.15	0.88∶99.12	96.22	15.65	45.17∶54.83
2001	0.09	37.70	0.03∶99.97	2.41	40.60	0.76∶99.24	92.49	15.69	43.25∶56.75
2002	0.13	37.89	0.04∶99.96	1.55	40.44	0.42∶99.58	95.09	15.60	40.36∶59.64
2003	0.07	37.41	0.02∶99.98	1.22	40.70	0.34∶99.66	95.53	15.92	40.74∶59.26
2004	0.08	37.28	0.02∶99.98	0.91	40.68	0.23∶99.77	94.15	16.00	38.14∶61.86

资料来源：根据《中国教育经费统计年鉴》（1999—2005）相关数据计算

政府承担的，中等教育也是如此，且地方政府承担的比重在不断上升。高等教育虽然不是地方政府的支出重点，但其仍然承担了高等教育经费中的一半，且有不断上升的趋势，2004 年地方政府预算内高等教育支出占全部预算内教育支出的比重达到 61.86%。因此，从这些数据来看，明显的，我国教育支出的责任主要压在了地方政府。这与我国教育体制的安排是有关的。自 20 世纪 80 年代以来，中央政府一直把义务教育等基础教育的支出责任下划给地方政府，实行“分级办学，分级管理”的教育制度；20 世纪 90 年代开始，高等教育管理体制也发生重大调整，中央部门所属的 360 多所高校被转由地方管理。这些事权的划分和调整都必然加大地方财政教育支出的压力。

近两年，对于教育事权和财力的划分，出现了比较大的变化。中央政府开始逐步意识到对义务教育的责任，并逐步增加了财政支持。2005 年国务院作出《深化农村义务教育经费保障机制改革的通知》（国发［2005］43 号），提出：按照“明确各级责任、中央地方共担、加大财政投入、提高保障水平、分步组织实施”的基本原则，逐步将农村义务教育全面纳入公共财政保障范围，建立中央和地方分项目、按比例分担的农村义务教育经费保障机制。中央重点支持中西部地区，适当兼顾东部部分困难地区，并确定了中央与地方在不同支出项目中的具体分担比例①。这是一个可喜的变化，有助于保障我国农村义务教育事业的快速发展。但是，目前的改革主要是适应解决“三农”问题而作出的政策性安排，且专注于义务教育阶段，还没有真正从制度上明确教育事权的划分，无法

① 免学杂费资金由中央和地方按比例分担，西部地区为8∶2，中部地区为6∶4；东部地区除直辖市外，按照财力状况分省确定。免费提供教科书资金，中西部地区由中央全额承担，东部地区由地方自行承担。补助寄宿生生活费资金由地方承担，补助对象、标准及方式由地方人民政府确定。提高农村义务教育阶段中小学公用经费保障水平。建立农村义务教育阶段中小学校舍维修改造长效机制。

彻底改变目前我国教育事权和财力划分不合理的顽疾，无法真正从财务上保证教育事业的可持续性。

（三）财政教育支出规模和结构调整的改革思路

1. 公共财政对教育投入的制度保证

从财政教育支出的规模分析中，我们得出以下结论：我国财政性教育支出的水平还很低，远未完成预定目标，鲜明地表现在财政性教育支出没有随着经济的发展而同步增长。从国际比较来看，我国财政性教育支出也处于非常低的水平。这些都制约了我国教育事业的发展，不利于实现我国富民强国的发展目标。因此，明确政府对教育事业的支出责任，增加政府财政教育支出水平，落实各级政府预算内教育支出的增长责任，是当前和今后我国政府的重要任务之一。

教育发展对提升一国国力的重要性已经是世界性共识，各国都强调了要加大公共财政对教育事业的投入水平，我国也不例外。但是，从我国历年财政性教育支出对财政收入的增长弹性来看，我国并没有实现财政教育支出随经济增长也逐步增长的要求。因此，当前，要确实保障我国财政对教育的投入力度，需要以制度化的方式强制实现，应该建立有效的财政预算教育支出的保障机制。除了以法律法规的方式明确规定各级政府对教育事业的支出增长要求外，更要通过政治程序约束各级政府教育预算的制定和执行。首先，强调人大在教育支出预算审批上的权利。如各级政府预算编制中，若对教育支出的增长没有达到规定的要求，人大有权否决政府预算，并要求重新编制政府预算，以达到教育支出的增长要求。其次，加强教育预算执行的监管机制。为了避免政府在预算执行中没有完全遵从预算要求，或者在预算执行中挪用、挤占教育资金，要建立多重的监督机制。财政部门要定期向人大常委会汇报预算执行情况，包括教育支出的情况，以便人大及时监控财政部门对教育支出的完成程度；审计部门要对财政部门和教育部门的教育经费支出和使用情况进行专项检查，以监督教育资金的拨付和使用；社会舆论等要加大对政府教育投入的宣传监督，以实现人民群众对政府教育事业投入的知情权和监督权。各级政府教育经费支出，在财政预算中单独列项，并报同级人民代表大会批准且向社会公布，确保落实到位。

2. 进一步优化财政教育支出结构

第一，调整财政支出结构，增加预算内教育支出的比重。

近年来，我国财政性教育经费在全国教育经费总收入中的比重呈现不断下降的趋势。表 4－6 显示，随着政府预算管理改革，政府预算内教育支出日益成为财政性教育经费的主体部分。因此，要提高政府财政性教育支出在教育总经费中的比重，关键是提高政府预算内教育支出。表 4－4 显示，自 1992 年以来，我国政府预算内教育经费对财政收入的增长弹性在多数年份里未达到规定的增长要求。因此，要增加财政教育支出，就要调整财政支出结构，压缩行政管理费等消费性支出，以实现预算内教育支出的增长率超过财政收入的年增长率。

第二，提高生均经费标准，逐步改善办学条件。

在增加预算内教育支出的基础上，提高生均经费标准，逐步改善办学条件。我国目前财政预算内教育支出中的主要部分用于个人经费，只有很少的经费用于公用支出和基建支出。但这不能简单通过减少个人经费支出来增加公用支出和基建支出经费，因为这种结构是在目前我国教育经费短缺情况下的被动式的结构显示。要改善我国预算内教育支出结构，应该是在增加预算内教育支出规模的基础上，保证教育事业中个人经费的稳步提高，逐步提高生均公用经费标准，增加教育基建支出经费，从根本上改善我国教育的办学条件，提高教育支出的总体效率。

第三，改革三级教育投入比重，提高基础教育的投入比重。

要使有限的教育资源产生最大的经济社会效益，必须根据经济社会发展的需要，比较不同层级教育的经济社会效益，不断优化各级教育的投入结构。从教育投资的经济社会效益来说，初等教育、中等教育的投资收益率高于高等教育的投资收益率，但我国当前初等教育的投资比重偏低，高等教育的投资比重偏高。因此，优化我国三级预算内教育支出结构，就是要逐步提高初等教育的投入比重，在鼓励高等教育多渠道筹集教育资源的政策支持下，适当压缩预算内高等教育的投入比重。

3. 合理划分教育事权，完善事权与财力相匹配的制度建设

从目前我国中央与地方政府在教育支出中的比重来看，地方政府承担了过重的教育责任。从中央与地方政府在三级教育的支出比重来看，地方政府又承担了几乎全部的初等教育和中等教育的支出责任。虽然近几年中央政府逐步增加了农村义务教育阶段的支出比重，但这并没有根本性地改变地方政府教育支出责任过重的现状，教育事权与财力不匹配的问题并没有得到根本解决，无法从财务上保证我国教育事业的可持续发展。因此，改革的重点应在进一步合理划分各级政府教育事权的基础上，设计合理的财务分担比例和转移支付制度，完善事权与财力相对匹配的制度。

第一，合理划分教育事权，明确各级政府的支出责任。

对于义务教育，一般认为是全国性公共产品，理应属于中央的事权。当然，需要明确一点，事权划分与执行管理是可以分离的。虽然义务教育被认为是全国性公共产品，属于中央政府的事权，但鉴于信息问题和管理成本问题，往往由中央政府制定通用的制度和标准，由地方政府具体执行和管理相关事宜。所谓事权与财力相匹配，就是要求中央政府承担起与事权相对应的财政责任。因此，应

逐步提高中央政府教育支出占全国财政性教育支出的比例，改变我国教育投入长期以来中央和地方比例的不协调。对于非义务教育，一般认为是准公共产品，私人应该承担相当比重的学费，政府提供相应的补助。因为这些教育往往具有区域性的特征，又因为人口的流动性而外溢到全国，因此需要中央与地方政府共同承担财政责任。中央政府对区域间的外溢实行相应的转移支付。

第二，加大中央和省级政府转移支付力度，实现教育水平均等化。

由于地区间经济发展不平衡，导致不同地区之间教育发展也不平衡。随着分税制财政体制改革的逐步深化，在明确中央与地方政府在发展教育事业方面事权与财权的基础上，中央政府应加大对地方的转移支付力度，尤其是提高对中西部贫困地区的转移支付水平。省级政府也应该加大对省内区域间的教育转移支付力度，对财力薄弱地区加强扶持力度。同时要建立规范的专项转移支付制度，将教育作为转移支付的一个重要因素加以考虑，充分发挥中央和省级政府对地方教育资源配置的调控作用，促进地区之间教育发展水平的均衡发展。

4. 利用财税政策多渠道筹措教育发展经费

由表 4 - 6 可知，我国社会捐赠和集资办学经费呈现不断下降的趋势。因此，在政府增加对教育投入的同时，应鼓励和引导社会资金投入，形成政府投入与社会投入相互补充的教育投入格局，拓宽经费来源渠道，形成多元化的教育投入体制。进一步落实税收优惠政策，积极鼓励企业、个人和社会团体对教育捐赠或出资办学，研究并适时出台对外商投资企业按照国民待遇原则征收教育费附加的有关政策。对社会团体、企业和个人投资实行税收优惠政策，适当减免这些社会兴办学校的营业税和所得税，以此促进办学主体多样化，投资渠道多样化的格局。

二、统筹经济与财政的医疗卫生事业支出

计划经济时期，在整个经济发展水平相当低的情况下，通过有效的制度安排，我国用占 GDP 3% 左右的卫生投入，大体上满足了几乎所有社会成员的基本医疗卫生服务需求，国民健康水平迅速提高，不少综合健康指标达到了中等收入国家的水平，成绩十分显著，被一些国际机构评价为发展中国家医疗卫生工作的典范（国务院发展研究中心，2005）。改革开放以后，在市场经济体制的建立和完善过程中，我国也对医疗卫生体制进行了改革，基本走向是商业化、市场化。在医疗卫生领域，逐步减少了政府干预，引入了市场机制，取得了一定的成绩，但存在的问题更为严重。2000 年 6 月 19 日，世界卫生组织 53 届卫生大会发表了《2000 年世界卫生报告——卫生系统：改善绩效》。在该《报告》中，世界卫生组织首次选取三项总体目标来评价各国卫生系统所取得的绩效。这三项总体目标是：(1) 对健康状况的改进度；(2) 对人群期望的反应性；(3) 对财务负担的公正性。该《报告》在对全球 191 个成员国国家卫生系统的业绩做出量化评估后，对这些国家的卫生绩效进行了排名，我国仅列 144 位，而且在财务负担公平性方面，我国排名 188 位，倒数第四，与巴西、缅甸和塞拉利昂等国一起排在最后，被列为卫生系统财务负担最不公平的国家。我国医疗卫生领域的公平性和宏观效率低下，导致了消极的社会与经济后果。它不仅影响到国民的健康，也带来了诸如贫困、公众不满情绪增加、群体间关系失衡等一系列社会问题。

针对我国医疗卫生领域的问题，《国民经济和社会发展第十一

个五年规划纲要（草案）》提出推进社会主义和谐社会建设，强调提高人民健康水平，认真解决群众看病难、看病贵问题。本部分从财政支出视角探讨我国医疗卫生领域的改革问题，主要专注于政府在医疗卫生领域的支出规模和结构的变化特征，并分析中央与地方支出责任划分存在的问题，根据医疗卫生领域的特征，提出相应的改革建议。

（一）政府卫生支出规模的分析

对于医疗卫生支出规模的核算，不同机构和组织的标准并不完全一致。下面对相关指标进行简单介绍和比较说明。

根据《中国统计年鉴 2006》的相关指标说明，卫生服务总费用反映全国当年用于医疗卫生保健服务所消耗的资金总额，用筹资来源法测算。政府预算卫生支出指各级政府用于卫生事业的财政预算拨款。社会卫生支出指政府预算外的卫生资金投入，主要表现为社会医疗保险。其中包括如企事业单位和乡村集体经济单位举办医疗卫生机构设施建设费、企业职工医疗卫生费、行政事业单位负担的职工公费医疗超支部分等。居民个人卫生支出指城乡居民用自己可支配的经济收入支付的各项医疗卫生费用和医疗保险费用。

根据世界卫生组织统计信息系统中国民卫生账户（National Health Accounts，NHA）[①] 的相关指标说明，卫生总支出（Total expenditure on health，THE）是在给定年份、在当前价格下以本国货币计算的广义政府卫生支出和私人卫生支出的总和。广义政府卫生支出（General government expenditure on health，GGHE）是政府部门购买医疗卫生服务和产品的支出总和，包括各级政府、社会保障

① 国民卫生账户（NHA）提供了一个在国际识别框架内的有关基本卫生支出信息的指标。

机构的卫生支出以及国有控股和全资企业的直接支出。除了国内资金外，它还包括外援经费。社会保障的卫生支出（Social security expenditure on health，SSHE）包括由政府强制和控制的保险计划所购买的卫生产品及服务的支出。这种社会保障计划仅仅适用于选定的人群，如公共部门雇员，也包括在内。

从相关指标说明中，我们可以发现，世界卫生组织的广义政府卫生支出至少包括我国的政府预算卫生支出和社会卫生支出。因此，不能将我国的政府预算卫生支出与国际广义的政府卫生支出进行直接比较，否则，将低估我国广义上政府筹资机构在卫生资金筹集中的作用，得出不准确的推论。为了便于分析，在进行国内分析时，我们用《中国卫生年鉴》统计的标准进行比较分析，而在进行国际比较分析时，我们采用世界卫生统计系统的数据。

由表4－14、4－15、4－16及图4－4，我们可以发现：（1）从绝对额来说，我国卫生总费用和政府预算卫生支出都不断增长。2004年的卫生总费用是1980年的53倍，2004年的政府预算卫生支出是1980年的25倍。从人均卫生总费用来看，其数额也不断增长。世界卫生组织统计的数据也显示了相同的情况，我国人均总卫生支出和人均政府卫生支出都逐年增长。这说明了我国居民用于卫生的支出在不断增加，反映了人们的健康意识在不断增强，有助于人们健康水平的提高。（2）从卫生总费用的构成来看，政府预算卫生支出和社会卫生支出比重下降，个人卫生支出比重上升。如果将政府预算卫生支出和社会卫生支出加总作为广义政府卫生支出的话，那么，明显的，我们可以发现从1980年以来，我国广义政府卫生支出迅速下降，2001年甚至只占卫生总费用的40%。虽然近年来我国政府预算卫生支出和社会医疗保险覆盖面有所提高，但其占卫生总费用的比重仍然低于50%。相反，个人承担的卫生支出则不断上升，1998年以来都超过了50%。世界卫生组织统计的数据表明，我国广义政府卫生支出从2000年至2004年，都只占卫生总支出的1/3

强，而个人卫生支出则占近2/3。因此，虽然我国卫生总费用和个人卫生总费用不断上升，但其支付压力越来越转向了由居民个人负担，这是我国目前居民反映“看病贵”的主要原因。同时，个人承担的医疗卫生费用比例过高，还影响医疗卫生的不平等。王绍光(2003)指出，如果医疗卫生费用主要由个人负担，收入和财富的分配便在很大程度上决定了人们是否能获取必要的医疗保健服务。除非收入和财富在社会各阶层的分配相当平等，否则经济上的不平等必然转化为医疗卫生上的不平等。而医疗卫生上的不平等又会影响到全体国民的总体健康水平。(3)从相对增长率来看，1998年以来，我国卫生总费用、广义政府卫生支出及GDP年增长率不断变化。从卫生总费用对GDP的增长弹性来看，我国卫生总费用的弹性较高，有些年份高于1，这一方面说明卫生支出刚性较强，另一方面也说明人们健康意识提高，随着经济增长，人们对医疗卫生的需求也在不断上升。从广义政府卫生支出对GDP的增长弹性来看，1999年以来，除了2000年和2001年，其余年份的弹性均超过1，说明我国政府加大了对医疗卫生领域的支持。但是，广义政府卫生支出的增长可能是由于政府预算卫生支出增长，也可能是由于社会医疗保险覆盖面的扩大引起的，因此，我们不能据此认为我国目前政府对医疗卫生领域的投入是合理的。在政府卫生支出的结构分析中，我们将具体分析不同增长的影响。

表4-14　《中国卫生年鉴》统计的卫生总费用

	1980	1990	1995	1998	1999	2000	2001	2002	2003	2004
卫生总费用（亿元）	143.2	747.4	2 155.1	3 776.5	4 178.6	4 586.6	5 025.9	5 790.0	6 584.1	7 590.3
政府预算卫生支出（亿元）	51.9	187.3	387.3	587.2	640.9	709.5	800.6	908.5	1 116.9	1 293.6
社会卫生支出（亿元）	61.0	293.1	767.8	1 006.0	1 064.6	1 171.9	1 211.4	1 539.4	1 788.5	2 225.4

续表

	1980	1990	1995	1998	1999	2000	2001	2002	2003	2004
个人卫生支出（亿元）	30.3	267.0	1 000.0	2 183.3	2 473.1	2 705.2	3 013.9	3 342.1	3 678.7	4 071.4
卫生总费用构成（%）	100.0	100.0	100.0	100.0	100.0	100.0	100.0	100.0	100.0	100.0
政府卫生支出（%）	36.2	25.1	18.0	16.0	15.8	15.5	15.9	15.7	17.0	17.1
社会卫生支出（%）	42.6	39.2	35.6	29.1	28.3	25.5	24.1	26.6	27.2	29.3
个人卫生支出（%）	21.2	35.7	46.4	54.8	55.9	59.0	60.0	57.7	55.8	53.6
卫生总费用占GDP%	3.17	4.03	3.69	4.82	5.10	5.13	5.16	5.51	5.62	5.55
人均卫生总费用（元）	14.51	65.4	177.9	302.6	331.9	361.9	393.8	450.7	509.5	583.9

注：卫生总费用为测算数，本表按当年价格计算

资料来源：根据历年《中国卫生年鉴》数据比较整理

表4－15　世界卫生组织统计的中国卫生经费规模及构成

年份	卫生总支出占GDP的比重（%）	广义政府卫生支出占总卫生支出的比重（%）	私人卫生支出占总卫生支出的比重（%）	人均总卫生支出（美元）	人均政府卫生支出（美元）
2000	4.6	38.3	61.7	43.5	16.6
2001	4.6	35.6	64.4	47.3	16.8
2002	4.8	35.8	64.2	54.2	19.4
2003	4.8	36.2	63.8	61.2	22.2
2004	4.7	38.0	62.0	70.1	26.6

资料来源：世界卫生统计（2007），http：//www.who.int/whosis/database/core/core_select_process.cfm

表 4－16　1998 年以来我国卫生支出的增长率及相关弹性　　单位：%

年份	卫生总费用年增长率	广义政府卫生支出增长率	GDP 年增长率	卫生总费用对 GDP 的增长弹性	广义政府卫生支出对 GDP 的增长弹性
1999	10.65	7.05	6.2	1.72	1.14
2000	9.76	10.31	10.6	0.92	0.97
2001	9.58	6.94	10.5	0.91	0.66
2002	15.20	21.67	9.7	1.57	2.23
2003	13.72	18.69	12.9	1.06	1.45
2004	15.28	21.12	17.7	0.86	1.19

注：广义政府卫生支出＝政府预算卫生支出＋社会卫生支出

各项目年增长率均按当年价格计算

卫生总费用对 GDP 的增长弹性＝卫生总费用年增长率/GDP 年增长率

广义政府卫生支出对 GDP 的增长弹性＝广义政府卫生支出年增长率/财政支出年增长率

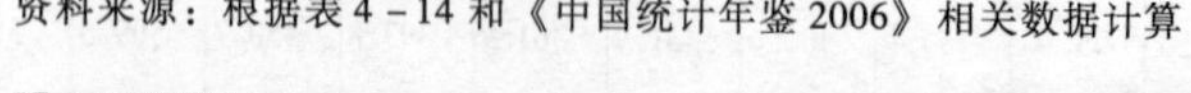

资料来源：根据表 4－14 和《中国统计年鉴 2006》相关数据计算

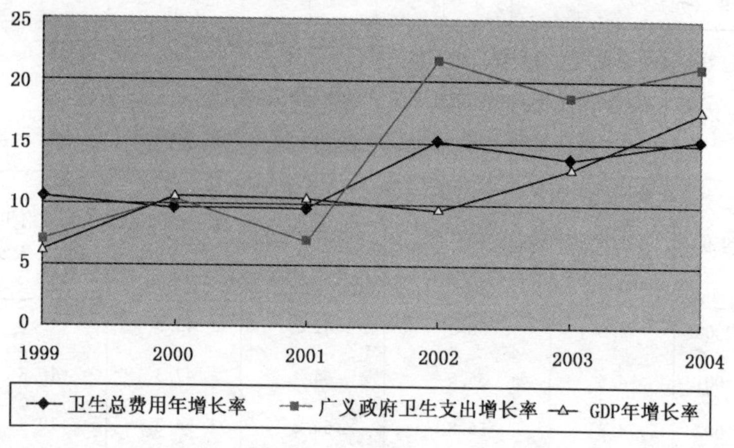

图 4－4　卫生总费用、广义政府卫生支出、GDP 年增长率的关系

从世界卫生统计数据中进行国际比较，可以发现，各国卫生体系存在很大的差别，主要体现在是否有社会医疗保险支出，但有部分国家没有社会保障卫生支出，因此，进行国际比较时，将广义政

府卫生支出进行比较更为合适。表4－17列出了2002年不同收入国家人均政府卫生支出的评价指标。从中我们可以看出，我国广义政府卫生支出的水平仅高于低收入国家水平，低于其他收入级次国家的水平，甚至只有中低收入国家的1/3多一点。将我国人均广义政府卫生支出与较为接近的国家相比，（年人均GDP为825.00—1 500.00美元），我国的人均广义政府卫生支出也只有其一半多一点。世界银行（2005，简报5）指出，根据一个跨国家的政府卫生支出占GDP比例对年人均收入的回归预测，以中国目前的年人均收入水平，政府的卫生支出应该大约占到GDP的2.4%。而中国现在这个数字仅为1.9%。因此，与国际比较，我国政府卫生支出还处于相对低的水平，这虽然与我国所处发展阶段有关，但其还是低于我国应有的支出水平。

表4－17　2002年不同收入国家人均政府卫生支出评价指标　单位：美元

国家	人均GDP	广义政府卫生支出
中国	1 076.55	21.23
低收入国家	≤825.00	9.63
中低收入国家	826.00—3 255.00	61.20
中高收入国家	3 256.00—10 065.00	235.33
高收入国家	≥10 066.00	1 324.87
人均GDP	825.00—1 500.00	40.00

注：表中数据来自世界卫生组织《2005年世界卫生报告》，分析时去掉了无法获得政府卫生支出和社会保障卫生支出的12个国家，其中包括伊拉克、贝宁、东帝汶、索马里、乍得和布隆迪等

资料来源：张毓辉、陶四海、赵郁馨：《国内外政府卫生支出口径的异同及结果分析》，《中国卫生经济》2006年第3期，第10—12页

（二）政府卫生支出结构分析

1. 广义政府卫生支出结构分析

在一般界定中，广义政府卫生支出主要包括政府预算卫生支出

和社会医疗保险。政府预算卫生支出表现为政府对卫生领域的直接财政支出，而社会医疗保险除了政府补助外，还包括企业和个人的缴费，因此，两者资金来源不同，需要对它们分别进行分析。

第一，政府预算卫生支出的分析。

由表 4－18 和图 4－5，可知：（1）政府预算卫生支出占财政支出的比例较低，且经历了一个先下降后上升的过程。自 1998 年以来，政府预算卫生支出占财政支出的比重在 4% 偏上，且存在先下降的过程，2002 年只占财政支出的 4.12%，2003 年和 2004 年有所回升。（2）从两者的增长率来看，似乎存在着由分离向趋同的转化。1999 年两者年增长率的差异很大，后逐步趋同，但 2003 年政府预算卫生支出突然上涨，以至两者分离拉大，2004 年两者基本趋同。但必须注意的是，2003 年和 2004 年政府预算卫生支出增长率突然迅速上升，是由“非典”（SARS）所导致的突发应急支出的迅速增长所引起的、非常规性的增长。因为缺乏 2004 年之后的数据，我们还不能据此说明我国政府预算卫生支出已经进入一个与财政支出保持同步的常规性增长阶段。（3）从政府预算卫生支出对财政支出的弹性来看，除 2003 年和 2004 年外，其余年份都低

表 4－18　　政府预算卫生支出的相关比例　　单位：%

年份	政府预算卫生支出占财政支出的比重	政府预算卫生支出年增长率	财政支出年增长率	政府预算卫生支出对财政支出的增长弹性
1998	5.44	—	—	—
1999	4.86	9.15	22.1	0.41
2000	4.47	10.70	20.5	0.52
2001	4.24	12.84	19.0	0.68
2002	4.12	13.48	16.7	0.81
2003	4.53	22.94	11.8	1.94
2004	4.54	15.82	15.6	1.01

资料来源：根据表 4－14 和《中国统计年鉴 2006》相关数据计算

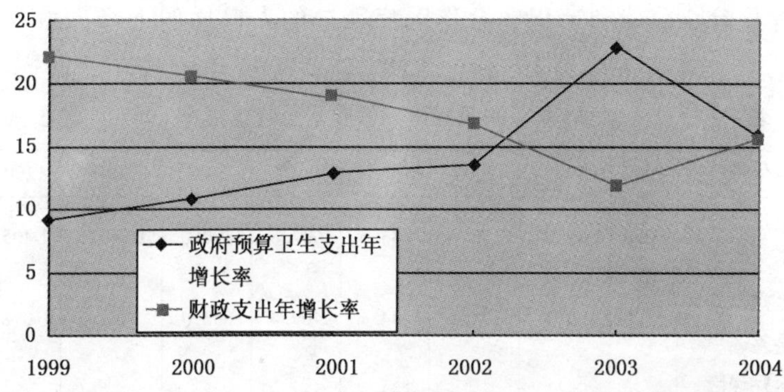

图 4－5 政府预算卫生支出与财政支出增长率间的关系

于 1，1999 年甚至只有 0.41，说明我国政府预算卫生支出非但没有随着财政支出的增长而增长，反而远落后于财政支出的年增长率。当然，从 1998 年以来，我国政府预算卫生支出对财政支出的增长弹性不断上升，说明我国政府提高了对医疗卫生领域的重视和投入程度。

第二，社会医疗保险的分析。

由表 4－19 可以发现，我国自 1998 年以来，社会医疗保险基金迅速增长。从医疗保险基金支出的年增长率来看，我国医疗保险基金支出增长很快，2001 年甚至达到 96%，但近两年，其增长率有所下降。需要注意的是，虽然我国医疗保险基金迅速增长，但其覆盖范围还非常有限，“十五”期末，全国参加基本医疗保险的人数为 1.38 亿人，且统筹层次也较低，主要限于市县一级。根据三次国家卫生服务调查的结果（见表 4－20）（卫生部统计信息中心，2004），过去十年，我国城市享有各种社会医疗保险（包括基本医疗保险、公费和劳保等）的人口比例不断下降，由 1993 年的 72.5%，下降到 1998 年的 52.5%，2003 年的 49.6%；而自费医疗的人口比例由 1993 年的 27.3% 上升到 1998 年的 44.1%，2003 年的 44.8%。农村与城市一样，享有各种社会医疗保险（包括基本医疗保险、公费和劳保、合作医疗等）的人口比例下降，由1993年的15.6%，下降到1998年的11.3%，2003年的12.6%。

表4-19　1998年以来我国医疗保险基金收支情况　单位：亿元、%

年份	1998	1999	2000	2001	2002	2003	2004	2005
医疗保险基金收入	60.6	89.9	170.0	383.6	607.8	890.0	1 140.5	1 405.3
医疗保险基金支出	53.3	69.1	124.5	244.1	409.4	653.9	862.2	1 078.7
医疗保险基金结余	20.0	57.6	109.8	253.0	450.7	670.6	957.9	1 278.1
医疗保险基金支出增长率	—	29.60	80.30	96.00	67.70	59.74	31.86	25.11

资料来源：根据《中国统计年鉴2006》相关数据整理计算

表4-20　家庭健康询问调查：调查人口参加各种医疗保险的情况构成（%）

指标	城乡合计			城市合计			农村合计		
	2003年	1998年	1993年	2003年	1998年	1993年	2003年	1998年	1993年
基本医保	8.9	—	—	30.4	—	—	1.5	—	—
公费医保	1.2	4.9	5.8	4.0	16.0	18.2	0.2	1.2	1.6
劳保医疗	1.3	6.2	9.7	4.6	22.9	35.3	0.1	0.5	1.1
合作医疗	8.8	5.6	7.7	6.6	2.7	1.6	9.5	6.6	9.8
其他社保	2.0	5.0	6.6	4.0	10.9	17.4	1.3	3.0	3.1
纯商业保险	7.6	1.9	0.3	5.6	3.3	0.3	8.3	1.4	0.3
自费	70.3	76.4	69.9	44.8	44.1	27.3	79.0	87.3	84.1

资料来源：卫生部统计信息中心：《中国卫生服务调查研究第三次国家卫生服务调查分析报告》，中国协和医科大学出版社2004年版，第16页。

根据第三次国家卫生服务调查的结果分析（卫生部统计信息中心，2004），可以发现，许多居民生病后不去医院就诊，而是到药店购药，采取自我医疗办法，其中的一个重要原因就是医疗保障覆盖水平不高。调查显示，有、无保险人群卫生服务利用水平的差异显而易见，如城市享有基本医疗保险的居民就诊率、住院率分别为13.4%和5.8%，而无医疗保险的居民分别为8.6%和3.0%。因此，社会医疗保险的覆盖面影响了人们的就医行为，从而也影响了人们的健康水平。

2. 政府预算卫生支出结构分析

由表4－21可知，我国政府预算卫生支出包括卫生事业费、中医事业费、食品和药品监督管理费、计划生育事业费、高等医学教育经费、医学科研经费、预算内基本建设经费、卫生行政和医疗保险管理费、政府其他部门卫生经费、行政事业单位医疗经费、基本医疗保险基金补助经费。其中，卫生事业费、行政事业单位医疗经费是其重要的组成部分。有些支出项目是改革后出现的，如1999年开始的食品和药品监督管理费，2003年开始的基本医疗保险基金补助经费等。

卫生事业费是政府预算卫生支出的重要项目，其主要包括医院经费和公共卫生经费。由表4－22可以看出，改革开放以后，我国政府卫生事业费的投入越来越向医院倾斜，从1990年的72.93%上升到80.30%；而卫生防疫等公共卫生经费支出占卫生事业费的比重，从1990年的27%，下降到2001年的20%以下。据估计，1990以来，基层预防保健机构来自政府的拨款只占到这些机构正常支出的1/3左右，其余2/3来自自己创收的业务收入。为了筹集拨款以外的业务经费，基层卫生预防保健机构不得不走向市场，许多本该政府财政负担的公共卫生服务，如疾病控制、妇幼保健、健康促进、营养干预等经常性支出长期经费短缺。由于国家预算投入不足，还造成很多医疗机构，甚至卫生防疫、妇幼保健等公共卫生机构都依赖“以药养医”的生存机制，导致中国卫生总费用主要流向药品和治疗服务，药费所占份额过高（刘军民，2005）。

表 4-21　　政府预算卫生支出　　单位：亿元

年份	合计	卫生事业费	中医事业费	食品和药品监督管理费	计划生育事业费	高等医学教育经费	医学科研经费	预算内基本建设经费	卫生行政和医疗保险管理费	政府其他部门卫生经费	行政事业单位医疗经费	基本医疗保险基金补助经费
1980	51.91	28.34	0.82	—	3.30	2.52	1.00	5.70	—	3.55	6.68	—
1990	187.28	79.47	6.61	—	15.53	6.05	1.56	7.73	4.55	21.44	44.34	—
1995	387.34	163.26	13.66	—	31.91	12.80	2.56	11.55	13.09	26.22	112.29	—
1998	590.06	225.05	18.08	—	50.38	14.15	29.51	20.10	19.90	36.14	176.75	—
1999	640.96	247.89	21.64	3.00	58.36	16.46	1.94	34.67	22.89	42.85	191.27	—
2000	709.52	272.17	23.88	3.00	64.50	21.15	12.92	29.34	26.81	44.75	211.00	—
2001	800.61	313.52	27.82	7.76	81.79	—	7.23	48.35	32.96	45.43	235.75	—
2002	908.51	350.44	31.22	17.95	114.75	—	3.76	46.42	44.69	47.42	251.66	—
2003	1 116.94	439.28	34.51	22.43	141.82	—	4.13	65.60	51.57	50.11	286.47	21.03
2004	1 293.58	474.19	37.52	26.88	181.36	—	4.80	101.63	60.90	56.60	323.47	26.23

注：本表按当年价格计算，2001 年起不含高等医学教育经费，2000 年起公费医疗改称行政事业单位医疗经费

资料来源：《2006 年中国卫生统计年鉴》，www. moh. gov. cn/open/statistics/year2006/p86. htm

表 4-22　1990—2001 年我国卫生事业费的结构变化

年　份	1990		1995		2000		2001	
卫生事业费	绝对数（亿元）	构成比（%）	绝对数（亿元）	构成比（%）	绝对数（亿元）	构成比（%）	绝对数（亿元）	构成比（%）
医院经费	57.91	72.93	125.17	69.03	218.16	80.15	251.76	80.30
公共卫生经费	21.5	27.07	56.17	30.97	54.02	19.85	61.75	19.70
合　计	79.41	100.00	181.34	100.00	272.18	100.00	313.51	100.00

资料来源：刘军民："公共财政下政府卫生支出及管理机制研究"，《经济研究参考》2005 年第 94 期

政府预算卫生支出还存在以下问题：（1）卫生基建投资不合理。当前，我国卫生基建投资主要投向了医院，而对于更应该保障的公共卫生机构的投资，却相对有限。这使得公共卫生机构的服务水平不高，不利于全民的健康需要。（2）行政事业单位的医疗还未纳入统一的社会医疗保险体系，使得社会保险制度分割，行政事业单位的医疗待遇与企业的医疗待遇存在差别，不利于整个社会医疗保险体系的建设。

3. 中央与地方政府卫生支出比重分析

由表 4-23 可知，我国卫生支出的责任主要是由地方政府承担的。表 4-23 显示，自 1998 年以来，地方政府承担了 90% 以上的支出责任，2002 年甚至达到 96.17%。这种事权的划分格局，一方面是由于我国将卫生事权基本定位为地方政府的责任，实行属地分级负责原则。如 1997 年的《中共中央、国务院关于卫生改革与发展的决定》明确提出，"卫生工作实行分级负责、分级管理……各级地方政府对本地区卫生工作全面负责，将其作为领导干部任期目标责任制和政绩考核的重要内容"。另一方面，也是我国财政分权的结果。20 世纪 80 年代以来实行财政分级包干体制以后，医疗卫生事业发展的责任特别是政府的投入责任主要是由地方财政承担。

由于地区间经济发展水平和地方财政能力上存在很大差距，使得不少落后地区缺乏发展医疗卫生事业的基本能力，以至不得不采取一些错误的改革和发展方式，如把筹资的主要任务推给了卫生机构，实行商业化和市场化改革，实质上是把难题交给了原本就失灵的市场。1994年税制改革以后，中央财力有了很大增强，虽然中央加大了对医疗卫生领域的改革和支持力度，但依然没有形成合理的卫生事权划分和有效的转移支付制度。

表4-23 中央和地方财政卫生经费支出 单位：亿元

年份	1998	1999	2000	2001	2002	2003	2004
全国	413.53	445.32	489.71	569.09	627.02	772.20	847.58
中央支出	17.82	17.79	24.29	48.05	24.02	59.66	77.50
中央本级	8.00	7.03	7.49	11.98	13.15	22.07	22.39
补助地方	9.82	10.76	16.80	36.07	10.87	37.59	55.11
地方支出	395.71	427.53	465.42	521.04	603.00	712.54	770.08
中央:地方	4.31:95.69	3.99:96.01	4.96:95.04	8.44:91.56	3.83:96.17	7.73:92.27	9.14:90.86

注：中央支出包括中央本级支出及补助地方支出；地方支出为地方自有财力安排支出，由全国支出扣除中央支出后得出；财政卫生经费支出主要包括：卫生事业费、中医事业费、药品监督管理事业费、公费医疗经费

资料来源：根据刘军民（2005）提供的数据整理计算

我国这种以地方政府尤其是市县政府为主体的卫生支出格局，与世界上大多数市场经济国家（经济转轨国家除外）通常由中央政府和省级政府共同负责医疗卫生的制度安排相反。由于财政分权和卫生事业分权的双重推进，我国财政支出的职责过多地转向了地方层次，由此也就导致了卫生领域的诸多问题，如全国性的公共卫生服务供给不足，卫生公平性的恶化等。

（三）卫生财政支出结构调整的改革建议

基于对我国政府卫生支出水平和结构的数据分析，针对其中存

在的问题，我们认为，对于医疗卫生领域，改革重点在于明确政府在医疗卫生领域的责任，在此基础上，根据医疗卫生的特征，优化支出结构，合理划分各级政府间的卫生事权，提高支出效率。

1. 明确政府的医疗卫生责任

目前，我国卫生服务需求随着经济结构调整和收入水平的变化出现多样化、多层次化趋势，政府财政已经无法满足人们日益增长的要求。同时，卫生服务特别是公共卫生的社会属性决定了市场无法保证广大居民获得基本医疗服务的权益。因此，对于医疗卫生领域中政府与市场的关系，需要认真思考，明确政府的责任和边界。

在计划经济时期，我国走的是一条政府全面干预、低水平保障的医疗卫生之路，取得了重大的成就，但也存在问题。如医疗卫生服务的总体技术水平较低，无法满足人民群众日益多层次化的健康需求，还有过分严格的政府计划管理，在一定程度上影响着医疗服务机构及医疗人员的积极性和创造性。改革开放以后，在医疗卫生领域，我国不断减少政府干预，引入市场机制。但是，由于没有认清医疗卫生领域的特殊性，过于强调改革的商业化、市场化和分权化（国务院发展研究中心，2005；刘军民，2005），出现了两种迷信：对经济增长的迷信和对市场迷信（王绍光，2003）。这种改革取向虽然增进了医疗卫生领域的效率，但违背了医疗卫生事业发展的基本规律，带来了一系列社会经济问题。国务院发展研究中心（2005）总结到，从总体上讲，改革开放以来我国医疗卫生体制的改革是不成功的。

医疗卫生领域是一个非常特殊的领域，存在着诸多市场失灵现象（世界银行，2004，简报1）：（1）外部性与公共产品问题。自由市场会造成计划免疫等公共卫生提供不足。在我国，财政对公共卫生补贴有限，而且鼓励公共卫生机构提供有偿服务，在这些机构忙于其他创收活动时，公共卫生被冷落忽视。（2）公平性问题。

贫困阻碍人们对医疗服务的利用，或导致家庭因病致贫；卫生服务的可及性缺乏公平。（3）医疗保险市场的信息不对称。自愿型保险会遇到选择性问题，即逆向选择问题。医疗保险市场还存在严重的道德风险问题。（4）卫生医疗市场的信息不对称。卫生医疗提供方可能利用信息优势诱导需求，尤其是如果他们按服务项目收费的话。典型的问题如开“大处方”等。

鉴于医疗卫生领域的特殊性，政府干预往往是必要的。世界各国都对卫生领域进行多形式的干预。我国计划经济时期医疗卫生事业取得成就，其决定性因素是政府发挥了主导性作用。当然，对医疗卫生领域的干预不是简单回到计划经济的老路上去，而是适应市场经济建设和公共财政建设的要求，根据医疗卫生领域的特殊性，对不同医疗卫生领域采取不同的介入方式，实行不同的保障方式。医疗卫生服务可以分为公共卫生、基本医疗服务和非基本医疗服务三个层次（国务院发展研究中心，2005）。（1）公共卫生由政府供给。包括计划免疫、传染病控制、妇幼保健、职业卫生、环境卫生和健康教育等在内的公共卫生服务属于典型的公共产品，应由政府向全体社会成员免费提供。（2）基本医疗以政府投入为主，辅以社会医疗保险。针对绝大部分的常见病、多发病，政府应为全民提供所需药品和诊疗手段的基本医疗服务包，以满足全体公民的基本健康需要。同时为了实现风险共保，采取强制性的社会医疗保险方式，降低逆向选择问题。设计合理的共担比例，以减少道德风险问题。对于贫困人口设计合理的减免政策。（3）对于基本医疗服务包以外的医疗卫生需求，政府不提供统一的保障，由居民自己承担经济责任。为了降低个人和家庭的风险，鼓励发展自愿性质的商业医疗保险，推动社会成员之间的“互保”。政府提供税收减免等优惠政策，鼓励企业在自愿和自主的基础上，为职工购买补充形式的商业医疗保险；也鼓励有条件的农村集体参加多种形式的商业医疗保险。

2. 增加政府预算卫生支出，提高社会医疗保险覆盖范围和统筹层次

在前面的分析中，我们知道，我国政府目前对卫生领域的投入不足，主要表现在两个方面，一是政府预算卫生支出水平较低，二是社会医疗保险覆盖面还很有限。因此，提高我国政府对卫生领域的投入水平，需要同时改革这两个方面。

第一，增加政府预算卫生支出。

在对我国政府预算卫生支出对财政支出的增长弹性分析中，我们发现，虽然从1998年以来，我国政府预算卫生支出对财政支出的增长弹性不断上升，但除2003年和2004年外，其余年份都低于1，1999年甚至只有0.41，说明我国政府预算卫生支出没有实现随着财政支出的增长而增长的要求。而且，2003年政府预算卫生支出的突然攀升，是“非典”等特殊问题引起的被动式财政支出增加，并不是常规性的增长。因此，为了增加我国政府预算卫生支出水平，满足人们对医疗卫生的需求，需要形成常规性的政府预算卫生支出增长，要求各级政府预算卫生支出要与财政支出增长保持同步甚至超过财政支出的增长水平。

第二，提高社会医疗保险的覆盖面和统筹层次。

调查资料显示，有无社会医疗保险会显著地影响人们的就医行为，从而影响人们的健康水平，因此，提高社会医疗保险的覆盖面具有重要的意义。我国当前的社会医疗保险覆盖范围还相当有限，需要不断扩大。《劳动和社会保障事业发展“十一五”规划纲要(2006年—2010年)》提出的我国基本医疗保险覆盖面的目标是：到“十一五”期末，城镇基本医疗保险的参保人数达到3亿人。另外，许多最需要保障的群体，如城镇困难企业职工、城镇个体劳动者和灵活就业人员、农民工、被征地农民、农村务农人员等，他们的社会医疗保险制度的设计和衔接，需要认真规划，以保障这部

分人群的健康利益。

我国目前的医疗保险统筹层次不高，不利于发挥集中管理的优势，很难实现社会医疗保险的统筹协调管理和社会保险应有的互济功能。同时，由于区域间经济发展差别，各级医疗保险待遇差别较大，对医疗卫生的公平性带来了消极影响。因此，今后我国社会医疗保险工作的另一个侧重点在于逐步提高统筹层次，逐步实现省级统筹。

对于特别贫困的群体，因其参与社会医疗保险存在困难，需要建立相应的医疗救助制度。可以考虑对部分困难群体，由政府帮其支付部分保险资金，以帮助贫困、脆弱人群提高抵御疾病风险的能力。

3. 优化政府预算卫生支出内部结构

社会成员对医疗卫生的需求几乎是无止境的，而政府预算卫生支出的资金是有限的，要使得有限的政府资金产生最大的社会经济效益，必须不断优化政府预算卫生支出结构。根据医疗卫生领域的特殊性和我国当前政府预算卫生支出存在的问题，需要进行以下优化改革。

第一，提高卫生事业费中公共卫生经费的比重。

公共卫生具有典型的公共产品的性质，是政府必须保障的重要内容，而且从干预成本和效益（增进国民健康的效果）之间的比较来说，其也应是政府预算投入的重点。但是，目前各级政府虽然在重大传染病、地方病控制、突发公共卫生事件应急反应方面采取了一系列措施，在农村卫生、妇幼保健、计划生育服务、结核病和性传播疾病药物治疗等方面逐年增加投入，但长期以来欠账太多，我国公共卫生和基本医疗服务（尤其是农村地区）仍然十分脆弱，需要增加对这些公共卫生领域的投入力度，提高公共卫生经费在卫生事业费中的比重。

第二，提高卫生基建投资中公共卫生设施和机构所占比重。

要提高公共卫生机构的服务水平，必须提高其服务条件。今后，卫生基建投资应主要投向那些重要的公共卫生机构，如疾病控制中心、妇幼保健机构等，提高这些机构的服务条件。同时，针对区域间的差异，有限的资金应该重点投向贫困、边远地区，改进这些区域的公共卫生条件。

第三，逐步将行政事业单位医疗纳入统一的社会医疗保险体系。

我国当前存在的一个问题是，行政事业单位与企业在社会保障方面的待遇不同，已经成为了一个较大的社会问题。今后，要逐步将行政事业单位医疗纳入统一的社会医疗保险体系，以统一全国所有企事业单位的医疗制度和支付条件，实现公平的社会医疗制度。

4. 合理划分各级政府卫生事权，规范转移支付制度

第一，借鉴国际经验，合理划分各级政府的卫生事权。

尽管各国政府间卫生事权划分差异明显，但总的来说，各国都充分调动了中央政府与地方政府的积极性和主动性。世界卫生组织一些文献认为（刘军民，2005），卫生事业的分权理由主要是在技术层面上提高卫生管理和服务的效率；在政治层面上为了提高地方政府的参与和自治程度；而在筹资层面上，则是为了使地方政府对卫生资源有更多控制权，提高成本效率。从国际比较来看，卫生事权的划分与财政体制模式有关。英国、法国、新加坡、泰国等国属于事权和财权高度集中的国家，卫生支出责任几乎全部由中央政府承担；丹麦、加拿大、澳大利亚、西班牙等国属于财权集中而事权相对分散的国家，卫生医疗事务主要由地方政府承担，但支出则由中央（或联邦）政府通过转移支付对地方给予大量的补贴。

借鉴国际经验，根据医疗卫生领域的特性和我国财政体制，对医疗卫生领域事权划分的建议如下：（1）中央政府应承担公共卫生基本政策的制定和主要筹资责任，地方政府负责具体管理职责。公共卫生是全国性的公共产品，如计划免疫、传染病控制等外溢性

较大且公平性要求较高，因此应该主要由中央政府负责制定基本的政策和筹资责任，以保障全国性的公平。同时，鉴于区域间的信息差异和管理成本，对于公共卫生的具体监督管理由地方政府来执行，将可以提高管理效率。（2）对于医疗服务，应在合理划分政府与市场边界基础上，由中央与地方政府共担责任。在医疗服务方面，因为其是准公共产品，可以引入一定的市场机制，对于其中存在的市场失灵问题，可由中央与地方政府共同承担。中央政府制定全国性医疗服务和药品监控制度和标准，并对区域间卫生支出进行补助，尤其是农村地区、落后地区的卫生经费补助。地方政府除具体负责医疗服务领域的监督管理外，对医疗服务机构和需求方进行一定的资金补助。（3）社会医疗保险以省级统筹为主。为了实现社会医疗保险的统筹协调和共济功能，应以省级统筹为主。

第二，完善医疗卫生领域的转移支付制度。

由于区域间财政能力差异，要实现全国较为公平的医疗卫生水平，必须不断完善转移支付制度。除了通过强化一般性的财政转移支付外，还应该进一步规范专项转移支付（主要是对需方的补助和对重大传染病、地方病预防控制的补助）。对于公共卫生和基本医疗服务，中央政府在资金补助时要根据保障目标，测算相应的费用标准和总费用，尤其是提高对贫困地区和贫困人口的财政补助标准，以实现公共卫生和基本医疗服务的均等化。省级政府也要完善省内医疗卫生的转移支付制度，实现省内基本医疗卫生服务的均等化。同时，要不断改进卫生经费的财政补助方式，建立以产出和成果为目标导向的财政卫生投入体制，明确按工作绩效进行补助的政策，提高资金使用效率。

5. 改革政府卫生支出的效率，使有限的资金产生最大的经济社会效益

第一，适应“四降一升”改革，改革政府卫生资金的支出方

向。

我国计划经济时期实行的“药品加成”、“项目收费”等方式已经不适用于市场经济时期，其不仅不能克服市场失灵的问题，而且成了一些医院和医生诱导医疗服务需求的手段。医疗单位在机会成本利益的驱动下，竞相添置大型高精尖设备，利用大处方、高价位和进口药品、医用材料获得超额收益，加大了市场失灵。目前正在进行的“四降一升”改革，试图通过改变医院和医生的收益来源，以改变其行为动机。“四降一升”指降低药品价格、降低医院药品加成、降低大型设备检查治疗费、降低高值医用消耗材料费用，提高医务人员劳务收费标准。政府卫生支出应适应这一改革，改变当前的财政补偿方式。一方面，控制药品价格和设备检查治疗费用，一方面，提高医务人员服务费用的补贴标准。

第二，改善卫生资源的地域布局和层级结构。

要使得政府卫生资源得到充分利用，必须提高医疗服务的可及性。在医疗卫生服务的地域布局上，要避免医疗卫生资源过分向城市及发达地区集中，应提高对农村、边远地区的支持力度，大力发展社区卫生系统。在医疗卫生服务的层级结构上，要大力扶持公共卫生及初级医疗卫生服务体系的发展，避免医疗卫生资源过分向高端集中。

第三，转变政府对医疗服务的补助方式。

政府用于医疗服务的补助要从补供方为主向补需方为主转变(刘军民，2005)。对于公共卫生服务的补助，要恢复原有的供方主导机制，以利用公共卫生机构为辖区内居民提供均等的公共卫生服务。对于医疗服务来说，财政资金直接补助患者有利于确保贫困人群享受政府补贴，保证贫困患者获得基本医疗服务，避免贫困人口因病丧失基本生存条件。这样也有利于理顺医疗服务的供求关系，增加医疗服务机构间的竞争，提高效率。

第四，提高医疗服务系统的效率。

根据第三次国家卫生服务调查的分析，近年来，医疗机构规模逐步扩大，但服务总量减少，医疗服务系统的整体效率下降。医疗机构服务效率，如病床使用率，综合医院由1990年的88.2%下降到2003年的70.9%，乡镇卫生院由43.4%下降到36.3%。综合医院平均每位医师每工作日担负诊疗人次由5.5次下降到5.0次、住院床日数由2.1下降到1.5。为了提高政府卫生支出的效益，必须不断改进医疗服务系统的效率。

三、统筹经济与社会保障发展的财政支出

社会保障是指国家和社会依据一定的法律和规定，通过国民收入的再分配，对社会成员的基本生活权利予以保障的一项重大社会政策，是劳动者或社会成员因年老、疾病、伤残、丧失劳动能力或丧失就业机会以及遇到其他事故而面临生活困难时，国家向其提供必不可少的基本生活保障和社会服务（陈工等，2005）。它的基本功能是保障公民的生存权，进而为实现每个人的发展权提供基础条件。随着我国社会主义市场经济体系的日趋完善，我国的社会保障制度逐渐形成了一个包括社会保险、社会救济、社会福利、优抚安置和社会互助等项内容，由国家、企业和个人共同承担责任的社会保障体系。

根据《中华人民共和国国民经济和社会发展第十一个五年规划纲要》制定的《劳动和社会保障事业发展“十一五”规划纲要(2006—2010年)》指出，21世纪头20年，我国步入全面建设小康社会、构建社会主义和谐社会、加快推进社会主义现代化新的发展阶段，这一时期是我国经济社会发展向第三步战略目标迈进的关

键时期。其中，完善社会保障体系，提高我国社会保障水平，是促进我国经济社会又好又快发展，向实现社会主义现代化目标稳步迈进的基本条件，也是我国深化经济体制改革，保持社会稳定和国家长治久安的重要任务。因此，在保持经济快速增长的同时，统筹经济增长与社会保障支出的关系，是完善社会主义市场经济体制的重要内容之一。下面从财政视角，把握我国现有社会保障支出的规模和结构特征，探究社会保障支出制度和结构中的趋势和问题，思索改善我国财政社保支出制度的具体措施。

（一）我国社会保障支出规模分析

为了比较经济增长与社会保障发展之间的关系，需要考察整个社会的保障水平。社会保障水平是指一定时期内一国（地区）社会成员享受社会保障程度的高低。在理论界，通常是以社会保障支出占国内生产总值（GDP）的比重，作为衡量社会保障支出水平的主要指标。但是，在实践中往往很难统计出准确的社会保障总支出水平，许多学者测算的我国社会保障支出水平存在很大差异，以至于我们很难进行有效的比较研究。

首先，这种状况跟我国社会保障制度的不断变迁有关。改革开放以后，随着我国总体经济实力的增强和人民生活水平的提高，我国社会保障制度进入恢复、发展和改革时期。迄今为止，我国社会保障制度改革经历了三个阶段（高书生，2005）：第一阶段（1986年至1993年）为试点探索时期，第二阶段（1994年至2000年）为全面展开时期，第三阶段（2001年至今）为修改完善时期。在整个改革时期，我国社会保障制度不断变化。一方面，随着国有企业和集体经济的改革，原来以单位和集体为主的保障功能逐渐弱化，开始建立起多层次的社会保障体制。另一方面，适应人口老龄化和市场经济发展的要求，我国逐步建立起多层次的社会保险制度，且其模式也在不断调整。1994 年起，养老和医疗保险从现收现付制转向“统账结合”的新模式。社会保障制度的变化，使得社会保障支出项目和范围不断调整，从我国历年财政年鉴中统计口径的不断调整中可见一斑[①]，这必然使得测算我国社会保障支出水平变得困难。

其次，这种状况还跟学者们对衡量标准的选取有关。有些学者将“政策性补贴支出”也纳入社会保障范围。但是，从社会保障的定义来看，“政策性补贴支出”是一种价格补贴支出，是政府干预特定市场的一种财政手段，并不属于社会保障的范畴。另外，在进行国际比较时，许多学者统计的社会保障支出口径与国际上的标准存在着偏差，主要体现在社会保险基金收支的处置上。在我国预算体系中，社会保险基金收支是作为基金预算进行管理的，不是一般预算收支项目。这使得一些学者在统计我国社会保障总支出时，只核算政府一般预算中社会保障项目，未将社会保障基金纳入其中。但是，以这一口径统计的社会保障总支出进行国际比较，就可能存在偏差。一方面，由于各国社会保障制度不同，世界上还有不少国家对社会保险制度仍然采取现收现付制，因而其各项社会保险收支仍然在政府预算中得到反映。另一方面，在我国的预算科目说明中，“社会保险基金收入”反映地方税务机关按规定征收并缴入国库的各项社会保险费、滞纳金收入；“社会保险基金支出”反映由国库划转到社会保障基金财政专户的各项社会保障基金。这表明社会保险基金也是由政府部门收支的，虽然其采取了专款专用的基金形式。因此，从广义政府收支来看，其也应属于政府社会保障支出项目。

---

① 比较《中国财政年鉴 2005》与《中国财政年鉴 2006》中有关社会保障总支出的统计范围，可以发现，《中国财政年鉴 2006》中把“行政事业单位医疗”一项剔除了。

基于上述原因和现有数据的可获得性，为了尽可能准确反映我国社会保障支出水平，我们根据我国预算收支指标说明和政府预算科目设计，将相关数据进行重新整理，得出以下指标的新涵义：

（1）抚恤和社会福利救济费：指国家预算用于抚恤和社会福利救济事业的经费。包括由民政部门开支的烈士家属和牺牲病残人员家属的一次性、定期抚恤金，革命伤残人员的抚恤金，各种伤残补助费，烈军属、复员退伍军人生活补助费，退伍军人安置费，优抚事业单位经费，烈士纪念建筑物管理、维修费，自然灾害救济事业费和特大自然灾害灾后重建补助费等。在预算科目中，此类级科目下包括以下几个款级科目：抚恤、安置、城市居民最低生活保障、农村及其他社会救济、社会福利、其他民政、残疾人事业、自然灾害生活救助。

（2）社会保障补助支出：指国家预算用于社会保障的补助支出，包括对社会保险基金的补助、促进就业补助、国有企业下岗职工补助、补充全国社会保障基金等。

（3）行政事业单位医疗和行政事业单位离退休支出：指实行归口管理的行政事业单位的医疗经费和离退休经费。

（4）社会保险基金收入：指根据国家有关规定，由纳入或参加社会保险范围的缴费单位和个人，按国家规定的缴费基数和缴费比例缴纳的基金，以及通过其他方式取得的形成基金来源的款项。它包括企业、单位及个人缴纳的基金收入、财政补贴收入、利息收入、其他收入。

（5）社会保险基金支出：指按照国家规定，依据相关的要求和标准，对符合相关社会保险项目支出条件的参保人，在社会保险基金中列支的保障支出。

从相应的指标说明中，我们发现，“社会保障补助支出”中的“社会保险基金补助”和“补充全国社会保障基金”构成“社会保险基金收入”的财政补贴收入。因此，要准确反映我国社会保障总支出规模，需要将重复的部分予以剔除。利用现有数据，我们根据表 4－24、4－25、4－26 中的相关数据，按下述式子进行调整：

社会保障总支出＝表 24 的“社会保障总支出”－表 24 的“社会保障补助支出”＋表 25 的“国有企业下岗职工基本生活保障补助”＋表 25 的“就业补助”＋表 26 的“社会保险基金支出”

表 4－24　　全国财政社会保障支出情况表　　单位：亿元

项目＼年份	1998	1999	2000	2001	2002	2003	2004	2005
财政总支出	10 798.18	13 187.67	15 155.60	18 103.61	21 374.60	23 686.08	27 745.52	32 893.51
社会保障总支出	774.88	1 375.53	1 918.41	2 228.68	2 893.97	2 938.26	3 440.26	3 698.86
社会保障总支出（不含“行政事业单位医疗”）	598.13	1 184.26	1 703.05	1 987.40	2 636.22	2 655.91	3 116.06	3 698.86
行政事业单位医疗	176.75	191.27	215.36	241.28	257.75	286.43	324.20	—
抚恤和社会福利救济费	169.65	180.30	213.03	266.68	372.97	498.82	563.45	716.39
行政事业单位离退休经费	282.80	392.96	478.57	624.72	788.83	894.97	1 028.11	1 164.83
社会保障补助支出	145.68	611.00	1 011.45	1 096.00	1 474.42	1 262.12	1 524.50	1 817.64

资料来源：《中国财政年鉴 2005》、《中国财政年鉴 2006》

注：在 2006 年的《中国财政年鉴》中，“行政事业单位医疗”从“社会保障总支出”中剔除了。为了较为全面地反映我国社会保障总支出水平，我们把 2005 年财政年鉴中“行政事业单位医疗”中的数据包含在社保总支出中，但缺少 2005 年的数据。另外，为了使后面计算的比值具有可比性，我们也计算了一个不含“行政事业单位医疗”的社保支出数额

另外，根据上式我们可以分别计算出我国社会保障总支出的年

增长率、占GDP的比例和社会保障支出弹性（社会保障支出弹性=社会保障支出的年增长率/GDP的年增长率），从而反映我国社会保障支出规模和相对变动情况，以便于分析。

表4-25　　全国重点社会保障支出情况表　　单位：亿元

项目＼年份	1998	1999	2000	2001	2002	2003	2004	2005
一、“两个确保”和低保支出合计	123.25	315.47	529.58	614.07	825.28	816.95	906.37	968.72
养老保险基金补助	21.55	169.66	298.65	342.97	517.29	497.50	554.77	591.93
国有企业下岗职工基本生活保障补助	92.84	127.86	204.45	225.36	206.36	168.66	172.77	178.58
城市居民最低生活保障费	8.86	17.95	26.48	45.74	101.63	150.79	178.83	198.21
二、就业补助	6.55	4.17	6.35	6.81	11.38	99.24	130.12	160.91
三、救灾补助	52.32	32.43	31.16	35.86	38.62	56.95	52.94	62.97

注：“两个确保”指确保企业离退休人员基本养老金按时足额发放，确保国有企业下岗职工基本生活；低保指城市居民最低生活保障

资料来源：《中国财政年鉴2005》、《中国财政年鉴2006》

表4-26　　1998年以来社会保险基金支出　　单位：亿元

年　份	合　计	基本养老保险	失业保险	医疗保险	工伤保险	生育保险
1998	1 636.9	1 511.6	56.1	53.3	9.0	6.8
1999	2 108.1	1 924.9	91.6	69.1	15.4	7.1
2000	2 385.6	2 115.5	123.4	124.5	13.8	8.3
2001	2 748.0	2 321.3	156.6	244.1	16.5	9.6
2002	3 471.5	2 842.9	1 86.6	409.4	19.9	12.8
2003	4 016.4	3 122.1	199.8	653.9	27.1	13.5
2004	4 627.4	3 502.1	211.0	862.2	33.3	18.8
2005	5 401.0	4 040.3	207.0	1 078.7	48.0	27.0

资料来源：《中国统计年鉴2006》

从表4－27和图4－6中，我们可以发现以下几点：（1）我国社会保障总支出的绝对额逐年上升。2005年的社会保障总支出[①]（不含“行政事业单位医疗”）是1998年的3.48倍。这在一定程度上说明我国社会保障水平在不断提高。（2）我国社会保障总支出占GDP比重稳步上升，但近年来增速放缓。我国社会保障总支出占GDP的比重从1998年的2.6上升到2005年的4.2，表明我国社会保障支出水平在不断增长。但从2002年起，我国社会保障支出占GDP的比重增长缓慢，基本保持不变。从这几年的社会保障总支出的年增长率和增长弹性也可以发现，近几年我国社会保障支出增长放缓，这应引起我们的注意。（3）从图4－6中，我们可以发现社会保障总支出与GDP增长之间存在着明显的“此增彼减”的关系。这一表征印证了理论上有关社会保障制度是经济发展“自动稳定器”的结论。但是，对于这一现象必须保持谨慎。一方面，我国的社会保障制度尚处于不断完善的过程中，覆盖范围不断扩大，享受社会保障待遇的人数不断增加，因而社会保障支出应呈现不断上升的趋势。另一方面，从社会保障的构成来看，社会保险是最重要的组成部分，其中养老保险又是重中之重，但其只随着人口结构的变化而变化，并不随着经济波动而明显变化。同时另一重要项目——医疗保险也不随着经济波动而明显变化。因此，社会保障支出的变化水平并不一定与GDP变化呈现非常明显的反向关系。我国社会保障支出年增长率在近几年放缓，不应该简单理解为对经济增长的调整，而应注意其可能反映了我国社会保障支出水平下降的问题，这应引起我们的关注。

在社会保障支出的分析中，往往要进行国际比较。许多学者将我国社会保障支出状况与其他国家进行了比较分析，对西方发达国家社会保障支出情况、西方发达国家历史上与我国人均GDP水平

① 未扣除物价上涨因素。

表 4－27 根据公式计算的我国社会保障总支出及相关比例

年份	社会保障总支出（亿元）	社会保障总支出（不含“行政事业单位医疗”）（亿元）	社会保障总支出的年增长率（%）	按当年价格计算的 GDP 年增长率（%）	社会保障总支出/GDP（%）	社会保障总支出的增长弹性
1998	2 365.49	2 188.74	—	—	2.6	—
1999	3 004.66	2 813.39	28.5	6.2	3.1	4.6
2000	3 503.36	3 288	16.9	10.6	3.3	1.6
2001	4 112.85	3 871.57	17.7	10.5	3.5	1.7
2002	5 108.79	4 851.04	25.3	9.7	4.0	2.6
2003	5 964.52	5 678.09	17.0	12.9	4.2	1.3
2004	6 846.05	6 521.85	14.9	17.7	4.1	0.8
2005	7 621.71	7 621.71	16.9	14.5	4.2	1.2

注：1. 社会保障总支出的年增长率＝（当年社会保障总支出－上年社会保障总支出）/上年社会保障总支出，以上数值均按当年价格计算

2. 为使数据具有可比性，GDP 增长率的计算公式同上，且按当年价格计算

3. 为了使数据具有可比性，社会保障总支出的年增长率、社会保障总支出/GDP、社会保障总支出的增长弹性，我们都采用了不含“行政事业单位医疗”的社会保障总支出的数据

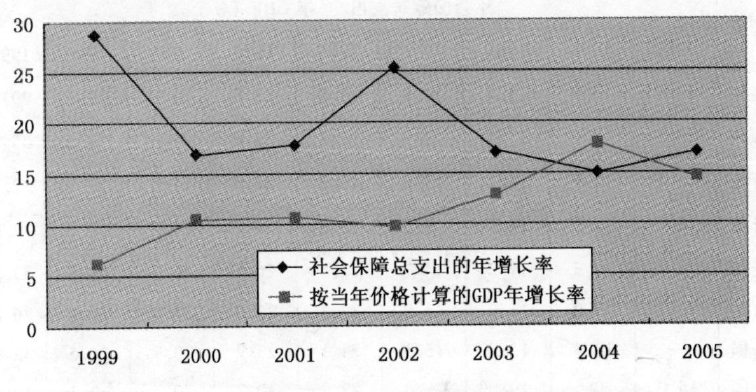

图 4－6 社会保障总支出与 GDP 年增长率间的关系

相当时期（如 1960 年）的社会保障支出水平等进行比较，以此来

说明我国社会保障支出水平占 GDP 的比重是否合理。但是，我们认为，鉴于社会保障制度具有典型的国别性和政策性，进行社会保障支出的国际比较需要特别谨慎。我国的发展阶段、人口特征和二元经济结构决定了我国社会保障状况不同于其他国家。虽然在设计社会保障制度时，借鉴国外社会保障制度的历史经验和教训是合适的，但是，将我国目前不完善甚至问题重重的社会保障支出水平与其他国家进行简单对比，得出我国社会保障支出水平过低的结论（比较表 4 - 27 和表 4 - 28 的数据，结果是显然的），可能是存在偏颇甚至会是误导性的。且不说其中存在着统计口径的差异，仅从我国目前社会保障制度远不完善，覆盖面还非常有限的现状来看，进行这种简单的比较并没有太多的价值。同时，我国许多社会保障项目受短期政策的影响较大。如几次机关事业单位调资政策，必然增加相应的社会保障支出；国有企业改制加快，引起对国有企业下岗职工基本生活保障补助和养老保险补助的迅速增长；社会保障基金收支缺口引起的财政弥补社保基金缺口的支出增长等。这些政策性的影响都无法进行简单的国别比较。

表 4 - 28　　西方发达国家社会保障水平比较

国家	社会保障总支出/当年 GDP（%）								
	1950	1960	1965	1970	1975	1980	1985	1990	1995
英国	10.6	13.9	14.4	15.9	19.5	23.5	28.9	27.1	29.8
瑞典	9.1	12.8	17.5	21.1	26.7	33.0	33.0	34.2	35.8
芬兰	—	12.7	13.1	13.4	16.2	21.0	21.0	25.5	32.7
丹麦	8.0	12.5	12.5	19.5	25.8	28.7	28.7	30.0	32.2
美国	—	10.3	11.2	14.7	18.6	26.5	26.5	31.5	33.2
日本	—	8.0	11.0	14.0	17.7	23.0	23.0	26.7	26.8
法国	—	13.4	15.8	15.3	24.1	23.9	23.9	26.5	32.9
德国	15.0	20.5	19.0	25.6	27.2	30.7	30.7	32.1	32.9

资料来源：穆怀中：《社会保障国际比较》，中国劳动和社会保障出版社 2002 年版，第 113 页

这里我们仅列出历史上西方发达国家社会保障支出的变迁情况（表4－28），从中我们可以发现一个规律，即随着经济增长，社会保障支出占GDP的比例有逐步扩大的趋势。以此对照我国社会保障支出情况，表4－27显示，1998年以来我国社会保障支出占GDP比重也在稳步上升，这显示我国社会保障支出的趋势是合理的。但是，我国近年来社会保障支出占GDP比重增长放缓，基本维持在4%的水平，说明我国近年来对社会保障的支持力度不够，需要加强社会保障制度建设，增加社会保障支出占GDP的比重。

（二）我国社会保障支出结构分析

在对我国社会保障支出规模进行分析之后，需要具体关注我国社会保障支出结构变动状况。我们从社会保障总支出结构、社会保险基金支出结构、财政社会保障支出结构和中央与地方社会保障支出比重等方面分析我国社会保障支出结构特征。

1. 社会保障总支出结构分析

由表4－29可知：（1）我国社会保障总支出构成保持相对稳定的结构。其中，社会保险占据最大比例，基本保持在70%偏上；其次是行政事业单位离退休经费；再其次是抚恤和社会福利救济费；最后是就业补助及国有企业下岗职工基本生活保障补助。从这一结构关系中，我们可以发现，我国逐步形成了以社会保险为主体的多层次的社会保障体系。（2）我国社会保障支出结构中存在不合理之处。我国行政事业单位离退休经费占相当的比重，这主要是因为我国社会保障制度不统一的原因形成的，行政事业单位的离退休费用还未完全纳入统一的社会保险体系中。这也是目前需要改革的问题之一。我国抚恤和社会福利救济费在整个社会保障支出中占非常小的比重，但在我国预算科目中，其包括了许多款级项目

表 4 - 29　　各项社会保障支出占社会保障总支出的比例及年增长率

项目		1998	1999	2000	2001	2002	2003	2004	2005
社会保障总支出（不含"行政事业单位医疗"）（亿元）		2 188.74	2 813.39	3 288	3 871.57	4 851.04	5 678.09	6 521.85	7 621.71
占社会保障总支出的比例（%）	社会保险	74.8	74.9	72.6	71.0	71.6	70.7	71.0	70.9
	抚恤和社会福利救济费	7.8	6.4	6.5	6.9	7.7	8.8	8.6	9.4
	行政事业单位离退休经费	12.9	14.0	14.5	16.1	16.3	15.8	15.8	15.3
	就业补助及国有企业下岗职工基本生活保障补助	4.5	4.7	6.4	6.0	4.5	4.7	4.6	4.5
比上年增长（%）	社会保障总支出	—	28.5	16.9	17.7	25.3	17.0	14.9	16.9
	社会保险	—	28.8	13.2	15.2	26.3	15.7	15.2	16.7
	抚恤和社会福利救济费	—	6.28	18.15	25.18	39.86	33.74	12.96	27.14
	行政事业单位离退休经费	—	38.95	21.79	30.54	26.27	13.46	14.88	13.30
	就业补助及国有企业下岗职工基本生活保障补助	—	32.8	59.7	10.1	-6.2	23.0	13.1	12.1

资料来源：根据表 4 - 27 和《中国财政年鉴 2006》相关数据整理

（抚恤、安置、城市居民最低生活保障、农村及其他社会救济、社会福利、其他民政、残疾人事业、自然灾害生活救助），有限的资金很难满足诸多项目的需求。典型的如我国农村社会救济还远无法满足需要，农村的最低生活保障还未真正建立。（3）由于制度的不完善和政策性，各项社会保障支出项目呈现不规则的增长。由各项社会保障支出的年增长率来看，并没有一个简单的趋势，往往呈现不规则的变化。这一方面跟我国社会保障制度不完善以及政策变动有关，另一方面也跟许多社保支出项目的特性有关。如“社会保险”与人口结构、经济波动、意外事故发生概率有关，“抚恤和社会福利救济费”则主要与经济波动有关，“就业补助及国有企业下岗职工基本生活保障补助”则具有较强的政策性和过渡性。

2. 社会保险基金支出结构分析

从表4-30可知：（1）在我国社会保险基金支出中，基本养老保险占据最重要的比重，但其呈现逐步下降的趋势，这主要是由于医疗保险支出迅速增长，占比也逐年上升。失业保险、工伤保险和生育保险的比例相对很小，尤其是生育保险，这跟其参保人数很少有关。（2）从各项保险基金的年增长率来看，一般都呈不规则变动且波动较大，只有失业保险的年增长率呈现快速的下降趋势。各项保险基金支出一般都受参保比例、经济波动和政策变动的影响，因而波动不规则是正常的。近年来，我国就业问题突出，对失业保险的需求量在不断增长，但失业保险的年增长率却呈现快速下降的趋势，这与现实需求是存在矛盾的。这说明我国的失业保险在缓解就业压力上的作用还远远不够。

3. 财政社会保障支出结构分析

在表4-31中，我们可以看到1998年以来财政直接负担的社会保障支出的基本情况：（1）自1998年以来，我国财政社会保障

表 4－30　各项社会保险基金支出比例

项目		1998	1999	2000	2001	2002	2003	2004	2005
	合计（亿元）	1 636.9	2 108.1	2 385.6	2 748.0	3 471.5	4 016.4	4 627.4	5 401.0
占社会保险基金总支出的比例（%）	基本养老保险	92.3	91.3	88.7	84.5	81.9	77.7	75.7	74.8
	失业保险	3.4	4.3	5.2	5.7	5.4	5.0	4.6	3.8
	医疗保险	3.3	3.3	5.2	8.9	11.8	16.3	18.6	20.0
	工伤保险	0.6	0.7	0.6	0.6	0.6	0.7	0.7	0.9
	生育保险	0.4	0.4	0.3	0.3	0.3	0.3	0.4	0.5
比上年增长（%）	合　计	—	28.8	13.2	15.2	26.3	15.7	15.2	16.7
	基本养老保险	—	27.3	10	9.7	22.5	9.8	12.2	15.4
	失业保险	—	63.3	34.7	26.9	19.2	7.1	5.6	-1.9
	医疗保险	—	29.6	80.2	96.1	67.7	59.7	31.9	25.1
	工伤保险	—	71.1	-10.4	19.6	20.6	36.2	22.9	44.1
	生育保险	—	4.4	16.9	15.7	33.3	5.5	39.3	43.6

表 4－31　财政社保支出占财政总支出比例及年增长率

项　目		1998	1999	2000	2001	2002	2003	2004	2005
占财政总支出比重（%）	财政社会保障总支出	7.18	10.43	12.66	10.98	12.33	11.21	11.23	11.24
	1. 行政事业单位医疗	1.64	1.45	1.42	1.33	1.21	1.21	1.17	—
	2. 抚恤和社会福利救济费	1.57	1.37	1.41	1.47	1.74	2.11	2.03	2.18
	3. 行政事业单位离退休经费	2.62	2.98	3.16	3.45	3.69	3.78	3.71	3.54
	4. 社会保障补助支出	1.35	4.63	6.67	6.05	6.90	5.33	5.49	5.53
比上年增长（%）	财政总支出	16.94	22.13	14.92	19.45	18.07	10.81	17.14	18.55
	财政社会保障总支出	59.02	77.52	39.47	30.96	32.65	0.75	17.33	18.70
	1. 行政事业单位医疗	11.39	8.21	12.59	12.04	6.83	11.13	13.19	—
	2. 抚恤和社会福利救济费	20.01	6.28	18.15	25.18	39.86	33.74	12.96	27.14
	3. 行政事业单位离退休经费	56.62	38.95	21.79	30.54	26.27	13.46	14.88	13.30
	4. 社会保障补助支出	—	319.41	35.54	8.36	34.53	-14.40	20.79	19.23
	其中：补充全国社会保障基金	—	—	—	-36.19	47.59	-83.25	99.52	19.53

资料来源：《中国财政年鉴 2006》

支出占财政支出的比重有所增加，但2002年以来基本维持在11.2%。这从图4－7中也可以看出。相比较而言，我国财政总支出基本保持较稳定的年增长率，而财政社会保障总支出的年增长率则出现了较大的下滑，从2003年起才有所回升。这说明，我国并没有实现逐步提高财政社会保障支出比重的目标，财政支出结构仍需要继续优化。（2）在财政负担的各社会保障支出项目中，过渡性的支出项目占据了相当的比重。典型的如“社会保障补助支出”占财政支出比重最大，它是一种被动式的财政支出，但其年增长率不规则。因为行政事业单位的医疗和离退休还未完全纳入社会保险范畴，因此其构成财政社会保障支出的重要内容之一。尤其是财政负担的行政事业单位离退休经费存在着逐年增长的趋势，其原因在于，近几年行政事业单位改革增加了离退休人员数量，而且调资改革也增加了离退休人员的待遇。（3）抚恤和社会福利救济费占财政支出的比重不高，且呈现不规则的增长趋势。随着我国社会保障制度的改革，抚恤和社会福利救济费应该成为财政负担的主要项目。但近年来，这项支出并没有太大的增长，很难满足整个社会对它的需要。从改革的方向来说，财政社会保障支出的重点应主要转向抚恤和社会福利救济支出，以不断优化财政社会保障支出结构。

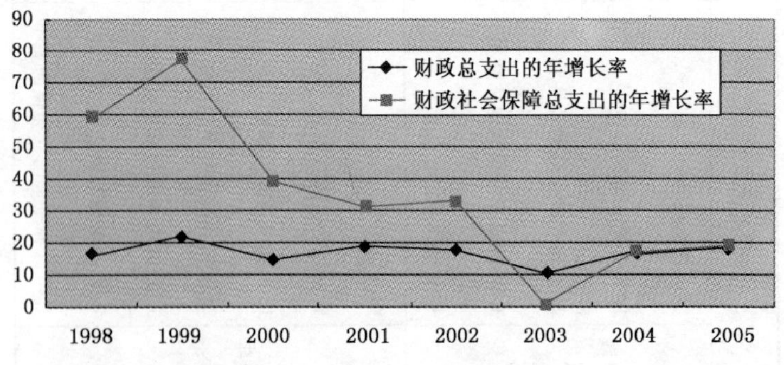

图4－7 财政社会保障总支出与财政总支出年增长率间的关系

4. 中央与地方社会保障支出比重分析

由于数据的可获得性，表4－32只列出了几项财政社会保障支出的中央与地方比重关系。对于中央与地方在社会保障支出中的责任问题，需要与我国的财政体制相联系。自从20世纪80年代起实行财政包干制后，许多事权由地方政府承担，1994年的分税制延续了这一点。但从表4－32中可以发现，近年来，中央加大了对许多社会保障支出项目的补助。（1）从“抚恤和社会福利救济费”一项中，可以发现，地方政府的财政支出占据绝对比重，可以说基本上是由地方政府财政支出的。但这个比例并没有反映中央对地方的补助支出。在政府预算科目中，“城市居民最低生活保障费”和“救灾补助”是“抚恤和社会福利救济费”中的两个款级科目。其中“救灾补助”是中央占较大比重；“城市居民最低生活保障费”从2001年起中央支出比重也迅速上升，开始赶上甚至超过地方支出。这些变化表明，虽然抚恤和社会福利救济是地方政府的主要事权，但在一些支出项目中，中央政府明显增加了对地方的财力补助。（2）在各项社会保障补助支出中，中央政府承担了相当大的比重。在“养老保险基金补助”和“国有企业下岗职工基本生活保障补助”中，中央支出都占绝对优势，用于补助地方支出，尤其是中央几乎负担了地方养老保险基金的补助支出。从“就业补助”来看，以2003年为界，之前是地方政府支出占绝对比重，之后中央政府对地方的补助迅速上升，使得中央支出与地方支出基本持平甚至超出。总之，由表4－32可知，虽然不同项目中央与地方支出比重不同，但有一个趋势是明显的：在我国目前社会保障事权主要由地方政府承担的前提下，中央政府逐步加大了对地方政府社保支出的补助比重，有些甚至基本由中央政府财力支持。

但是，需要注意的是，目前中央政府对地方政府的补助具有明显的政策性因素，典型的如“两个确保”和社会保障补助支出等。

表 4－32　中央与地方财政在社会保障支出中的比重

项　目	1998	1999	2000	2001	2002	2003	2004	2005
一、抚恤和社会福利救济支出	169.65*	180.30*	213.03	266.68	372.97	498.82	563.45	716.39
中央	6.34	2.22	2.21	1.92	2.68	5.13	7.72	5.34
地方	164.92	177.66	210.82	264.76	370.29	493.69	555.74	711.05
中央:地方	3:97	1:99	1:99	1:99	1:99	1:99	1:99	0.7:99.3
二、“两个确保”和低保支出合计	123.25	315.47	529.58	614.07	825.28	816.95	906.37	968.72
中央	95.74	257.46	478.96	507.74	583.76	700.07	770.59	804.01
中央本级	14.59	18.37	43.04	38.78	36.48	38.13	35.45	37.65
补助地方	81.15	239.09	435.92	468.96	547.28	661.94	735.14	766.36
地方	27.51	58.01	50.62	106.33	241.52	116.88	135.78	164.71
中央:地方	78:22	82:18	90:10	83:17	71:29	86:14	85:15	83:17
1. 养老保险基金补助	21.55	169.66	298.65	342.97	517.29	497.50	554.77	591.93
中央	20.00	163.14	338.38	349.38	408.17	477.89	524.27	544.68
中央本级	0.44	3.01	10.36	10.57	12.25	13.25	13.79	14.34
补助地方	19.56	160.13	328.02	338.81	395.92	464.64	510.48	530.34
地方	1.55	6.52	－39.73	－6.41	109.12	19.61	30.50	47.25
中央:地方	93:7	96:4	123:－23	102:－2	79:21	96:4	95:5	92:8
2. 国有企业下岗职工基本生活保障补助	92.84	127.86	204.45	225.36	206.36	168.66	172.77	178.58
中央	75.74	90.25	132.55	135.29	129.59	130.18	144.32	147.33
中央本级	14.15	15.26	32.55	27.91	23.68	23.86	20.27	21.92
补助地方	61.59	74.99	100.00	107.38	105.91	106.32	124.05	125.41
地方	17.10	37.61	71.90	90.07	76.77	38.48	28.45	31.25
中央:地方	82:18	71:29	65:35	60:40	63:37	77:23	84:16	83:17

续表

项　目	1998	1999	2000	2001	2002	2003	2004	2005
3. 城市居民最低生活保障费	8.86	17.95	26.48	45.74	101.63	150.79	178.83	198.21
中央	—	4.07	8.03	23.07	46.00	92.00	102.00	112.00
中央本级	—	0.10	0.13	0.30	0.55	1.02	1.39	1.39
补助地方	—	3.97	7.90	22.77	45.45	90.98	100.61	110.61
地方	8.86	13.88	18.45	22.67	55.63	58.79	76.83	86.21
中央:地方	0:100	23:77	30:70	50:50	45:55	61:39	57:43	57:43
三、就业补助	6.55	4.17	6.35	6.81	11.38	99.24	130.12	160.91
中央	0.20	0.20	0.20	0.20	0.20	41.11	63.20	89.70
中央本级	0.20	0.20	0.20	0.20	0.15	0.15	1.89	2.37
补助地方	—	—	—	—	0.05	40.96	61.31	87.33
地方	6.35	3.97	6.15	6.61	11.18	58.13	66.92	71.21
中央:地方	3:97	5:95	3:97	3:97	2:98	41:59	49:51	56:44
四、救灾补助	52.32	32.43	31.16	35.86	38.62	56.95	52.94	62.97
中央	42.01	22.00	22.00	25.00	25.00	41.50	40.00	42.49
中央本级	4.22	0.57	0.70	0.22	0.63	2.30	4.01	1.60
补助地方	37.79	21.43	21.30	24.78	24.37	39.20	35.99	40.89
地方	10.31	10.43	9.17	10.86	13.62	15.45	12.94	20.48
中央:地方	80:20	68:32	71:29	70:30	65:35	73:27	76:24	67:33

注：由于数据的可获得性，本表由“抚恤和社会福利救济费”相关数据和“全国重点社会保障支出情况表”构成

*显示的1998年、1999年的总和数与中央和地方的加总数不完全一致

资料来源：根据《中国财政年鉴2005》、《中国财政年鉴2006》相关数据整理计算

这些支出明显是在社会矛盾较为突出，地方财力已无法支撑社保支出压力的状况下作出的被动式财力转移行为，缺乏制度性保障，并不能有效实现社会保障水平财务上的可持续性。

（三）财政社会保障支出结构调整与制度建设改革思路

基于对我国社会保障支出水平和结构的数据分析，针对其中的

一些问题，我们认为，我国社会保障支出的问题主要来自我国社会保障制度的转轨性和不完善性。因此，社会保障支出改革的重心在于：适应社会保障制度转轨和完善的需要，逐步提高社会保障支出水平，优化社会保障支出结构，明确中央与地方的社会保障支出责任，提高社会保障支出绩效，实现社会经济的统筹发展。

1. 进一步完善社会保障制度，实现社会保障制度转轨

从我国社会保障支出占 GDP 比重来看，我国的社会保障支出规模明显处于比较低的水平，这与我国社会保障制度本身的不完善有关。因此，提高我国社会保障支出水平的重点在于进一步完善我国的社会保障制度和顺利实现制度转轨。

第一，逐步扩大社会保障覆盖面。

当前，我国社会保障覆盖面明显偏低。《劳动和社会保障事业发展“十一五”规划纲要（2006 年—2010 年）》指出，“十五”期末，全国参加基本养老保险、基本医疗保险、失业保险、工伤保险、生育保险人数分别为 1.75 亿人、1.38 亿人、1.06 亿人和 8 478万人、5 408 万人，参加农村社会养老保险的人数为 5 442 万人。这样的覆盖面，明显无法满足全民的社会保障需要。而且，许多最需要保障的群体，如城镇困难企业职工、城镇个体劳动者和灵活就业人员、农民工、被征地农民、农村务农人员等的社会保障问题突出。因此，扩大社会保障覆盖面，尤其是设计合理的针对特殊群体的社会保障制度，是完善我国社会保障制度，提高社会保障水平的重中之重。《劳动和社会保障事业发展“十一五”规划纲要（2006 年—2010 年）》提出，我国“十一五”时期社会保障覆盖面的任务是：到“十一五”期末，城镇基本养老、基本医疗、失业、工伤和生育保险参保人数分别达到 2.23 亿人、3 亿人、1.2 亿人、1.4 亿人和 8 000 万人以上，参加农村社会养老保险的人数逐步增长。实现这样的目标，必然增加我国社会保障支出水平，也必然会

使得我国社会保障支出占 GDP 比重逐步上升。

第二，提高社会保障统筹层次。

从基本养老保险的统筹层次来看，截至 2007 年底，全国共有北京、天津、吉林、黑龙江、上海、福建、重庆、云南、陕西、甘肃、青海、宁夏、新疆 13 个省、区、市实现了省级统筹。同时，河南、湖南、江西、西藏 4 个省、区和新疆生产建设兵团出台了省级统筹办法，但仍然有不少地方未实现省级统筹。对于失业保险和医疗保险的统筹层次，许多地方正在由县级向地（市）级统筹过渡，还很少有地方实现省级统筹。偏低的统筹层次不利于发挥集中管理的优势，当前社会保障管理上存在的种种问题或多或少都与此有关。比如参保意愿较低，影响了劳动力市场的流动性；社会保障待遇地区间差别较大，对公平收入分配带来了消极影响等。因此，今后我国社会保险工作应侧重于逐步提高统筹层次，不断增强统筹调剂的能力，实现各项社会保险基金的统筹协调管理和社会保险应有的互济功能。

第三，社会保障支出支持社会保障制度转轨。

当前，我国许多社会保障项目具有转轨的特征：养老保险个人账户还没有做实；企业退休人员基本养老金水平与机关事业单位退休人员退休费水平形成差距，成为影响社会稳定的因素；“国有企业下岗职工基本生活保障补助”还没有完全实现向失业保险过渡；新型农村合作医疗制度存在众多问题，运行机制和管理模式未定型，绝大部分农民还缺乏基本的医疗保障，农民因病致贫、因病返贫问题尚未得到缓解。这些转轨任务，既需要在制度上不断完善，也需要社会保障资金的有利支持。

2. 逐步提高社会保障支出水平，优化支出结构

第一，逐步增加社会保障支出。

1998 年以来，虽然我国社会保障总支出占 GDP 比重稳步上

升，但近年来增速放缓，年增长速度和增长弹性都有所下降。这一现象需要引起我们的重视。在我国经济快速增长的今天，对社会保障的需要也日益上升，要求逐步提高社会保障支出水平。这要求，一方面不断扩大社会保障制度覆盖范围，健全多层次的社会保障体系；另一方面也需要逐步提高社会保障支出水平，提高其占 GDP 的比重。

其一，明确政府对社会保障支出责任。在我国的社会保障总支出结构中，社会保险基金占最大比例，但其资金主要来自个人和企业的缴费，其增长主要来自覆盖面的扩大和征缴制度的完善。因此，要提高社会保障支出占 GDP 的比重，重点在于加大财政对社会保障的支持力度。《劳动和社会保障事业发展“十一五”规划纲要（2006 年—2010 年）》提出，“十一五”时期要加大政府投入和政策扶持力度。进一步加大中央和地方财政对劳动保障事业发展的投入力度，形成与劳动保障工作目标任务相适应的财政资金投入机制和激励机制。逐步提高社会保障支出占国内生产总值的比例，在大力加强社会保险基金征缴和支出监督、全面落实企业和个人责任的基础上，明确各级财政对各项社会保险基金平衡的责任。

其二，要调整财政支出结构，逐步增加社会保障支出。2000 年国务院印发的《关于完善城镇社会保障体系的试点方案》（国发［2000］42 号）提出，各级财政必须进一步深化财政支出管理改革，严格实施部门预算，加大调整财政支出结构的力度，转化企业亏损补贴，压缩部分事业性支出，逐步将社会保障支出占财政支出的比重提高到 15%—20%。今后，预算超收的财力，除了保证法定支出外，主要用于补充社会保障资金。财政社会保障支出占财政支出的比重还远未实现目标，需要我们继续调整财政支出结构，加大财政对社会保障的支持力度。

第二，优化财政社会保障支出结构。

其一，进一步推进行政事业单位医疗和养老保险制度改革，降低政府行政事业单位医疗和离退休支出。由于制度的双轨制，目前我国行政事业单位与企业还没有实现完全一致的社会保险制度，使得财政社会保障支出中相当部分用于行政事业单位的医疗和离退休支出。因此，今后的一个改革内容是，继续深化行政事业单位的社会保险制度改革，将其也纳入社会保险体系，形成个人、单位和国家共同出资的社会保险体系。这样，政府财政社会保障支出将不再包含“行政事业单位医疗和离退休支出”，这一部分对社会保障的补助，主要体现在“社会保障补助支出”中，从而实现全国社会保障体系的一致性。

其二，增加抚恤和社会福利支出，优化其内部结构。在我国目前财政社会保障支出中，抚恤和社会福利支出的比重是很低的，很难满足整个社会对它的需求，因此，我们今后的一个重要内容是逐步增加财政对抚恤和社会福利项目的支持力度。由于抚恤和社会福利支出包括众多项目，有些是财政被动式支出，如抚恤和安置等支出、自然灾害生活救助等；有些必须随着经济社会的发展，逐步提高其支出比重，如城市居民最低生活保障、农村及其他社会救济、社会福利、残疾人事业等。因此，在抚恤和社会福利支出的内部结构中，也应该进行优化，既要保证财政被动式支出的需要，更要逐步增加城乡居民最低生活保障和社会福利方面的支出。

其三，改革失业保险制度，增加财政就业补助支出。随着我国就业压力日益提高，社会对失业保险和就业补助的需求日益提高。我国失业保险基金支出占整个社会保险基金支出的比重还比较低，特别需要注意的是，近年来，我国失业保险的年增长率在不断下降。因此，需要继续改革失业保险制度，扩大覆盖面，提高失业保险在缓解就业压力中的作用。另外，就业补助是财政对社会保障补助的重要内容之一，包括劳动力市场建设、再就业培训补贴、职业介绍补贴、社会保险补贴、岗位补贴、小额担保贷款贴息、小额贷款担保基金等。面对我国日益严重的就业压力，加大财政对就业的补助支出是缓解压力的重要途径，也是培育市场、鼓励再就业的重要财政支持方式。因此，今后要在加大财政就业补助支出的基础上，优化补助方式，提高财政缓解就业压力的支持力度。

其四，加大财政对特定群体的社会保障支持力度。社会保障制度设计的初衷就在于保障困难群体的基本生存权，因而，在完善社会保障制度建设的基础上，加大财政对城镇困难企业职工、城镇个体劳动者和灵活就业人员、农民工、被征地农民、农村务农人员等的社会保障的支持力度，是优化财政社会保障支出结构的重要内容之一。

3. 合理划分社保事权，各级政府社保支出责任制度化

第一，借鉴国际经验，合理划分各级政府的社会保障事权。

在我国财政体制的改革中，始终未能很好解决的问题就在于事权明确划分上，社会保障事权亦如此。因此，借鉴国际经验，根据社会保障事权的特征，合理划分各级政府的社会保障事权，是解决社会保障支出责任的核心。

在我国的社会保障体制中，社会保险是从基层做起的，统筹层次较低，县（市）政府承担了绝大部分社会保险基金的收支责任。其他的社会保障支出项目，因为具有典型的地方公共产品性质，因而往往也是地方政府的主要事权之一，如社会福利、社会抚恤等。但是，许多社会保障项目具有典型的收入再分配效应，人口的流动又使得这一事权具有全国性特征，因而中央政府的介入也是必要的。郭雪剑（2006）指出，尽管各发达国家政府间社会保障管理责权划分差异明显，但总的来说，各国都充分调动了中央政府与地方政府的积极性和主动性。一般而言，根据不同社会保障项目的特征和人口流动性，责任划分上也不尽一致。养老保险多为中央统一集中管理；失业保险、医疗保险多由中央制定政策，具体由地方执行，且省级政府通常发挥着重要作用；社会救济和公共卫生等带有明显地域性的事务，受益范围仅限于某个特定地方，属于较为典型

的地方性公共产品，多数国家均从效率的角度考虑主要让地方政府分散管理。借鉴发达国家的有益经验，我国各级政府的社会保障管理责权应遵循如下原则（郭雪剑，2006）：中央政府加强对养老保险的集中管理，最终实现养老保险的全国统筹；失业保险和医疗保险要让省级政府发挥更为积极的作用；社会救济和公共卫生则应更加突出地方政府的责任，并将其视为地方社会经济协调发展的重要体现。

第二，将各级政府社会保障支出责任制度化，实现社会保障财务的可持续性。

在目前我国中央与地方政府社会保障支出比重中，我们发现一个可喜的现象，即中央政府加大了对许多社会保障支出项目的财力支持力度。比较国际经验（见表 4 –33），在社会保障支出中，各国中央政府一般也承担了主要财政责任。但是，目前，中央政府的许多社会保障补助具有政策性和阶段性特征，缺乏制度性保障，难以实现社会保障财务的可持续性。为了真正实现我国社会保障事业的顺利发展，要求在合理划分各级政府社会保障事权的基础上，以制度化的方式确定各级政府的财政责任。如制定《社会保障法》，明确各级政府的支出责任，确定各级政府财政支持要求，规定合理的社会保障资金流转，设计科学合理的转移支付制度，逐步使各地居民能相对公平地享有社会保障权利。

表 4 –33　各国中央政府社会保障和福利支出占政府社会保障和福利总支出比重

国　家	美国	加拿大	德国	英国	法国	澳大利亚
年　份	2000	2001	1996	1998	1993	1998
各国中央政府社会保障和福利支出占各级政府社会保障和福利总支出的比重（%）	67.82	69.09	78.62	79.67	91.19	90.28

资料来源：IMF：Government Finance Statistics Yearbook（2002），转引自郭雪剑：《发达国家政府间社会保障管理责权的划分》，《经济社会体制比较》2006 年第 5 期

第三，进一步完善中央对地方专项转移支付资金分配方式。

在具体测算和资金分配过程中，要兼顾公平与效率，既考虑地方资金需求情况，又与地方财政努力程度和工作成效挂钩；资金分配重点向财政确有困难的地区倾斜；在分配方式上坚持公开、合理、规范的原则，继续采用制度化、公式化的方法，提高分配的透明度。同时，为促使地方政府切实加大社会保障投入，保证中央拨付和地方财政安排的资金及时到位，避免挤占挪用，各级财政应认真落实专户管理办法，在国库内开设财政社会保障补助资金专户，实行封闭运行，专款专用。

4. 提高财政社会保障支出绩效，多渠道筹措社会保障资金

有限的财政社会保障资金要满足整个社会保障的需求，必须提高资金的支出绩效，以产生尽可能大的社会效益。另外，仅仅依赖财政资金的支持，很难满足社会保障的需要，需要采取有效的财税政策，鼓励多渠道筹集社会保障资金。

第一，建立严格的资金管理考核制度。

财政部社会保障司课题组（2004）认为，为了保持社会保障财务的可持续性，需要建立严格的资金管理考核制度：首先是规范征收流程，强化征收管理，实现各项社会保险费依法统一征收，建立征收激励机制，做到社会保险费应收尽收。其次是建立健全社会保险基金预决算制度，强化社会保障资金的管理，严格根据预算安排社会保障资金的支付。最后是强化社会保障资金的绩效管理。对各项社会保障资金，要设计具体的绩效考核目标，如失业保险制度和就业补助的设计要考虑对劳动者再就业意愿的影响，制度设计时要规定相应的职业培训和再就业要求。城市居民最低生活保障费的使用既要保证城市贫困居民的基本生存条件，又要有利于鼓励就业。各级财政要将这些考核结果作为分配财政转移支付资金的重要因素加以考虑，以督促下一级政府加强管理，努力建立自求平衡的

机制。

第二，多渠道筹集社保资金。

在我国目前财力还有限的情形下，应通过多途径筹集社保资金。如通过财税优惠政策鼓励企业和单位为职工设立企业年金和补充医疗保险，通过财税优惠政策大力发展慈善机构、服务于贫困家庭的基金会等非营利机构。

本章参考文献

1. “我国教育投入有关问题研究”合作研究课题组：《财政教育投入有关问题研究》，《财政研究》2000 年第 10 期。

2. 财政部社会保障司课题组：《今后 5—10 年社会保障支出趋势及对策》，《预算管理与会计》2004 年第 9 期，第 38—41 页。

3. 蔡社文：《我国社会保障支出水平分析》，《预算管理与会计》2004 年第 7 期，第 35—39 页。

4. 陈工、林致远、杨志勇：《财政学》，武汉大学出版社 2005 年版。

5. 高书生：《中国社会保障制度改革：回顾和思考》，《经济学动态》2005 年第 2 期，第 5—8 页。

6. 郭雪剑：《发达国家政府间社会保障管理责权的划分》，《经济社会体制比较》2006 年第 5 期，第 98—104 页。

7. 国际教育督导团：《国际教育督导团报告 2005》，《教育均衡发展专题·教育发展研究》2006 年第 5 期。

8. 国家发展改革委就业和收入分配司社会保障处：《“十一五”社会保障事业发展规划总体思路》，《宏观经济管理》2006 年第 7 期，第 20—22 页。

9. 国家教育发展研究中心：《中国教育绿皮书——中国教育政策年度分析报告》，教育科学出版社 2006 年版。

10. 国务院发展研究中心对中国医疗改革的评价与建议（概要与重点），http：//www. china. com. cn/chinese/health/927874. htm.

11. 景天魁：《社会保障：公平社会的基础》，《中国社会科学院研究生院学报》2006 年第 6 期，第 16—22 页。

12. 梁伟真：《财政性教育支出的国际比较及对策研究》，《经济经纬》2004 年第 6 期。

13. 廖楚晖：《教育财政国内研究述评》，《经济学动态》2005 年第 3 期。

14. 刘华：《优化财政性三级教育支出结构》，《中国流通经济》2004 年第 12 期。

15. 刘军民：《公共财政下政府卫生支出及管理机制研究》，《经济研究参考》2005 年第 94 期，第 2—20 页。

16. 穆怀中：《社会保障国际比较》，中国劳动和社会保障出版社 2002 年版。

17. 上海财经大学公共政策研究中心：《教育支出分析》，《财政研究》1999 年第 6 期。

18. 上海财经大学课题组：《公共教育支出评价》，经济科学出版社 2006 年版。

19. 上海市教育科学研究院智力开发研究所：《新时期中国教育发展研究：1983—2005》，上海社会科学院出版社 2006 年版。

20. 世界银行 . 2004 年 10 月 . 中国农村卫生 . 简报系列 1：《审视中国农村卫生工作面临的挑战》，http：//www. world-bank. org. cn/Chinese/content/BN1_ cn. pdf。

21. 世界银行 . 2005 年 5 月 . 中国农村卫生 . 简报系列 5：《中国卫生领域的公共支出与政府的作用》，http：//www. world-bank. org. cn/Chinese/content/BN5_ cn. pdf。

22. 王绍光：《中国公共卫生的危机与转机》，《经济社会体制比较》2003 年第 7 期，第 52—88 页。

23. 卫生部统计信息中心：《中国卫生服务调查研究：第三次国家卫生服务调查分析报告》，中国协和医科大学出版社 2004 年版。

24. 徐瑞娥：《完善我国财政教育投入体制问题的研究综述》，《经济研究参考》2004 年第 95 期。

25. 阎坤、于树一：《转轨背景下的公共支出结构失衡》，《经济研究参考》2004 年第 80 期，第 2—13 页。

26. 张毓辉、陶四海、赵郁馨：《国内外政府卫生支出口径的异同及结果分析》，《中国卫生经济》2006 年第 3 期，第 10—12 页。

27. 赵郁馨、陶四海、万泉、张毓辉：《2003 年中国卫生总费用测算结果与分析》，《中国卫生经济》2005 年第 4 期，第 5—9 页。

28. 中国社会科学院课题组：《努力构建社会主义和谐社会》，《中国社会科学》2005 年第 3 期，第 4—16 页。

29. The World health report 2000：health systems：improving performance. World Health Organization，2000.

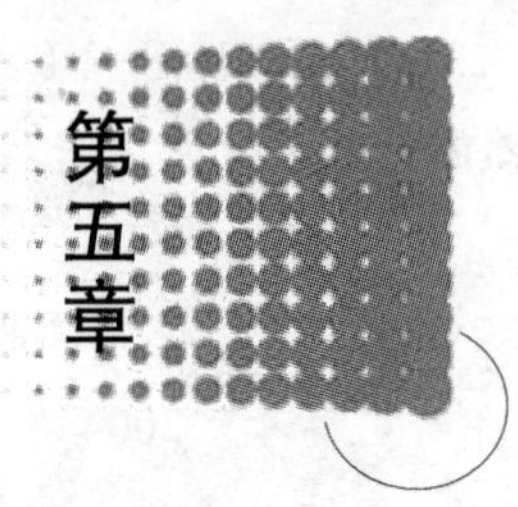

统筹人与自然和财政支出结构

人类生活在大自然里，与自然界息息相关，同时人本身也是自然界的产物。从人类历史发展过程中可以看出，在 19 世纪以前，人类活动所引起的自然环境的改变和改变了的自然环境对人的反作用，相对来说还是较小的。进入 20 世纪以后，随着现代科学技术的飞速进步和现代化工业的高速发展，人与自然的关系发生了急骤的变化，人对自然的改造手段迅速增强，环境的改变对人的生存和发展所产生的日益增加的不利影响也随之明显起来。环境污染、生态失衡、自然资源枯竭等等，对一些国家尤其是发展中国家的社会发展起着越来越大的制约作用，人们逐渐认识到，自然环境不是社会发展的外部条件，而是社会发展至关重要的内在基本要素，无视自然不仅影响社会发展的进程，而且将直接危及人类的生存和发展。因此，在树立和落实科学发展观的五个统筹的理论体系中，统筹人与自然和谐发展具有重要的理论和实践意义。

一、改革开放以来资源环境问题

改革开放以来，我国经济经历了长达 20 多年的快速增长，经济总量不断扩大。与 1978 年相比，2005 年我国的国内生产总值增长了近 11 倍，达到 183 084.8 亿元（见图 5－1）。经济增长给我国带来了巨大的变化，人民生活水平显著提高。城市人均可支配收入从 1978 年的 343 元增长到 2005 年的 10 493 元，农村人均可支配收入从 1978 年的 134 元增长到 2005 年的 3 255 元。

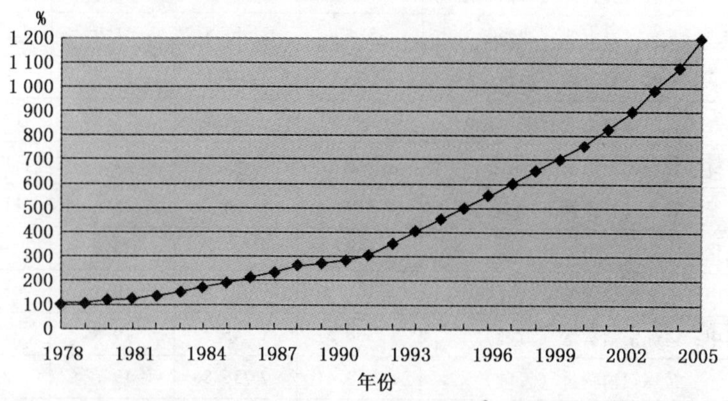

图 5－1　1978 年以来我国 GDP 增长指数

资料来源：根据《中国统计年鉴 2006》中相关数据计算而得

但是，在经济快速增长的过程中，我国在资源和环境上也面临着越来越大的压力。错误的发展观和粗放型的经济增长方式导致了资源的快速耗竭和生态环境的严重破坏。2003 年，我国的 GDP 约占世界的 3.9%，但重要资源的消耗和污染物排放量却占世界很高的比重（见表 5－1）。其中，煤炭消费量、钢材消费量、水泥消费量、常用有色金属消费量、年淡水使用量、化肥消费量、海洋年捕捞生产量等均为世界第一，分别占世界的 31.9%、26.6%、45.6%、19.1%、15.8%、28% 和 17.3%。有机水污染物排放量、SO_2 排放量同样位居世界第一。从当前的形势看，国内的资源已经不能支撑粗放式经济的持续增长，国内的环境也难以支撑当前这种高污染、高消耗、低效益生产方式的持续扩张。

表 5-1　2003 年我国资源消耗、环境状况及其在世界上的排名

消耗资源类别	中国	世界	中国占世界比重（%）	在世界排位
一次能源消费（百万吨石油当量）	1 204.2	9 800.8	12.3	2
其中：石油（百万吨）	266.4	3 641.8	7.3	2
天然气（百万吨石油当量）	29.5	2 343.2	1.3	18
煤炭（百万吨石油当量）	834.7	2 613.5	31.9	1
水电（百万吨石油当量）	63.7	604.1	10.5	3
核能（百万吨石油当量）	9.9	598.2	1.7	13
钢材（亿吨）	2.71	—	27	1
水泥消费量（百万吨）	810	1 776	45.6	1
氧化铝消费量（万吨）	1 168	—	25	—
常用有色金属消费总量（万吨）	1 161.09	6 072.42	19.1	1
其中：精炼铜消费量（万吨）	306.51	1 545.72	19.8	1
精炼铝消费量（万吨）	519.41	2 736.86	19	2
锌锭消费量（万吨）	197.7	946.41	20.9	1
精炼铅消费量（万吨）	116.82	686.68	17	2
精炼镍消费量（万吨）	13.28	123.9	10.7	2
精炼锡消费量（万吨）	7.37	30.85	23.9	1
精炼镉消费量（2002）（吨）	5 407	19 920.8	27.1	1
纸和纸板总消费量（万吨）	4 806	33 912.5	14.2	2
年淡水使用量（1987—2003）（10 亿立方米）	525.5	3 325	15.8	1
有机水污染排放物（2001）（万吨）	222.2	—	—	1

续表

消耗资源类别	中国	世界	中国占世界比重（%）	在世界排位
二氧化硫排放量（万吨）	2 159	—	—	1
燃料燃烧产生的二氧化碳（百万吨）	3 719.44	24 983	14.9	2
化肥消费量（2002）（百万吨）	39 604 667	141 571 130	28	1
人为导致的土地退化面积（20 世纪 90 年代中期）（千平方公里）	6 886	88 841	7.8	3
荒漠化土地面积（万平方公里）	262.2（1994 年）	3 618.4（20 世 90 年代初期）	7.2	—
海洋捕捞生产量（1999—2001 年）（千吨）	14 696	85 153	17.3	1

资料来源：中国科学院可持续发展战略研究组（2006）

（一）资源问题

我国自然资源丰富，许多资源总量大且位居世界前列。但我国又是人口大国，按人口平均，人均资源量少，资源相对紧缺，生存空间狭小。由于人口众多，各类资源在经济技术所能及的范围内，都得到开发利用，开发程度较高，国民经济发展所消耗的资源强度大。与此同时，人为的资源利用粗放、浪费严重以及在资源管理上暴露出的种种问题，进一步加剧了资源形势的严峻性。

1. 土地资源

土地资源是人类获取生物资源的最主要基地，是人类生存的基础。我国陆地国土总面积约为 960 万平方公里，仅次于俄罗斯和加拿大，居世界第三位，但人均土地面积只有 0.74 公顷，仅相当于世界人均占有量的 1/3，远远低于世界上其他主要国家（见图

5-2)。

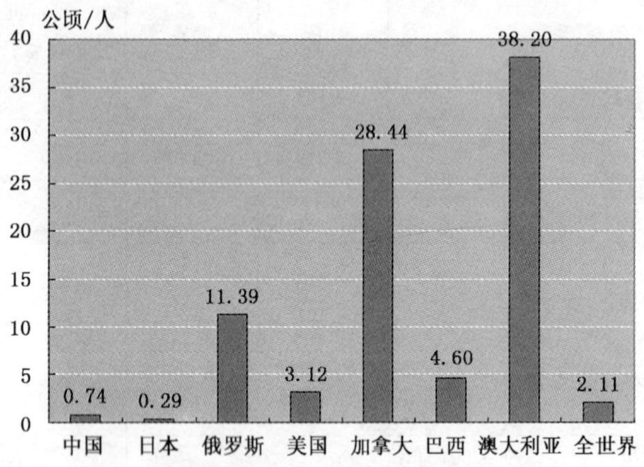

图5-2 我国与世界其他国家人均土地占有面积比较

资料来源:《中国统计年鉴2006》

耕地作为土地资源的精华部分，在社会经济发展中起着至关重要的作用，耕地的质量和数量反映了一个国家的基本国情。20世纪80年代以来，随着我国经济的高速发展、社会的持续进步、人口的不断增加和城镇规模的迅速扩张，大量的耕地在工业化和城镇化过程中消失，人多地少的矛盾日趋突出。如图5-3所示，新中国建立以来，我国耕地总面积和人均耕地量总体上处于递减趋势中，耕地资源的持续减少将影响我国的粮食安全和经济社会的可持续发展。

我国土地数量不足，土地质量也令人担忧。近几十年来，我国的土地资源的质量表现出惊人的下降速度。据2005年环境公报的数据显示，2005年我国各类水土流失面积为356万平方公里，占国土总面积的37.1%。水土流失、植被破坏的直接后果就是土地荒漠化。我国是世界上土地荒漠化和沙漠化面积大、分布广、危害重的国家之一。据国家林业局2005年6月发布的《2005中国荒漠化和沙化状况公报》显示，2004年，全国荒漠化土地总面积

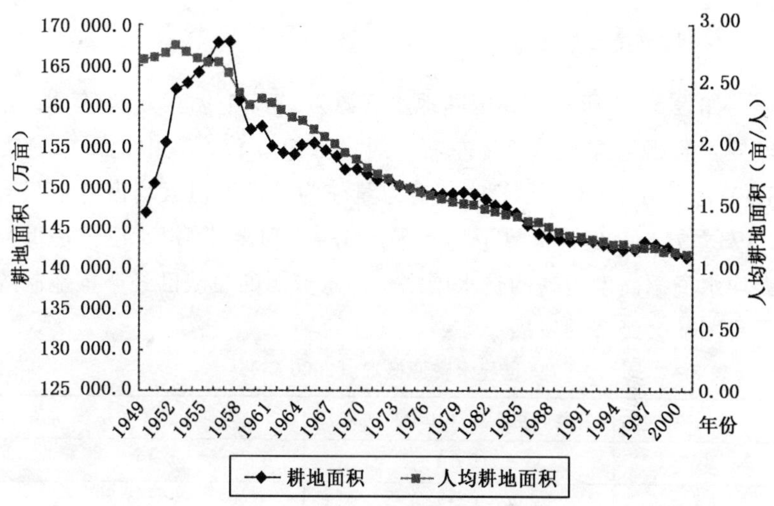

图 5－3　1949—2000 年我国耕地面积变化态势

资料来源：根据历年《中国统计年鉴》相关数据整理而得

为 263.62 万平方公里，占国土总面积的 27.46%；全国沙漠化土地面积为 173.97 万平方公里，占国土总面积的 18.12%。土地的荒漠化、沙漠化不仅导致土地生产力严重衰退，也造成了巨大的经济损失，我国每年土地荒漠化造成的直接经济损失达 540 亿元人民币。土地荒漠化已经成为我国危害最大的自然灾害和环境问题，严重威胁着我国生态安全和经济社会的可持续发展。

从耕地的质量来看，我国缺钾耕地面积已占耕地总面积的 56%，约 50% 以上的耕地微量元素缺乏，70%—80% 的耕地养分不足，20%—30% 的耕地氮养分过量。有机肥投入不足，化肥使用不平衡，造成耕地土壤退化，耕层变浅，耕性变差，保水肥能力下降。每年大量的“三废”排放进一步污染了大片的耕地。目前我国因“三废”排放而污染的耕地面积高达 587 万公顷，其中受镉、汞、氟污染面积达 71.23 公顷，这使得耕地质量严重衰退，偏离了可持续利用的良性循环状态。

2. 水资源

如表 5－2 所示，我国陆地水资源为 27 701 亿立方米/年[①]，占世界水资源总量的 6.5% 左右，居世界第 6 位，其中地下水资源 8 502亿立方米/年。尽管水资源总量较为丰富，但人均占有量只有 2 193立方米，仅为世界平均水平的 1/4，列全球第 88 位，是世界人均水资源高度短缺的贫水国之一。水资源的短缺已经严重地制约了我国社会经济的发展。

表 5－2　　　世界水资源概况（2000 年）

国　家	年均可更新量（10 亿立方米）	人均拥有量（立方米/人）
中国	2 770	2 193
俄罗斯	4 313	31 222
加拿大	2 850	92 532
美国	2 800	9 772
巴西	5 418	41 941
印度	1 261	1 819
全世界	42 900	8 513

资料来源：世界银行（2005）

我国日益严重的水资源短缺主要表现在以下几个方面：(1) 居民饮水困难。不同旱情下全国饮水困难人口分别为：正常年份 3 000 万—5 000 万人；旱年 5 000 万—8 000 万人；大旱年超过 8 000 万人。(2) 城市缺水。在全国 657 个城市中，缺水城市 400 多个，约占全部城市的 60%，其中缺水率达 30% 以上的较严重缺水城市 220 个，严重缺水的城市多达 110 个。(3) 农业缺水。1950—2000 年间，全国平均每年受旱面积 2 150 万公顷，大约相当于全国耕地面积的 1/5，平均每年因旱灾减产粮食约 100 亿公斤。

① 此处为 2000 年数据。2005 年，我国的水资源总量有所增加，为 28 053 亿立方米/年，但人均占有量下降到 2 152 立方米。

重旱年受旱面积约 3 300 万—4 000 万公顷，减产粮食约 150 亿—200 亿公斤。（4）工业缺水。缺水率约为需水量的 44%，因供水不足影响工业产量和质量，限制工业产值增长，一些地区在大旱时期甚至不得不停工停产。（5）生态缺水。因缺水导致河流径流和入海水量减少，甚至断流，地表水萎缩，地下水位下降，进而促使土地沙漠化扩展，发生地面沉降、地面塌陷、海水入侵等多种水环境灾害。

在水资源严重短缺的同时，用水的效率提高缓慢，存在着严重的浪费。如表 5－3 所示，从纵向看，近几年由于节水技术的改进和人们节水意识的提高，我国的用水效率不断提高，万元 GDP 用水量和万元工业增加值用水量持续下降。但是，目前我国水资源的利用效率仍低于很多发达国家。我国农业灌溉水的利用系数平均为 0.35，与先进国家的 0.8 相比，我国灌区效率落后于世界先进水平 30—50 年。我国万元 GDP 用水量相对较高，是世界平均水平的 2.3 倍，美国的 4.6 倍，仍有很大的节水空间。

表 5－3　2000—2004 年我国水资源利用效率　单位：立方米

年份	人均用水量	万元 GDP 用水量	万元工业增加值用水量	城镇人均生活用水量	农村居民人均生活用水量
2000	430	610	288	219	89
2001	436	580	268	218	92
2002	428	537	241	217	94
2003	412	448	222	212	68
2004	427	399	196	212	68

资料来源：中国科学院可持续发展战略研究组（2006）

3. 能源资源

我国拥有丰富的能源资源。煤炭探明储量居世界第 2 位，石油资源占世界第 11 位；天然气资源占世界第 14 位，水能资源占世界第1位，太阳能资源居世界第2位（见表5-4）。此外，核燃料资源、生物质能、海洋能、风能、地热能等也较丰富。然而，按人口平均，我国能源资源相对量小。我国人均占有的原煤储量、水能资源储量、石油储量和天然气储量分别仅相当于世界平均水平的55%、80%、10%和4%，水电和煤炭资源相对丰富，但油、气、热力等洁净、高效、优质能源严重不足。

表5-4　　我国常规能源资源及结构

能源种类	数　量	折合标准煤（亿吨）	比重（%）
煤炭	45 000亿吨	32 143.5	88.5
石油	940亿吨	1 344.2	3.7
天然气	380 000亿立方米	505.4	1.39
水能	5 920 000亿千瓦时	2 326.6	6.41
合　计	—	36 319.7	100

资料来源：董锁成（2002）

在能源利用方面，应该说我国已经取得了一定的成绩。从1980年到2000年，我国GDP增长了3倍而能源消费仅增长1倍。按可比价格计算，这期间我国GDP年均增长速度高达9.7%，而相应的能源消费量年均仅增长4.6%，远低于同期经济增长速度。20年内单位产值能耗下降了64%，年均节能率达4.6%。然而在过去的5年，形势出现了逆转。由于经济快速增长和重化工业进程加快导致的双重压力，同时由于消费结构转型、汽车消费增加等因素的影响，我国能源消费迅猛增长，能源消费弹性系数由0.5快速上升并超过1，在2003年和2004年甚至达到1.53和1.59（见表5-5和图5-4）。

能源消耗的快速增长导致了国内能源供应的紧张，环境污染加剧，能源成为我国经济社会可持续发展的瓶颈之一。照这样的趋势发展下去，我国的能源供应和环境消耗将难以持续。所以，我国要保持经济的持续、稳定、高速发展，必须控制能源消耗增长速度，提高能源利用效率。

表 5－5　　1980—2005 年我国能源消费变化情况

时　期	GDP 年增长率（%）	能源消费年增长率（%）	能源消费弹性系数
"六五"期间 1981—1985	10.7	4.9	0.46
"七五"期间 1986—1990	7.9	5.2	0.66
"八五"期间 1991—1995	12	5.9	0.49
"九五"期间 1996—2000	8.3	0.6	0.07
"十五"期间 2001—2005	9.5	10.1	1.03
其中 2001	8.3	3.4	0.41
2002	9.1	6.0	0.66
2003	10.0	15.3	1.53
2004	10.1	16.1	1.59
2005	10.2	9.9	0.97

资料来源：《中国统计年鉴 2006》

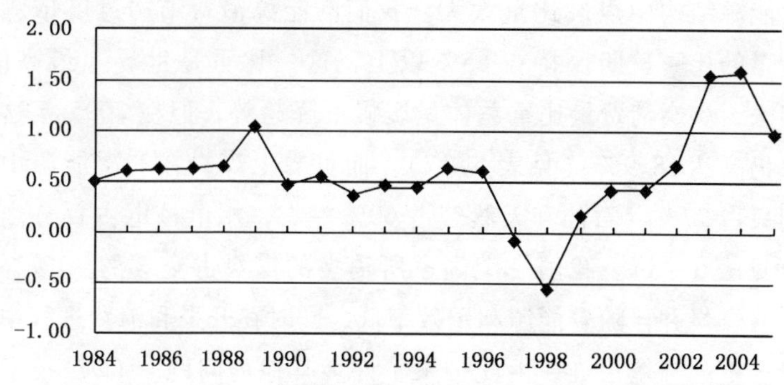

图 5－4　1984—2005 年间我国能源消费弹性系数变动情况

从总体上看，我国能源开发和节约工作取得了重大进展，能源效率有所提高。从表 5－6 可知，我国百万美元 GDP 能耗从 1973 年的 2 476 吨油当量下降到 2002 年的 837 吨油当量，30 年间单位 GDP 能耗下降了 66%。但与先进国家相比仍有不小的差距。2002

年，我国的单位 GDP 能耗量是美国的 3.36 倍，欧盟的 5.66 倍，日本的 9.3 倍。显然，我国提高能源利用效率还有很大的余地。

表 5-6　　单位 GDP 能耗的国际比较

单位：吨油当量/百万美元 GDP

	1973 年	1990 年	2002 年
中国	2 476	1 709	837
美国	433	296	249
欧盟	218	167	148
日本	124	91	90
经济合作与发展组织	283	208	188
非经合组织	685	720	564
世界	345	297	262

注：GDP 为 1995 年美元币值。欧盟包括 15 个成员国

资料来源：王庆一："中国节能十问"，《中国能源》2005 年第 5 期

我国能源利用效率低，是由两方面的因素造成的：(1) 我国一次能源结构中煤炭比重太大。我们的能源消费结构过度依赖煤炭，煤的比重长期保持在 65% 以上，这一比重是世界上最高的。近年来，煤炭消费量比重总体呈缓慢下降趋势，但在 2005 年这一比重仍高达 68.9%（见表 5-7）。而世界上煤炭在一次能源中的比例只占 27%，石油和天然气占 60% 左右，水电核电占百分之十几（见表 5-8）。我国一个国家所消费的煤炭占全球的 40%，大量消费煤炭并伴随着能源利用效率低，同时在开采和消费过程中造成了严重的环境污染，由此带来了许多其他的问题。(2) 技术上存在较大的差距。我国能源加工、转换、储运和终端使用环境的能源效率只有 33.4%，低于发达国家 20 世纪 90 年代初的水平近 10 个百分点（见表 5-9）。我国主要高能耗产品的能耗比国际先进水平普遍高出 7%—60%（见表 5-10）。与发达国家比较，我国在能源利用上至少还有 25% 的节能潜力（见表 5-11）。

表 5-7 1978—2005 年我国一次能源消费量及结构

年 份	能源消费总量（万吨标准煤）	构成（能源消费总量=100）			
		煤炭	石油	天然气	水电、核电、风电
1978	57 144	70.7	22.7	3.2	3.4
1980	60 275	72.2	20.7	3.1	4.0
1985	76 682	75.8	17.1	2.2	4.9
1989	96 934	76.1	17.1	2.1	4.7
1990	98 703	76.2	16.6	2.1	5.1
1991	103 783	76.1	17.1	2.0	4.8
1992	109 170	75.7	17.5	1.9	4.9
1993	115 993	74.7	18.2	1.9	5.2
1994	122 737	75.0	17.4	1.9	5.7
1995	131 176	74.6	17.5	1.8	6.1
1996	138 948	74.7	18.0	1.8	5.5
1997	137 798	71.7	20.4	1.7	6.2
1998	132 214	69.6	21.5	2.2	6.7
1999	133 831	69.1	22.6	2.1	6.2
2000	138 553	67.8	23.2	2.4	6.7
2001	143 199	66.7	22.9	2.6	7.9
2002	151 797	66.3	23.4	2.6	7.7
2003	174 990	68.4	22.2	2.6	6.8
2004	203 227	68.0	22.3	2.6	7.1
2005	223 319	68.9	21.0	2.9	7.2

资料来源：《中国统计年鉴 2006》

表 5-8 世界一次能源消费量及结构（2004 年）

国 家	一次能源消费量（百万吨标准煤）	消费结构（%）				
		石油	天然气	煤炭	核电	水电
美国	3 330.9	40.2	25.0	24.2	8.0	2.6
中国	2 032.3	22.3	2.6	68	0.8	6.3
俄罗斯	955.1	19.2	54.1	15.8	4.8	6.0
日本	735.1	46.9	12.6	23.5	12.6	4.4

续表

国家	一次能源消费量（百万吨标准煤）	消费结构（%）				
		石油	天然气	煤炭	核电	水电
印度	536.9	31.7	7.7	54.5	1.0	5.1
德国	472	37.4	23.4	25.9	11.4	1.8
加拿大	439.3	32.4	26.2	9.9	6.7	24.8
法国	375.6	35.7	15.3	4.8	38.6	5.6
英国	324.1	35.6	38.9	16.8	8.0	0.7
韩国	310.3	48.3	13.1	24.4	13.6	0.6
欧盟（25国）	2 455	40.4	24.4	17.9	13.0	4.3
OECD	7 862	40.9	23.0	21.1	9.6	5.3
世界	14 606	36.8	23.7	27.2	6.1	6.2

资料来源：王庆一："中国节能十问"，《中国能源》2005年第5期

表5-9　　我国能源效率　　单位：%

	1980年	1989年	1997年	2000年	2002年	发达国家
中间环节效率	74	72.4	68.8	67.8	67.3	67—75
终端环节效率	34.4	38.7	45.3	49.2	49.6	51—55
能源效率（1x2）	25.9	28	31.2	33.4	33.4	41

注：中间环节包括能源加工、转换和储运；发达国家的数据是20世纪90年代初期的数据

资料来源：王庆一："中国节能十问"，《中国能源》2005年第5期

表5-10　　我国主要能源密集产品能耗及国际比较

	中国			国际先进水平
	1990	2000	2004	
火电供电煤耗（gce/kWh）	427	392	379	312
钢可比能耗（kgce/t）（大中型企业）	997	784	705	610
水泥综合能耗（kgce/t）	201.1	181	157	127.3
电解铝交流电耗（kWh/t）	16 223	15 480	15 080*	14 100
原油加工综合能耗（kgce/t）	102.5	118.4	112	73
乙烯综合能耗（kgce/t）	1 580	1 125	1 004	629
合成氨综合能耗（kgce/t）（大型，天然气）	1 280	1 200	1 220*	970

续表

	中国			国际先进水平
	1990	2000	2004	
烧碱综合能耗（kgce/t）（隔膜法）	1 660	1 563	1 493	1 275
纯碱综合能耗（kgce/t）				
氨碱法	560	467	455	350
联碱法	387	313	325	280
电石综合能耗（kgce/t）	2 212	2 190	2 150	1 800
黄磷综合能耗（kgce/t）	8 583	7 450	7 340	6 500

注：* 为 2003 年数据；国际先进水平是居世界领先水平的国家的平均值
资料来源：王庆一："中国节能十问"，《中国能源》2005 年第 5 期

表 5－11　　我国的节能潜力

<table>
<tr><th colspan="5">分部门能源消费比例（%）</th><th>效率比较（比较对象）［节能潜力］</th><th colspan="3">平均节能潜力（%）</th></tr>
<tr><td rowspan="15">一次能源消费100</td><td colspan="2" rowspan="6">能源转换32</td><td>发电53</td><td>煤电92</td><td>效率33.2%（日40.1%）［17%］</td><td>17</td><td rowspan="6">25</td><td rowspan="15">26</td></tr>
<tr><td rowspan="3">自用能23</td><td>发电31</td><td>所发电中自用8%（日6%）［25%］</td><td rowspan="3">44</td></tr>
<tr><td>炼油22</td><td>炼油装置单位能耗14.3kgce/t（日8.9）［38%］</td></tr>
<tr><td>产煤19</td><td>每千吨13.6toe（美1.24 澳3.59）［82%］</td></tr>
<tr><td rowspan="2">煤炭转换</td><td>焦炉煤气76</td><td>回收率热量换算29%（日52%）［23%］</td><td rowspan="2">22</td></tr>
<tr><td>炼焦24</td><td>炼焦196kgoe/t（日161）［18%］</td></tr>
<tr><td rowspan="9">终端消费68</td><td rowspan="6">工业41</td><td>钢铁24</td><td>粗钢92</td><td>781kgoe/t（日658）［18%］</td><td rowspan="6">25</td><td rowspan="9">26</td></tr>
<tr><td rowspan="2">化学26</td><td>合成氨38</td><td>970kgoe/t（日664）［16%］</td></tr>
<tr><td>乙烯3.2</td><td>784kgoe/t（日500）［36%］</td></tr>
<tr><td>非金属19</td><td>水泥77</td><td>171kgoe/t（日121）［29%］</td></tr>
<tr><td rowspan="2">有色金属4</td><td rowspan="2">铝56</td><td>氧化铝970kgoe（国454）［53%］</td></tr>
<tr><td>电解铝14.3Mwh/t（国13.0）［9%］</td></tr>
<tr><td rowspan="2">居民38</td><td>城镇19</td><td>厨房热水暖气88</td><td>平均效率45%（日60%）［25%］</td><td rowspan="2">28</td></tr>
<tr><td>农村81</td><td>厨房热水暖气95</td><td>平均效率25%（日35%）［29%］</td></tr>
<tr><td>交通10</td><td>道路62</td><td>汽油车67</td><td>保有平均效率10.8km/L（日13.5）［20%］</td><td>20</td></tr>
</table>

注："日"为日本，"美"为美国，"澳"为澳大利亚，"国"为国际；计算方法采用加权平均法
资料来源：连玉明等（2005 年）

（二）环境问题

2005年1月27日，在瑞士达沃斯正式发布了评估世界各国（地区）环境质量的"环境可持续指数"（ESI）。评估结果显示，在全球144个国家和地区中，我国位居第133位。这一评估结果表明，我国的环境质量恶化相当严重。

1. 总体情况

我们用历年的污染物排放量来客观衡量我国的整体环境负担情况。

从表5-12可以看出，我国污染物排放量大致经历了三个阶段的变化。

表5-12　　1985—2005年我国的"三废"排放量[①]

年份	废气（亿标立方米）	二氧化硫[②]（万吨）	烟尘（万吨）	工业粉尘（万吨）	废水（亿吨）	工业固体废物[④]（万吨）
1985	87 181	—[③]	—	—	369	57 190
1986	83 403	—	—	—	366	65 464
1987	91 831	—	—	—	376	58 616
1988	98 292	—	—	—	394	62 932
1989	99 965	1 960	1 941	—	380	64 773
1990	102 304	1 895	1 875	1 274	381	65 497
1991	118 381	2 029	1 879	1 111	364	66 659
1992	121 866	2 111	1 715	1 216	389	70 384
1993	126 910	2 260	2 097	1 473	390	71 308
1994	131 197	1 850	2 184	1 687	408	73 704
1995	141 207	1 945	2 594	1 964	432	102 474
1996	—	1 731	—	1 589	399	93 298
1997	—	2 346	1 873	1 505	416	105 849

续表

年份	废气（亿标立方米）	二氧化硫[②]（万吨）	烟尘（万吨）	工业粉尘（万吨）	废水（亿吨）	工业固体废物[④]（万吨）
1998	—	2 090	1 452	1 322	395	80 068
1999	—	1 858	1 159	1 175	401	78 442
2000	—	1 996	1 165	1 093	415	82 000
2001	160 863	1 947	1 070	991	433	88 840
2002	175 257	1 927	1 013	941	439	94 509
2003	198 906	2 159	1 049	1 021	459	100 428
2004	237 696	2 255	1 095	905	482	120 030
2005	268 988	2 549	1 183	911	525	134 449

注：①由于我国乡镇工业统计资料的不连续性，1985—1996 年间乡镇企业的工业污染物排放情况我国没有统计。侯伟丽（2005）对其进行了估算，估算结果已包括入本表

②1996 年以前为工业二氧化硫数据

③1989 年以前，我国环境统计资料中，没有公布工业二氧化硫、烟尘、工业粉尘排放的统计数据

④由于工业固体废弃物排放量不足以反映该类污染的严重程度，因此表中工业固体废物指标选用产生量

资料来源：历年《中国环境年鉴》和《中国统计年鉴》；侯伟丽（2005）

1985—1995 年间，各种污染物排放量持续增长，这一期间，随着改革开放的推进，乡镇工业突飞猛进地发展，粗放的经济增长方式给环境带来了巨大压力。1985 年废气排放量为 87 181 亿标立方米，1995 年上升为 141 207 亿标立方米，废水排放物从 1985 年的 369 亿吨上升到 1995 年的 432 亿吨。

1995 年以后，我国经济增长速度明显放缓，经济增长对环境的压力减轻。与此同时，我国加大了环境保护力度，对乡镇企业的治理整顿全面展开，全国普遍推进工业污染企业排放达标和重点城市环境质量达标，重点治理“三河、三湖、两区、一市、一海”的污染。“九五”期间共取缔、关停了 8.4 万多家污染严重又没有

治理前景的十五类小企业，淘汰了一批技术落后、浪费资源、质量低劣、污染环境和不符合安全生产条件的小煤矿、小钢铁、小水泥、小玻璃、小炼油、小火电等，对高硫煤实行限产，从而有效地削减了污染物排放总量。这一期间，各类污染排放物都有了较大幅度的下降，2000 年全国二氧化硫、烟尘、工业粉尘和废水中的化学需氧量、石油类、重金属等 12 项主要污染物的排放总量比“八五”末期分别下降了 10%—15%。

进入 2003 年以来，我国经济开始了新一轮的快速增长，但高能耗、高物耗、高污染的粗放型经济增长方式没有得到根本改变。高能耗、高污染的火电、钢铁、建材、有色等行业快速发展，对环境造成了巨大的压力。能源消费超常规增长，导致了各主要污染物排放量，特别是废气中工业二氧化硫排放总量的失控，出现较大幅度的反弹。2005 年全国废气排放总量为 268 988 亿标立方米，比 2002 年增加了 54%，其中二氧化硫排放总量达到了 2 549 万吨，超过国家环境保护“十五”计划提出的总量控制目标（1 800 万吨）749 万吨，比 2000 年增加了 27%。废水排放总量为 525 亿吨，比 2002 年增加了 20%，其中化学需氧量排放总量 1 414 万吨，比“十五”计划提出的 1 300 万吨的控制目标相差 114 万吨，比 2002 年增加了 3%。工业固体废物产生量 134 449 万吨，比 2002 年增加了 42%。

2. 大气污染情况

我国主要城市的大气质量监测数据表明，2000 年以来城市大气环境总体上呈好转趋势，劣于三级标准的城市比例在持续下降，但仍有 2/5 的城市空气质量未达到二级标准（居住区标准），达到二级标准的城市比例还不稳定，部分城市的污染仍很严重。2005 年监测的 522 个城市中，大气质量达到一级标准的城市占 4.2%，大气质量达到二级标准的城市占 56.1%，大气质量为三级的城市占29.1%，劣于三级的城市占10.6%。与上年相比，可比的城市中，城市空气质量达到或优于二级的城市比上年增加12.6%；劣于三级的城市比上年减少9.9个百分点（见图5-5）。

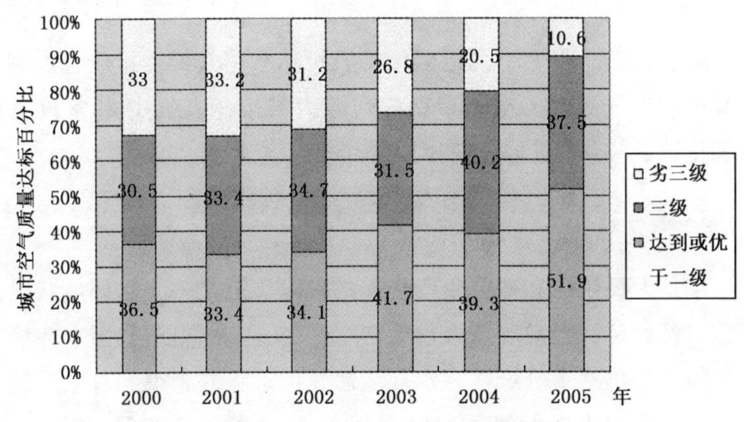

图5-5　2000—2005年城市空气质量状况

资料来源：根据2000—2005年《中国环境状况公报》相关数据整理而得

城市大气中主要污染物是二氧化硫和可吸入颗粒物。2005年，二氧化硫排放量为2 549万吨。据专家测算，我国空气中二氧化硫浓度达到国家二级标准时的环境容量是1 200万吨/年，2005年实际排放量超过环境容量的两倍。

大量的二氧化硫排放导致了酸雨污染，全国1/3的国土面积受到酸雨影响，严重危害到土壤质量和食物安全。2005年监测的696个市（县）中，有357个城市出现了酸雨，占51.3%，其中浙江省象山县等5个县市的酸雨频率达到100%，已经到了逢雨必酸的地步。

可吸入颗粒物是影响人体健康的主要空气污染物，也是影响我国城市空气质量的首要污染物。2005年，全国可吸入颗粒物劣于二级标准的城市比例为40.5%，其中污染最为严重的城市主要集中在山西、内蒙古、宁夏和四川等地。可吸入颗粒物与烟尘和工业粉尘的排放关系密切。2005 年，全国烟尘排放量达到 1 182 万吨，不仅没有完成“十五”计划削减 9% 的指标，反而还有所增加；工业粉尘排放量达到 911 万吨，也没有达到“十五”计划的削减目标。

随着机动车保有量的迅猛增加，机动车尾气低空排放也加剧了大城市的空气污染。在北京和广州等大城市，大气中 80% 以上的一氧化碳、40% 以上的氮氧化物来自于汽车尾气排放。

3. 水污染情况

水是人民生活和社会生产必需的基本资源之一，水环境状况直接影响着经济社会发展和人们生活水平的提高。目前我国水环境所面临的形势仍然十分严峻，水环境恶化的趋势并未得到有效遏制。

目前我国主要污染物排放量远远超过水环境容量。2005 年，全国废水排放总量为 525 亿吨（其中工业废水排放量为 243 亿吨，生活污水排放量为 281 亿吨），废水中化学需氧量排放量为 1 414 万吨。根据七大水系常年平均径流量计算，我国地表水全部达到国家Ⅲ类水质标准时的化学需氧量容量为 800 万吨，实际排放量超过容量 77%。

就重点流域的水环境质量而言，从图 5－6 可以看出，自 2002 年以来，我国七大水系的总体水质有所好转。2005 年，Ⅰ～Ⅲ类水质的断面比例为 41%，比 2002 年增加了 11.9%；Ⅳ～Ⅴ类水质的断面比例为 32%，比 2002 年增加了 2%；劣Ⅴ类水质的断面比例为 27%，比 2002 年减少了 13.9%。

但全国有超过 1/4 的监测断面依然为劣五类水质，失去了生态功能。在七大水系中，珠江、长江水质较好，辽河、淮河、黄河、松花江水质较差，海河污染严重。重点流域的劣五类水质监测断面，海河占 54%，辽河占 40%，淮河虽然经过多年整治，仍然占 32%（见表 5－13）。

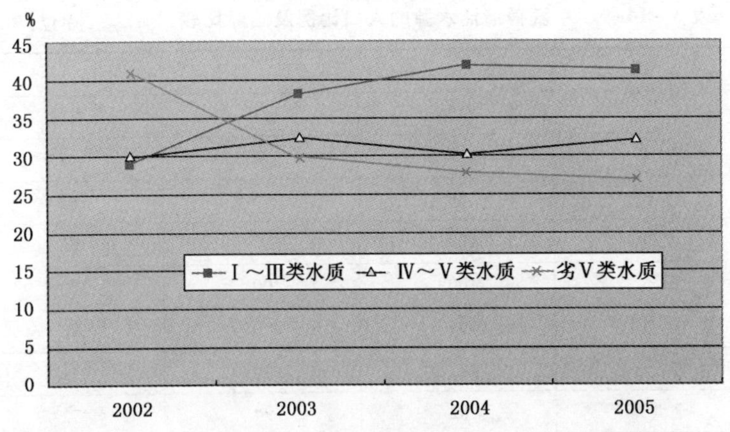

图 5－6 2002—2005 年七大水系总体水质变化情况

资料来源：根据 2002—2005 年《中国环境状况公报》相关数据整理而得

表 5－13 **2005 年七大水系水质情况** 单位：%

水系名称	Ⅰ～Ⅲ类（%）	Ⅳ～Ⅴ类（%）	劣Ⅴ类（%）
长江	76	13	11
黄河	34	41	25
珠江	76	18	6
松花江	24	57	19
淮河	17	51	32
海河	22	24	54
辽河	30	30	40
总体	41	32	27

资料来源：国家环境保护总局：《2005 年中国环境状况公报》

废水排放不仅污染了河流水质，也对地下水产生了威胁。水质污染使我国本来就短缺的水资源有相当一部分失去利用价值，人们的生活受到严重影响。表 5－14 的数据表明，2002 年我国不能获得清洁水源的人口比例高达 23%，这一比例不仅远远高于美国、日本等发达国家，也高于印度等发展中国家。

表5-14　　获得清洁水源的人口比例及国际比较　　单位：%

国家	获得改善的水源的人口比例（2002年）		
	总体	城市	农村
中国	77	92	68
印度	86	96	82
美国	100	100	100
日本	100	100	100
高收入国家	99	100	98
下中等收入国家	82	94	71
全世界	82	94	72

资料来源：世界银行（2005）有关资料

4. 固体废物污染情况

工业的发展会带来大量原材料的消耗，在当今大量生产消费的年代，固体废物的产生量越来越多。近几十年来，随着经济建设的快速发展和城市化进程的加快，固体废物产生量和累积堆积量呈现增长态势。2005年，工业固体废物产生量达到13.4亿吨，比2000年增加了64%（见表5-12）。

从固体废物治理状况来看，近年来，我国工业固体废物综合利用率呈递增趋势。如图5-7所示，2005年工业固体废物综合利用率达到了56.1%，比2000年提高了4.3个百分点。整个“十五”时期工业固体废物平均综合利用率为54.34%，比“九五”时期增长了9.12个百分点，这说明“十五”时期工业固体废物资源化总体水平有了一定的提高。然而与发达国家相比，这一比率仍然是比较低的。

由于工业固体废物的减量化工作进展迟缓，而产生量却逐年上升，工业固体废物的堆存量越来越多，占用的土地面积也越来越多。从图5-8可以清楚地看出，从1981年至今，我国工业固体废物累积贮存量和占地面积急剧增加。到2005年全国固体废物堆存量累积已近80亿吨，占用土地近7亿平方米。固体废物对土壤、水体和空气造成了严重污染，成为破坏环境质量的又一严重问题。

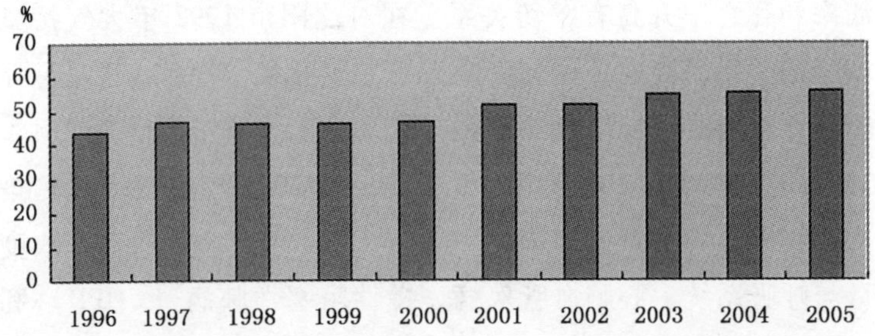

图5-7　1996—2005年我国工业固体废物综合利用率变动趋势

资料来源：根据1996—2005年《中国环境统计公报》相关数据整理而得

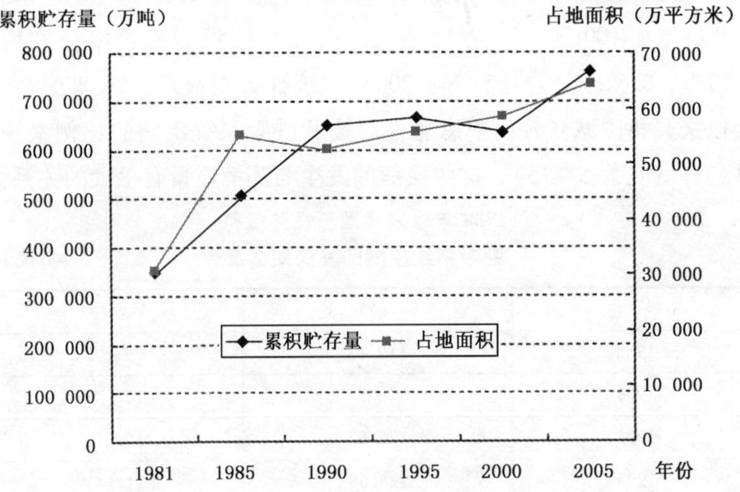

图5-8　1981—2005年工业固体废物贮存量及堆存占地面积

资料来源：根据历年《中国环境统计公报》相关数据整理而得

5. 环境污染损失

环境污染造成了高昂的经济成本和环境成本，并对公众健康产生明显的损害。

环境污染对人体健康造成直接伤害。以大气污染为例，众多研究证实了大气污染与总死亡率、呼吸系统疾病和循环系统疾病等的发病率和死亡率升高有密切关系。在对沈阳市1992年大气污染与死亡率的关系研究中，研究者发现，二氧化硫（SO_2）和总悬浮颗粒物浓度（TSP）每增加100μg/m^3，总死亡率分别增加2.4%和1.7%（徐肇翊等，1996）。对北京1998—2002年每日大气污染与居民死亡人数的关系研究表明，大气CO、SO_2、NO_2、TSP浓度单变量与呼吸系统、心脑血管疾病、慢性阻塞性肺病（COPD）和冠心病死亡率之间均有显著正相关关系；多因素泊松回归模型分析显示，SO_2浓度每提高100μg/m^3，呼吸系统、循环系统、冠心病和COPD疾病死亡率分别增加4.21%、3.97%、10.68%和19.22%，TSP每增加100μg/m^3，呼吸系统、循环系统疾病死亡率分别增加3.19%、0.62%（常桂秋等，2003）。统计数据显示，20世纪90年代以来，我国城乡人口中患恶性肿瘤和呼吸系统疾病的比例呈现上升趋势（见表5－15），这些疾病的发生与环境质量有很大的关系。

表5－15　1988年以来我国恶性肿瘤和呼吸系统疾病的发病率情况　单位：1/100 000

年　份	城市	农村
1988	119.13	95.02
1991	—	101
1993	126.52	102.18
1995	128.58	111.43
1996	131	105

资料来源：世界银行（1997）

据世界卫生组织提供的资料表明，全球1/4疾病归因于环境因素。亚洲地区每年因不安全饮水引起的过早死亡为73万人，每年因大气污染造成48.7万人过早死亡，室内空气污染造成102.5万人过早死亡（Cohen *et al.*，2005）。世界银行（1997）估计我国城市每年因空气污染导致的早亡人数高达17.8万人，农村每年有11万人因受煤及其他燃料燃烧所引起的室内空气污染影响而早亡，大气污染致病造成的工作日损失达740万人/年。上海市2001年归因于城区大气颗粒物污染的居民健康效应及其经济损失研究得出，大气颗粒物污染造成的经济损失为51亿元，占上海全市当年GDP的1.03%。其中，由死亡引起的经济损失最大，占总数的82.9%；另外慢性支气管炎和活动受限日对经济损失总额的贡献也较大（阚海东等，2004）。

许多学者已经对我国环境破坏的经济成本进行了估计，尽管各个学者估算的结果差异很大，但已足以反映出我国环境污染后果的严重性。即使是低估计的环境损害，相对国家的年经济增长速度而言也是十分显著的。污染损失的分析结果见表5-16。

表5-16　　我国环境破坏经济损失的计算

研究者	数据年份	评估结果（亿元人民币）		成本/GNP（%）
		环境污染	生态破坏	
Liu 和 Wang（1998）	1980	440	265	16.67
过孝民和张勤慧（1990）	1981—1985	380	498	15.6
曲格平（1994）	1988	950	—	6.75
孙炳彦（1992）	1990	150	—	8.3
Smil（1996）	1988	437	1 248	9.5
Smil 和 Yoshi（1998）	1990	986	3 816	18.8
孙炳彦（1996）	1992	180	—	7.4
徐嵩龄（1998）	1993	963	2 394	9.7
郑易生（1997）	1993	1 085	—	17
中国环境年鉴（1997）	1995	12	—	1.7
世界银行（1997）	1996	536*	—	7.7
Panayotou 和章铮（2000）	1998	971*	—	9.7

注：*单位为亿美元

资料来源：Panayotou 等（2004）

二、人与自然失衡和财政支出结构的关系

我国人与自然严重失衡的现状，主要是由政府错误的发展观、粗放型的经济增长方式以及以重工业为主的产业结构造成的。政府在财政支出方面的缺陷加剧了失衡的局面，主要表现在三个方面。第一，环境保护投入不足，环境污染治理的历史欠账较多。第二，财政对科研支出偏少，不能有效激励资源和环境科技创新。第三，某些不恰当的财政补贴进一步导致资源浪费、环境恶化。

（一）环境保护投入[①]不足

1. 总体情况

长期以来，环境保护投入不足一直是制约我国环境保护发展的瓶颈。目前，尽管我国环境保护取得了一定的成就，但环境形势依然十分严峻，要实现环境质量好转的目标，需要大量的资金支持。同时，随着我国经济增长和社会进步，生态环境将面临更大的压力，人民群众对良好生活环境的追求不断提高，也要求我国进一步提高环境保护目标。这就使得环境保护投入不足这一瓶颈问题显得格外突出。

---

① 根据我国环境保护部门的统计口径，环境保护投入主要是指环境污染防治投资，包括新建工业项目防治污染投资、老工业企业污染治理投资和城市环境基础设施建设投资三部分，通常不包括生态保护和恢复的投资。

20 世纪 80 年代以前，我国对污染控制基本没有投入，与环境有关的城市基础设施的投资也非常有限。80 年代以后，我国开始将环境保护纳入国民经济计划，但整体投入偏少，“六五”至“八五”期间，全社会环境保护投入只占同期 GNP 的 0.7% 左右。

从“九五”时期开始，我国政府高度重视环境保护工作，环境保护投资呈现快速增长趋势。整个“九五”期间环境保护投资 3 600亿元，是“八五”期间投入的 2.6 倍，占 GDP 的比重上升到 0.93%。其中，1999 年的环保投入 820 亿元，占 GDP 的比重首次突破 1%。“十五”期间，全国环境污染治理投资猛增至 8 398.3 亿元，比“九五”时期增长 1.33 倍，占同期 GDP 的比重进一步达到 1.18%。其中，2005 年环保投入为 2 388 亿元，占 GDP 的比重高达 1.3%（见表 5－17）。

表 5－17　　1981—2005 年我国环境保护投入情况

年份	环保投资（亿元）	占当年 GDP 的比重（%）	年份	环保投资（亿元）	占当年 GDP 的比重（%）
“六五”期间	166.3	0.5	1993	269	0.85
1981	25	0.52	1994	307	0.7
1982	28.7	0.55	1995	355	0.62
1983	30.7	0.53	“九五”期间	3 600	0.93
1984	33.4	0.48	1996	408	0.6
1985	48.5	0.47	1997	502	0.68
“七五”期间	477.3	0.74	1998	723	0.92
1986	73.9	0.86	1999	820	1
1987	91.9	0.76	2000	1 060	1.1
1988	99.9	0.81	“十五”期间	8 398.3	1.18
1989	102.5	0.72	2001	1 106.6	1.01
1990	109.1	0.65	2002	1 367.2	1.14
“八五”期间	1 307	0.73	2003	1 627.7	1.2
1991	170	0.63	2004	1 908.8	1.19
1992	206	0.84	2005	2 388	1.3

资料来源：历年《中国统计年鉴》

但是，由于前期投入较少，我国的污染治理投资存在大量的历史欠账（见图5-9）。据曲格平（1997）估计，工业治污欠账约在1 500亿—2 000亿元，城市与污染控制有关的基础设施欠账至少有3 000亿元，环境保护投资的历史欠账总数约在5 000亿元左右。要弥补这些投资，要求环境保护投资上升到占GDP的1.5%以上。

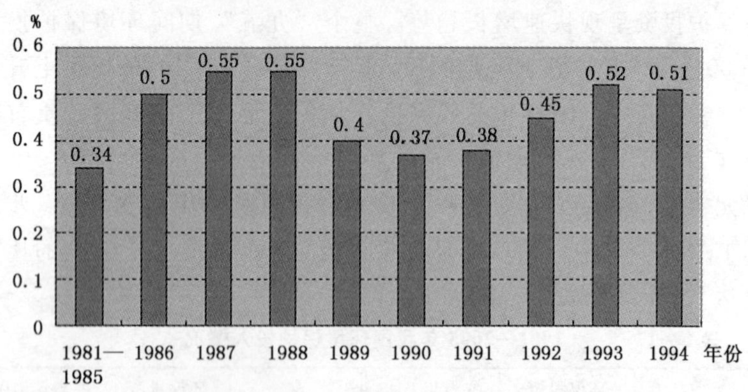

图5-9　我国历年污染治理投资欠账占GNP的比重

资料来源：侯伟丽（2005）

从已经完成工业化的发达国家经验来看，环境质量的改善是以资金和技术的投入为依托的。表5-18的数据显示，发达国家在20世纪70年代环境保护投资已经占到GNP的2%左右，其中美国为2%，日本为1.8%—2.9%，德国为1.8%—2.1%。根据国际经验，当治理环境污染的投资占国内生产总值的比例达到1%—1.5%时，可以控制环境污染恶化的趋势；当该比例达到2%—3%时，环境质量可有所改善（世界银行，1997）。由此可见，缺乏稳

表5-18　发达国家环保支出占GNP的比重　单位：%

国家	美国	英国	法国	日本	前联邦德国	瑞典
时期	20世纪70年代	20世纪70年代	20世纪70年代	1972—1975	1971—1975	1974
占GNP的比重	2	2.4	1.4	1.8—2.9	1.8—2.1	1.9

资料来源：张坤民（1992）

定可靠的收入来源和足额、持续增长的投资支出，已经成为严重制约我国环保事业发展的绊脚石。

2. 财政对环境保护的支出情况

环境保护具有典型的公共产品特征，由此决定了其主要应由政府财政投资。首先，环境保护具有非排他性，因为要想排除他人免费搭车享受环保收益，在技术上很难做到或者代价太大而不切实际。其次，环境保护的非竞争性特征也很明显，在其未达饱和范围内，增加他人享受环保收益并不会增加环保成本。另外，环境保护还具有较强的外溢性，这也是市场失效的一个典型表现。大气、水受到了污染，施害者并不一定会受到相应的惩罚；相反，如果大气、水质量改善了，受益者也不一定相应给付代价。因此，环境保护是一种典型的社会成本与私人成本不对称的公共产品，在市场机制下，环境保护的公共产品供给将会严重不足。这一事实为政府介入提供了一个基本依据。公共财政介入环境保护领域，使资源配置达到最优化，这是公共财政的应尽职责。

从我国的实践来看，我国政府的财政支出已经体现了政府为环境保护所作的努力。在制度安排上，财政预算资金是政府投资环境保护的主要形式。与环境保护有关的财政预算支出主要包括两大方面（马中，2006）。

第一，环境保护的消费性财政支出。

在我国传统的中央财政预算安排①中，没有专门用于环境保护的社会消费项目（如医疗、教育等有专项的支出预算），但有一些公共消费项目事实上支持着环境保护事业。例如，通过建立和运转政府环境保护行政管理系统，来加强政府的环境保护职能。当然，

① 我国目前的预算中财政支出主要分为经济建设费、社会文教费、国防费用、行政管理费用和其他支出五大类。

与环境保护有关的行政事业费并不只限于环境保护行政主管部门，承担环境保护职能的其他相关部门或环境敏感部门的行政事业费也包括在内。同样的，还包括科学研究、环境教育和卫生设施方面的支出。具体来说，包括：（1）国家环境行政管理费，包括行政事业费（含运行和装备费用）、环境监察、环境检测（含监测设备的购买与维护）、环境规划、环境标准订立等。（2）环境信息、环境教育宣传、环境科学研究、支持解决重大环境问题的关键技术攻关示范和推广。（3）自然生态保护。（4）历史遗留污染物及场地的处理。（5）国际履约和国际间合作中的非投资性支出。

第二，环境保护的投资性财政支出。

在由计划经济体制向市场经济体制转轨的过程中，政府投资应该逐步退出一些竞争性的环保投资领域，将财政投资集中用于具有显著社会效益并能够发挥投资导向作用的环保投资项目上。从政府在环境保护投融资领域的作用来看，政府财政投资的方向主要有：（1）大型城市环境基础设施建设，如城市污水处理厂、城市管道煤气项目、集中供热项目、生活垃圾处理项目等。（2）大型跨区域流域综合治理项目。（3）危险废弃物处理、核废料处理处置设施建设项目（含运行）。（4）生态建设项目。（5）环境保护机构的行政设施建设，包括办公室、公寓、实验室、监测站等。

由于目前的预算管理体制中并没有专门用于环境保护的支出项目，因此虽然政府已对环境保护有较大的投入，但已实现的投资多以专项资金的形式出现，并没有专门的统计。另外，统计部门对环境保护资金的数据也没有按照财政资金和非财政资金的分类进行统计，所以很难直接从国家的统计数据中了解环境保护的财政支出情况。但有研究表明，我国环境保护投资中各级政府和公共部门的投入已经占到了70%以上（邹首民等，2005）。据统计，“八五”期间，各级政府用于环境与资源保护的财政支出为650亿元（包括地方财政列收列支的排污收费资金123亿元），占全社会环境保护投资的一半，占同期国家财政总支出的2.67%，其中中央财政支出54亿元，地方财政支出596亿元，分别占同期中央和地方财政总支出的0.74%和3.49%（王金南，2003）。“九五”和“十五”时期，政府进一步增加对环境保护的投入。除了各种常规性支出外，还实施了一些环境保护重点项目工程。1998年政府启动了《重点地区天然林资源保护工程实施方案》，整个工程从1998年持续到2010年，总投资1 729.13亿元。根据国务院批准的《长江上游黄河上中游地区天然林资源保护工程实施方案》和《东北内蒙古等重点国有林区天然林资源保护工程实施方案》，2000—2010年，天然林资源保护工程资金总投入为962亿元，其中中央补助784亿元（长江上游、黄河上中游地区426亿元，东部、内蒙古等重点国有林区358亿元），地方配套178亿元（长江上游、黄河上中游地区107亿元，东部、内蒙古等重点国有林区71亿元）。在上述总投资当中，包括基本建设投资180亿元（其中中央补助144亿元，地方配套36亿元），财政专项资金782亿元（其中中央补助640亿元，地方配套142亿元）。自2001年起中央财政设立森林生态效益补助资金，在全国开展森林生态效益补助资金试点，为林业生态建设提供了政策保障和资金支持。

除财政预算资金外，国债也是一个环境保护融资渠道。从1998年开始，我国实行了积极的财政政策，通过发行国债来刺激经济，国债资金中很大一部分投向了环境和生态领域。1998—2002年，用于农林水利和环境保护的资金占同期国债资金的38%（包括天然林保护、退耕还林等工程项目），其中用于环保项目的支出达613亿元①，占同期国债资金总额（6 600亿元）的9.3%（见

① 主要用于城市环保基础设施建设、“三河三湖”及“渤海碧海”水污染防治、三峡库区水污染防治、城市供排水配套管网工程、北京市环境综合治理和环保设备国产化等项目。

表 5 - 19)。

表 5 - 19　　1998—2002 年我国环保国债发行情况

年　份	国债环保项目投资总额（亿元）	长期建设国债总额（亿元）	占国债总额比重（%）
1998	138.60	1 000	13.86
1999	125.50	1 000	12.55
2000	107.60	1 500	7.17
2001	133.30	1 500	8.89
2002	96.14	1 500	6.40

资料来源：《中国环境年鉴》（1999—2003）

从 2005 年开始，我国淡出积极的财政政策，中央大幅度削减了长期国债的发行量，但是仍然发行了 800 亿元国债用于“三农”、社会发展、生态建设和环境保护等薄弱环节的投入。

3. 环境保护财政支出中存在的问题

第一，对环境保护的财政支出总额不足。

由于缺乏环境保护财政支出的准确数据，这个结论正确与否尚可商榷。但由于这方面财政支出结构的不合理，导致了支出不足问题，这是客观存在的。这主要体现在两个方面。

首先，在我国的财政预算中，用于环境保护行政管理的资金份额与环境保护管理体制所担负的重大责任很不对称。特别是国家用于生态保护行政管理的资金严重不足，无法为环境管理提供必要的资金支持。国家环境保护总局是国务院主管环境保护工作的直属机构，只有 201 人的编制人数。2003 年财政部、发改委仅安排国家环境保护总局经费 31 155 万元，其中预算内基本建设经费 2 718 万元、环保事业费 19 388 万元、科学事业费 3 744 万元、其他经费 5 307万元。这样的经费安排仅能基本满足国家环境保护总局本级的事业需要，离国家环境保护总局系统及环保事业发展的需求还有很大的差距。相比较而言，美国联邦环境保护局现有近 19 000 名雇员，2002 年的联邦财政预算为 80 亿美元。人员短缺和经费不足严重影响了我国政府环境保护管理体制的正常运行，不利于我国环境保护事业的长远发展。

其次，中央和地方环境事权划分不清，导致环境保护投入的真空。我国环境保护法规定地方政府对当地环境质量负责，但是环境问题具有全球性、区域性或流域性，需要全国甚至全球的共同努力。中央政府认识到环境的这种特性，提出国家污染治理重点项目，并负责跨区域的环境保护规划（如三河三湖规划）。但是实际实施时却是由地方政府负责，而中央只是负责协调和监督。例如，根据《中华人民共和国自然保护区条例》（1994）第二十三条的规定："管理自然保护区所需经费，由自然保护区所在地的县级以上地方人民政府安排。国家对国家级自然保护区的管理，给予适当的资金补助。"但事实上，各级自然保护区所需的经费常常需要基层政府（如市级政府）拨付。自然保护区具有显著的公共物品属性，甚至是全社会性的公共物品，对这类产品的提供理应是中央财政的职能，中央政府却没有通过合理的财政投入方式保证这类产品的资金需要。

第二，缺乏稳定的投入机制。

不可否认，国家在短期内通过对重点污染治理项目以专项投资的形式投入大量资金，这对环境治理起到了很重要的作用，但是，仅仅这样并不够，环境保护需要长期稳定的资金投入。而目前国家各级财政预算中，并没有专门针对环境保护的正常科目，这使得环境保护缺乏稳定可靠的财政资金保障。

随着我国公共财政体制和预算制度改革的进行，这个问题正在逐渐得以解决。自 1998 年开始，国家环保总局就开始和国家财政部、国家计委等部门协商，争取将环保投入纳入中央财政预算。2005 年 1 月，财政部出台的《财政收支分类改革方案（征求意见稿)》中，“环境保护”正式成为了财政支出的一项功能。

修改后的财政支出按功能共分17项，环境保护支出位列其中。在环境保护支出政府预算科目中，包括有以下10个子类：(1) 环境保护管理事务。(2) 环境监测与监察。(3) 污染治理。(4) 自然生态保护。(5) 天然林保护工程。(6) 退耕还林。(7) 风沙荒漠治理。(8) 退牧还草。(9) 已垦草原退耕还草。(10) 其他。

新的预算科目于2007年开始实施。从目前情况来看，在环境保护的子科目中，有些子科目是环保部门主管；有些是由国家林业局主管，如天然林保护工程；还有一些支出项目没有列入预算科目，如危险医药废物的处理与处置、环境政策制定的准备工作等。因此还需要一段时间来协调各种关系，完善预算科目设置，从而彻底理顺环境保护的经费渠道。

第三，资金使用效率低。

近年来，随着政府财政能力不断增强，各级政府对环境保护工作的重视程度逐渐提高，投入的资金也越来越多。但是这些财政资金的使用效率并不尽如人意，很多资金投入以后并没有达到预期的效果。例如，2004年财政部对用于三江源区生态建设的国债资金进行绩效评估，发现了财政资金分配渠道过多、配套资金不到位、生态保护能力建设不足等诸多问题，这些问题直接导致了国债资金的低效率。另外一个例子是城市污水与垃圾处理设施的建设和运营管理效率不高。在这里，缺乏市场竞争机制是造成效率低下的根源，形成了我国城市环境基础设施建设、管理领域的痼疾。

（二）财政科技创新投入不足

1. 科技进步对资源利用和环境保护的作用

从国内外历史经验看，资源短缺（尤其是能源资源短缺）和环境污染是人类社会可持续发展的重大威胁。1972 年罗马俱乐部发表了著名的报告《增长的极限》，指出如果人类按照 20 世纪 70 年代的模式发展下去，在 100 年内将会因人口过量、资源不足、环境污染等原因而停止发展，到达增长极限。这种观点使得当时的国际社会蒙上了一层悲观失望的阴影。

30 年后，该报告预言的悲惨情形并没有出现。由于世界各国对资源节约、提高资源利用效率和开发利用可再生能源以及环境保护的重视，资源枯竭和环境破坏的威胁得到了一定程度的缓解。这其中，最根本的原因要归于科学技术的进步（周大地，2006）。

科技进步对资源和环境的可持续发展产生了巨大作用。科技进步对阻止资源耗竭和减少环境污染的作用是巨大的，而且是多方面的。首先，科技进步可以增加能源资源的多样化和可利用资源量，阻止能源资源耗竭。19 世纪以前，非商品能源和煤是能源的主要组成，19 世纪末、20 世纪初，技术进步使人们认识到石油也是一项重要的能源。20 世纪 70 年代以后，风能、太阳能等可再生能源的开发成本不断下降，大大促进了近些年来可再生能源的迅速发展。另一方面，科技进步降低了现有能源的开发费用，使过去无法利用的能源变得可以开采。

其次，科技进步可以提高能源利用效率，大幅度降低能源需求总量，进而间接地降低污染排放量。科技进步可以提高能源转换效率和终端使用效率，从而促进能源利用效率的提高，满足同样需求时可显著降低能源需求总量。在终端用能方面，先进的节能技术同样可以有效地降低工业、建筑、交通部门的终端能源需求。科技进步促使能源得到合理利用，提高了能源的有效利用率，发展所需要的能源就可以得到有效的控制，污染排放量也相应减少，环境保护的压力也就会明显地减少。

再其次，能源和环保的新技术可以减少能源生产和消费过程造成的环境污染。科技进步可以有效控制区域性污染物和温室气体的排放水平。例如，煤炭发电技术的进步使电厂的环保特性不断提高。与超临界发电技术相比，整体煤气化联合循环（IGCC）发电技术有更低的排放水平，研发中的多联产技术的发展目标是达到常规污染物（SO_x、NO_x、粉尘、微量元素和有机物等）的近零排放。

最后，环境保护科技的进步也对环境保护起到了巨大的作用。科技进步使我们能够更准确地鉴别、测量污染及其危害，更便宜更有效地处理排放物；新发明同时也帮助我们采用新的、较少或无污染的生产方法。现在已经有了多种专门技术用于降低常规污染物的排放，如高效低 NO_x 燃烧器、循环流化床锅炉燃烧技术、尾部烟气脱硫技术等。近 30 年来，在诸如臭氧层的损耗、气候改变、生物多样性减少、自然灾害和环境灾害以及水和近海污染等环境问题的治理上，科技无时不发挥着重要作用。

2. 我国资源和环境科技现状

我国在 1980—2000 年之间实现了经济翻两番而能源消费只翻一番的目标，除了体制变革和经济结构调整的作用外，能源科技进步也发挥了重要作用。改革开放以来，我国的能源科技有了长足的进步。我国的煤炭工业已具备设计、施工、装备和管理千万吨级露天煤矿和大中型矿区的能力，综合机械化采煤和运输设备以及强力胶带输送机等现代化成套设备大量使用，并拥有具世界先进水平的年产煤 500 万吨以上的工作面。石油工业已形成从科学研究、勘探开发、地面工程建设到装备制造的完整体系。复杂断块油气勘探、油田早期注水分层开采、高含水油田稳油控水开发、聚合物驱油提高采收率、复杂断块油田滚动勘探开发等技术达到国际领先水平。原油加工技术也在不断提高。电力工业已基本掌握 60 万千瓦亚临界火电机组和 500 千伏交直流输变电工程的设计、施工、调试及运行技术，电网运行初步实现了自动化、现代化管理。

然而，从整体来看，目前我国能源工业的技术水平距离发达国家仍有较大差距，急需的许多技术（如大型燃气轮机技术等）都尚未掌握。我国东部地区的大型煤矿开采深度逐年加深，生产成本越来越高，亟待有效的技术解决措施。同样，大庆、胜利和辽河等主力油田已经进入后期开采阶段，开采难度越来越大，需要不断进行技术创新。我国目前的能源结构要求降低煤炭的比例，增加天然气、核能、水电和可再生能源的供应量。但目前，缺乏技术基础和设备制造能力已经成为我国发展天然气发电的最大障碍。在开发可再生能源方面，我国大规模发展风电的重要障碍之一是尚未掌握大型风电机组的制造技术，缺乏具有规模化生产能力的风电设备制造企业。可见，我国的能源科技正面临着巨大的挑战。

在环境科技方面，我国很早就意识到解决环境问题必须依靠科技进步。1972 年第一届全国环境大会召开后，我国环境科技事业开始起步。1990 年国务院颁布了《关于进一步加强环境保护工作的决定》，要求积极研究开发环保技术。此后，国家不断制定各种促进环境科技发展的方针政策，加大环境科技的开发力度。到目前，已经取得了一系列的科研成果，在环境问题的解决上发挥了重要作用。例如，硫化床燃法和煤炭气化的技术创新可使煤炭燃烧产生的大气悬浮物减少 99% 以上，二氧化硫消除率达到 90%，氮氧化物消除率超过 50%；我国研究开发的难降解有机工业废水新型预处理技术及关键设备、高效单元处理设备、人工湿地污水处理系统等，很好地实现了水污染的防治。国家环境和灾害检测预防小卫星星座系统项目的建设已接近尾声，2006 年陆续发射三颗环境小卫星，届时将建立起国家环境和生态立体监测网络。

值得重视的是，我国环境科技的开发和应用虽然取得了一定的进步，但整体上讲，我国的环境科技仍然落后于环境保护形势的发展和要求。与发达国家相比，其间差距更显著（王玉庆，2005）。我国在一部分环境科技研究领域，如高性能的防止污染技术、混合和复合状态的毒性作用、全球气候变化、环境基准、环境标准等方面的研究还相当薄弱，有的甚至是空白。我国许多环保企业的产品技术含量很低，如水处理主要为一般工业废水处理技术和产品，大气污染治理主要是靠除尘设备，在大型燃煤电厂烟气脱硫、城市垃圾资源化、城市生活污水处理和高浓度有机废水治理等重点领域的一些关键产品还没有自己的制造技术。我国的污染防治技术，目前只相当于发达国家20世纪70年代的水平。在环保设备制造的加工质量、可靠性、有效性和先进性等方面只相当于发达国家20世纪60年代的水平（董险峰，2000）。另外，在环境科技的推广应用和扩散方面，目前也存在明显不足，而这对于我国环境质量的改善可能更为重要（侯伟丽，2005）。据统计，2000年我国共开发环境保护技术9 418项，其中实现转让仅183项，不足开发技术项目总数的2%。

3. 政府科技投入不足是资源和环境科技落后的一个重要原因

技术创新具有明显的正外部性，在市场机制下，不能产生足够的资源节约技术和环境保护技术。因此，要促进资源和环境科技的发展，需要政府的积极干预。图5-10说明政府对技术创新实践者实施财政激励，可以使其造成的外部性内在化。给资源和环境科技创新的财政补贴或税收优惠F取决于创新所带来的外部边际收益

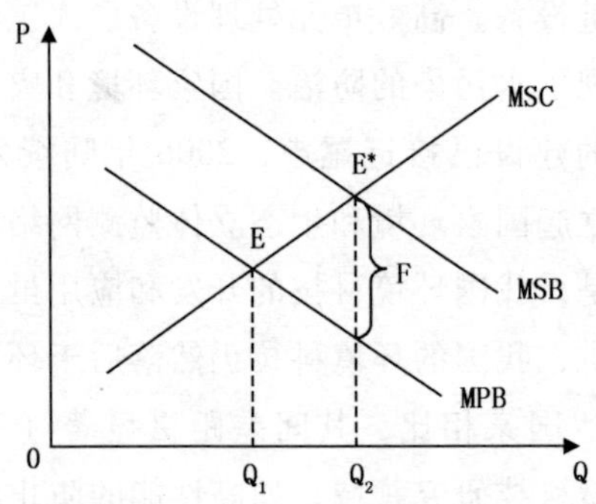

图5-10 通过财政补贴内在化技术创新外部性

的大小，如果私人边际收益与社会边际收益相等，科技创新的数量就能达到社会最优水平。

为了促进资源和环境科技的创新，发达国家每年有大量公共支出用于技术开发研究。美国能源部能源效率与可再生能源局2003年工业节能技术和电力技术研究开发预算分别为1.38亿和3.94亿美元。在2001年发布的《美国国家能源政策》中，美国政府提出“准备在今后10年投入100多亿美元鼓励节能和能源开发、减税40亿美元来鼓励消费者购买节能汽车”（周大地，2006）。日本政府2000年支出的节能技术研究开发费用达6.22亿美元，居国际能源机构（IEA）成员国的首位。在环保科技开发上，目前美国每年国家投入用于环境科研的经费约为10亿美元，日本环境省每年的环境科研经费超过800亿日元（王玉庆，2005）。

与发达国家相比，我国政府在资源和环境科技创新上的投入却严重不足。2005年，我国的研发费用占国内生产总值的比重为1.34%。其中有大约1/5用于与能源或与环境有关的研发。表5－20列出了1987—1997年我国以及其他国家的研发开支以及其他与创新有关的开支。从该表中我们可以看出，我国技术创新方面的投入占国内生产总值的比例比表中其他国家都低。

表5－20　各国科学发展指标

国　家	1987—1997年研发费用占国内生产总值的比重（%）	1987—1997年从事研发的科学家人数（百万）	1987—1997年从事研发的技术人员人数（百万）	1997年专利申请数量（百万）
澳大利亚	1.8	3 357	797	2 342
丹麦	1.95	3 259	2 644	14 076
芬兰	2.78	2 799	1 996	12 709
法国	2.25	2 659	2 873	1 681
德国	2.41	2 831	1 472	1 889
日本	2.8	4 909	827	3 182

续表

国　家	1987—1997 年研发费用占国内生产总值的比重（%）	1987—1997 年从事研发的科学家人数（百万）	1987—1997 年从事研发的技术人员人数（百万）	1997 年专利申请数量（百万）
西班牙	0.9	1 305	343	2 137
瑞典	3.76	3 826	3 166	9 482
英国	1.95	2 448	1 017	2 192
美国	2.63	3 676	—	2 342
中等收入国家	2	2 662	14 439	5 815
中国	0.66（2005 年为 1.34）	454	233	43

注：我国 2005 年的数据来自《中国统计年鉴 2006》

资料来源：Goulder（2005）

以环境科技研发投入为例。2003 年我国财政安排的环境科研经费仅为 3 亿元。在国家科技攻关计划中设立的“重大环境问题对策与关键支撑技术研究”项目，科技部仅为此安排了 5 000 万元资金。近年来，一批国家科技项目中涉及环境保护技术的，包括九七三、八六三攻关项目等重大计划项目以及国家基础工艺研究、标准专项、国际科技合作重点项目等，国家拨予的研究经费也只有上亿元。由于缺乏科研资金保证，一系列事关环保事业发展的重大科研项目无法安排（王玉庆，2005）。

（三）有害的财政补贴

1. 资源和环境问题上的政府失效

即使环境公共产品和技术创新等市场失效问题得到了解决，不恰当的宏观经济政策仍然会导致自然资源的不合理利用和持续的环境恶化。一些错误的政策是自然资源可持续利用和生态环境的真正威胁，这其中危害最大的是，对可能导致资源短缺和严重环境退化的产品、服务和行为，如水、能源、化肥和农药等的生产和消费提供财政补贴的做法。不适当的财政补贴制度，使得产品的价格偏低，结果导致资源利用效率低下甚至造成浪费，加重环境资源的污染和破坏。这是在资源和环境问题上的政府失效（Gupta *et al.*，1995；Barde and Honkatukia，2004）。

政府失效会加剧自然资源使用的浪费和环境破坏。图 5－11 说明了对具有负外部性的产品和行为的政府补贴会对资源利用和环境造成怎样的后果。如图 5－11 所示，私人生产（或消费）的边际成本曲线 MPC 与社会边际收益曲线 MSB 相交于 A 点，产出为 Q_1。由于私人活动会对资源和环境造成负外部性，考虑到负外部性后，社会成本曲线 MSC 与社会边际收益曲线 MSB 相交于 B 点，这时的产出 Q^* 是社会最优水平。（$Q_1 - Q^*$）代表了市场失效。一般的政府政策目标正是要通过征税等手段促使企业的私人边际成本曲线向社会边际成本曲线移动，从而限制自然资源的过度使用和减少环境破坏。

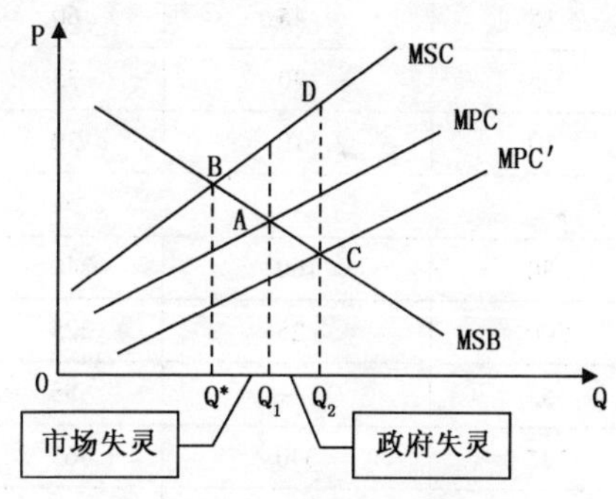

图 5－11　政府失效

假如政府给生产者提供了财政补贴，这将促使生产者的边际成本曲线向下移动到 MPC′，这时的产出增加到 Q_2 水平，由政府补贴导致的超额产出（$Q_2 - Q_1$）就代表了政府失效。由图中可以看出，这时候全社会的福利损失为三角形 BCD 的面积，政府失效和市场失效累加在一起，造成了资源利用的严重浪费，导致资源加速耗竭、生态环境不断恶化、经济社会发展的资源环境基础受到严重破坏。

2. 经合组织与各国的做法

财政补贴盛行于世界各国（庄贵阳，2006）。如表 5－21 所示，在 20 世纪 90 年代，全世界各国每年总补贴额大于 10 000 亿美元，占全世界总 GDP 的 4%。其中 2/3 发生在世界经济合作与发展组织（OECD，以下简称经合组织）国家，主要集中在农业、矿业、道路交通和制造业，最显著的是经合组织国家对农业部门的补贴，占总补贴额的 30% 以上。

表 5－21　全世界补贴估计（1994—1998 年平均）　单位：10 亿美元

	OECD 国家［1］	非 OECD 国家［2］	全世界［3］	［1］/［3］(%)
自然资源部门				
农业	335	65	400	84
水资源	15	45	60	25
森林	5	30	35	4
渔业	10	10	20	50
能源与工业部门				
能源	80	160	240	33
道路交通	200	25	225	89
制造业	55	—	55	100
总　计	725	340	1 065	68
占 GDP 百分比 (%)	3.4	6.3	4	—

资料来源：世界经济合作与发展组织（OECD）(2003)

近年来，各国逐渐认识到许多财政补贴政策对资源和环境的消极影响，一些国家的政府已经开始削减乃至取消这些有害的补贴。

如经合组织国家目前已广泛开展补贴对资源和环境影响的研究，出版了一系列研究报告（经合组织，1998、2003）。具体的调整措施包括英国减少对煤炭的补贴、俄罗斯对能源部门补贴政策的改革以及其他经合组织国家农业政策的改革等。研究资料显示经合组织国家的补贴总体呈缓慢下降趋势（Barde and Honkatukia，2004）。

3. 我国财政补贴现状

我国的财政补贴政策是在经济体制转轨过程中，针对价格政策调整带来的物价变动，为稳定生产和消费而逐步形成的。随着市场经济的完善，价格扭曲逐渐消除，补贴政策也逐步消除。然而，目前的经济中仍然存在着大量的补贴政策。国家对关系到国计民生的一些商品和资源仍然采取价格控制，包括指令性和指导性价格等等，由此产生了大量的政府补贴。比如，为了减轻粮农的负担和鼓励粮农增加农业投入，政府对化肥经营实行统一定价、分级管理的政策，对生产和进口化肥进行价格补贴。政府也对水、电、煤炭等实行了各种各样的价格补贴。从实施效果来看，财政补贴对生产和生活起到了积极的作用，但现行财政补贴政策对资源和环境的副作用在很大程度上被忽略了。在制定补贴政策时，往往只是针对某一问题提出补贴政策，没有把对资源和环境的影响与可持续发展战略考虑进去，这导致了某些补贴政策对资源和环境产生负面影响。为了实施可持续发展战略，实现人与自然的和谐发展，这些补贴政策必须逐渐予以调整或消除。

目前的财政补贴政策主要集中在以下几种资源和商品的生产和消费上，包括水、能源（主要是煤炭和石油）以及化肥和农药。[①]

第一，水资源补贴。

① 对我国改革开放以来不利于资源和环境的补贴政策的全面研究，参见葛察忠等(2004) 的相关研究成果。

在计划经济下，我国对水资源实行无偿开发利用政策，水价订得很低。改革开放以来，政府对水资源的利用政策进行了调整，水资源有价的观念逐渐形成，并且写进了《中华人民共和国水法》。

考虑到居民的承受能力，我国对水资源实行严格的价格控制。《中华人民共和国水法》明确规定，水的价格为供水成本加微利。然而在成本中并没有包括由于水资源的使用而产生的资源耗竭成本和环境成本，如由于水利工程所引起的环境损失等等。

尽管只计算有形成本，在现实中，各种用水的价格仍然低于其生产成本。水价太低，不能弥补供水成本，政府每年都要给予供水企业大量的财政补贴。这些补贴包括向供水公司无偿提供水利工程的建设资金、增值税和所得税减免以及经营亏损补贴等等（严伟等，2006）。从表 5－22 可以看出，目前政府对水资源的补贴率很高，达到 30% 左右。举例来说，上海自来水公司从 1993—1996 年收到的补贴就超过 10 亿元。

表 5－22　　1988—1997 年我国水价与成本对比表

单位：元/立方米、%

	1988—1990 年			1991—1996 年			1997 年		
	水价	成本	补贴率	水价	成本	补贴率	水价	成本	补贴率
农业灌溉	0.008	0.013	37	0.016	0.029	44.8	0.03	0.055	45.5
工业用水	0.04	0.063	36.5	0.06	0.086	30.5	0.16	—	—
生活用水	0.023	0.031	25.8	0.04	0.056	28.4	0.1	—	—

资料来源：葛察忠等（2004）

政府对供水企业的巨大补贴维持了水资源的低价政策。水价低导致了水资源的过度使用和低效率利用。我国农业灌溉有效利用率只有 30%—50%，工业重复利用率只有 30%，水价低是造成这种现象的主要原因。由于水被过度使用，有些城市为了弥补地表水的不足，地下水被超采，进而造成地面下沉和海水入侵。为获取水资源而大量兴修水利工程，也对水域内的生态环境造成了严重的影响。

第二，能源补贴。

能源生产和使用不仅对国民经济的发展具有决定作用，对环境也具有深远的影响。煤炭和石油的燃烧影响大气质量，产生大气污染。SO_2 酸雨和全球变暖等现象都与能源的使用有关。由于煤炭和石油占了我国能源消费总量的 90%，这里主要分析我国财政对煤炭和石油的补贴情况。

能源补贴之煤炭补贴。

煤炭是我国的主要能源，煤炭消费占我国总能源消费的 70% 左右，2005 年全国煤炭消费总量为 21.7 亿吨。在煤炭的消费中，电煤占了 50%，未来几十年，这一比例还会上升。

目前，我国煤炭价格实行的是“双轨制”，即一般煤炭实行市场价，电煤实行政府指导价，政府指导价长期低于市场价格。据统计，截至 2004 年底，国有大型煤炭企业电煤平均价格为每吨 162.51 元，比同期商品煤平均售价低 43.92 元（见表 5－23）。实行煤炭低价政策等于政府用巨额补贴补了用煤企业，造成煤炭的使

表 5－23　1997—2004 年我国国有重点煤矿煤炭平均出矿价

单位：元/吨

年　份	商品煤平均售价	发电用煤平均售价
1997	166.34	137.33
1998	160.2	133.27
1999	142.74	121.48
2000	140.19	120.93
2001	150.99	123.94
2002	167.39	137.97
2003	175.66	140.91
2004	206.43	162.51

资料来源：王庆一：《2005 能源数据》

用浪费惊人，利用率低，产生了巨大污染。煤炭使用过程中产生的污染是我国最大的大气环境污染，全国烟尘排放量的70%、二氧化硫排放量的90%、氮氧化物的67%、二氧化碳的70%都来自于燃煤。

中央政府对煤炭生产行业的补贴政策包括企业亏损补贴、转产贷款贴息和所得税返还等。尽管我国从20世纪80年代开始减少对煤炭的补贴，煤炭行业的补贴率已经从1984年的61%下降到1995年的11%（世界银行，1998），然而每年的财政补贴数额仍然很大。据统计，1985—2003年间，中央财政共动用512亿元资金补贴煤矿亏损（濮洪九，2005）。

能源补贴之石油补贴。

我国的能源构成中，石油占第二位。2005年石油消费量32 535万吨，占一次能源消费总量的21%。目前我国石油和成品油由国家统一定价，且价格长期偏低。在此背景下，国家对石油行业采取了亏损补贴、所得税返还、税收优惠、提高法定折旧率、向着有利于石油企业的方向调整费用核算方法及提高石油企业的油气田勘探开发资金等补贴政策。1991—1993年实行财政定额补亏政策，3年间国家财政在石油行业企业亏损补贴上共支出125亿元。1994—1995年两年的所得税返还达62亿元（葛察忠等，2004）。随着近年来国际油价的上涨，2006年中央财政更是一次性给予我国石化集团公司100亿元的补贴。

总的来说，目前对煤炭和石油等能源部门的补贴主要是由于长期以来实行低价政策造成的，是政策性亏损补贴。煤炭和石油的补贴政策导致其价格的严重扭曲，使价格不能弥补其生产成本、资源耗费成本和环境成本，进而导致了不利于可持续发展的生产和消费方式，能源低效率利用甚至浪费，也造成了严重的环境污染（葛察忠等，2004）。

第三，化肥和农药补贴。

我国现代农业的发展道路基本上沿用了世界农业发展的传统模式，在有限的土地上，实行集约化生产。在这一前提下，粮食等农产品的生产需要化肥和农药的大量投入。改革开放以来，我国化肥、农药施用量逐年增加。如表 5－24 所示，化肥施用量 2005 年比 1991 年增加了 69.9%，其中氮肥、磷肥、钾肥、复合肥分别增加了 29.2%、48.9%、181.5%、221.4%。农药施用量 2004 年比 1991 年增加了 81.2%。

表 5－24　　1991—2005 年我国化肥和农药施用量　　单位：万吨

年份	化肥					农药
	总计	氮肥	磷肥	钾肥	复合肥	
1991	2 805.1	1 726.1	499.6	173.9	405.5	76.5
1992	2 930.2	1 756.1	515.7	196	462.4	79.9
1993	3 151.8	1 835.2	575.2	212.4	529	84.5
1994	3 318.2	1 882.2	600.6	235	600.4	97.9
1995	3 593.7	2 021.9	632.4	268.5	670.8	108.7
1996	3 827.9	2 145.3	658.4	289.6	734.7	114.1
1997	3 980.7	2 171.7	689.1	322	798.1	119.5
1998	4 083.7	2 233.3	682.5	345.7	822	123.2
1999	4 124.3	2 180.9	697.8	365.6	880	132.2
2000	4 146.4	2 161.5	690.5	376.5	917.9	128
2001	4 253.8	2 164.1	705.7	399.6	983.7	127.5
2002	4 339.4	2 157.3	712.2	422.4	1 040.4	131.1
2003	4 411.6	2 149.9	713.9	438	1 109.8	132.5
2004	4 636.6	2 221.9	736	467.3	1 204	138.6
2005	4 766.2	2 229.3	743.8	489.5	1 303.2	—

资料来源：历年《中国统计年鉴》和《中国农村统计年鉴》

化肥和农药的大量施用，对我国粮食增产和稳产，控制病虫害的发生、发展及蔓延有重要作用。但是从农业可持续发展的观点看，集约化经营模式是一种违背生态经济规律的生产模式，会导致资源的高消耗，破坏生态、污染环境（张壬午等，2001）。大量不合理地使用化肥和农药对农业生态环境及整个生态环境和人类健康有着负面影响。十几年来我国农业用地由于利用方式的不得当，化肥和农药施用量的增长速度超过了粮食单产的增长速度，耕地资源的利用存在着污染与退化问题，耕地质量衰退，偏离了可持续利用的良性循环状态（庞英等，2004）。

以水稻生产为例。研究表明，我国水稻生产中因使用化肥和农药造成的环境成本为每年130亿—500亿元，占水稻生产带来的农业总产值的22%—65%（见表5－25）。尽管如此，目前它们没有被包括在农民支付的化肥、农业和其他农业投入的价格中，也没有被包括在农民出售水稻的价格中。

表5－25　我国水稻生产中使用化肥和农药造成的环境成本

单位：亿元

	1995年	2020年
农用化学品生产导致的空气污染	40～340	200～600
无机肥导致的富营养化（包括赤潮）	50	200
饮用水中的硝酸盐	10～30	30～120
农药对农民健康的影响	4～11	9
农药造成的生物多样性损失	15～37	19～46
土壤侵蚀	10～20	10～20
总计	130～500	570～1 000

资料来源：Norse等（2004）

不仅如此，为了促进粮食生产和保障农民的利益，国家通过财政补贴对化肥和农药进行价格控制以降低农民的生产成本，这进一步导致了化肥和农药的过度使用和低利用率。以化肥为例，我国对化肥价格实行政府指导价管理，对批发零售价实行进销差率、批零差率或最高限价等管理形式。1996—1998年国家对农业生产资料的补贴平均每年为281.08亿元，其中主要部分是化肥价差补贴。2004年由于化肥价格上涨，国家对生产和进口磷酸二铵每吨补贴100元人民币，同时采取其他措施加强化肥价格监管，控制化肥价格，包括对化肥生产用电实行优惠价格、对化肥铁路运输实行优惠运价、对尿素产品增值税实行先征后返50%等政策（农业部，2005）。

三、为统筹人与自然，调整财政支出结构的政策建议

（一）加大公共财政对环境保护的投入

环境保护是公共财政的基本职责。环境保护和污染治理需要巨额的资金投入，因此需要耗费较多的财政资源。为了更好地实现环境保护的目标，需要加大公共财政对环境保护的投入力度。另一方面，由于我国环境保护投资的历史欠账太多，而环境保护投资需求不断增大，单靠政府投入并不足以解决现有的环境问题，因此在政府投入为主的前提下，需要充分发挥企业和社会公众的力量，建立多元化的环境保护投入机制。

1. 合理划分中央和地方环境事权，加大环保投入

具体明确划分中央和地方在环保方面的事权财权，清晰界定各自的财政支出范围，优化财政支出结构。中央的环境事权应该包括全国性的污染防治和生态保护工作、跨地区的污染综合治理，跨流域大江、大河、大湖等区域环境治理，国家环境和灾害预防、国家重要生态功能保护区以及自然保护区、国际环境合作与履约等等，而地方则主要负责当地的环境质量，如城市环保基础设施建设等等。在此基础上加强财政对环境保护的支持力度，一是进一步加大

政府对环境公共产品的资金投入力度，二是要大幅度增加财政对环境保护行政管理的投入，强化环境保护管理体制，提高环境行政管理部门的执法能力。

2. 环保支出列入预算管理，确保稳定的财政投入机制

为了充分保障环境保护的资金投入，需要尽快实行新的财政支出预算科目，通过法律形式准确定位财政的环保职能，把环境保护支出纳入系统化、法制化的财政预算轨道，从而为环境保护的长期稳定的资金投入提供坚实的法律和制度保障。根据目前的预算改革方案，环境保护科目基本包括了目前环境保护类别的支出科目。为了保证该科目发挥作用，需要尽快把目前由各个部门分别管理、散落在不同资金科目、以不同项目形式存在的属于环境财政支出科目的资金形式统一纳入环境财政资金预算内管理。

3. 严格监督财政资金的使用，提高财政资金的使用效率

在目前环境保护投入不足的情况下，更要加强对环境保护财政资金使用的监督，避免浪费。要建立环境保护公共财政支出项目的效果评估制度和后评估制度，提高财政资金的使用效率。加强对政府投入的跟踪管理，如发现问题，立即停止后续项目的拨款，并且实行严格的处罚制度。政府投资的环保项目应该进行成本效益分析，如不能做成本效益分析，也应进行成本有效性分析。这些分析应作为项目选择的依据之一。

4. 建立政府投入为主的多元环保投入机制

我国未来需要大幅增加环境投入，但环境保护资金仅仅依靠政府公共财政支持是不够的，政府单一投入的模式很难满足环境保护的要求。解决环境污染问题不仅仅是政府的事，而且是全社会共同的事业。从国际经验来看，各国普遍重视发挥政府、企业和社会各

方面的力量。为了更好地进行环境保护，我国在以政府财政投入为主的基础上，也需要充分发挥市场机制的作用，形成政府、企业、社会多元化投入和政府主导、市场推进、公众参与的环境保护机制(邹首民等，2005)。而这首先要明确政府、企业和社会各自的责任和义务（具体见表5－26），形成三者有效的合作伙伴关系，共同为保护环境而努力。

表5－26　　政府、企业和公众的环境保护事权划分

投资主体	环境保护事权	资金来源	资金使用原则
政府	制定法律法规、编制环境规划； 环境保护监督管理； 组织科学研究、标准制定、环境监测、信息发布以及宣传教育； 履行国际环境公约和义务； 生态环境保护与建设； 承担重大环境基础设施建设、跨地区的污染综合治理工程； 国家环境保护重点区域的污染治理示范工程	前5项资金来源为财政预算内资金，重大工程建设部分通过财政预算内资金安排，也可以通过市场方法进行融资和运营	公共物品效益最大化、社会福利最大化原则
企业	治理企业环境污染，实现浓度和总量达标排放； 生产环境标志产品、有机食品和绿色食品； 环境保护技术、设备和产品开发； 环境保护咨询服务	银行贷款、股票和贷款、利用外资、自筹资金等	污染者付费原则，企业利润最大化原则
社会公众	有偿使用或购买环境公共产品或设施服务； 购买环境标志产品、有机食品和绿色食品		使用者付费原则、效用最大化原则

资料来源：邹首民等（2005）

（二）加大财政支持科技创新力度

科技进步是建设资源节约型和环境友好型社会的重要推动力。要促进形成政府主导、多投资主体共同参与的多元化科技研发投融资机制，提高政府在资源节约和环境保护科技创新领域的投入力度，强化我国资源环境科技的自主创新（中国科学院可持续发展战略研究组，2006）。几十年来，财政政策一直是发达国家推进技术创新的重要的宏观经济政策。借鉴发达国家的经验，我国在财政支出上需要进一步增加对资源环境科技研究与开发的支出，刺激技术创新。具体措施包括以下几方面：（1）增加对资源利用和环境保护基础研究和应用研究的资金投入，在财政预算内支出或国债项目资金中安排一定比例的资金，对资源和环境科技研发优势项目无偿提供经费支持，重点支持一批资源节约、环境保护和循环经济的重大科技项目，包括重大技术示范项目、重大资源节约和环境保护技术开发和产业化项目等。（2）对资源和环境科技创新所必需的基础性和应用基础性研究人员，国家财政给予稳定的支持，使其享有较高的工资待遇和社会福利，安于技术创新。（3）利用财政贴息政策。以少量的政府财政资金引导更多的社会资金投入到资源环境研发领域。政府对企业建设项目的资源环保设施给予一定的资金支持。为鼓励和引导企业建设和运营相应的环保装置，国家应对资源环保项目给予一定比例的投资补助；为降低资源环保项目的债务负担，对资源环保项目给予一定的贷款贴息资金；加大对资源环保装置的研制和技术攻关投资力度，减轻企业在使用环保设施上的投资负担。（4）加大对新技术的推广应用力度。在国家财政支出中安排专项基金，实施“重点资源环境技术推广计划”，建设资源环境技术示范工程。重点资源环境技术的数目不宜过多，以每年10—15项为宜。它们必须是具有潜在的规模经济效益、显著的资源环境效益和极大的市场带动效应的先进资源环境技术。在被选中的资源环境技术的重点目标应用地区、部门或行业，建设该项资源环境技术的示范工程基地，展示其性能和运行状况，发挥其示范效应。在全国各地逐步建立一批资源环境技术推广中心，全方位地提供资源环境技术推广、支持和咨询服务。（5）采取各种税收支出方式，鼓励企业进行资源节约和环境保护科技的研究和开发。包括允许企业在应纳税所得中全额扣除当年的研发支出、提高研发设备资本折旧率、对资源节约和环境友好型设备的技改投资实行消费型增值税、所得税抵免、对进口技术先进的节能产品减征或免征进口关税和进口环节增值税等政策。

（三）逐步消除和调整不恰当的财政补贴

许多不恰当的财政补贴如水资源补贴、能源补贴和化肥农药补贴等等，扭曲了资源价格，造成了资源利用效率低下和严重浪费，破坏了环境。逐步减少直至消除这些有害的补贴，有助于形成正确的资源价格①，促进资源的合理、有效利用，减少资源浪费和对环境的破坏。

对于化肥农药等农业补贴，从财政补贴的理论上讲，对这类补贴应逐步减少，以消除其对资源和环境的负面作用。但是，由于我国是一个农业和人口大国，为了保护农民的利益和促进粮食生产，显然无法简单地取消这类价格补贴了事，因此需要做的是尽可能地减少财政补贴对农业环境的不利影响。

研究发达国家农业补贴政策的演变可以发现，发达国家农业补贴方式的演变特征正在逐步“绿色化”，即价格和收入支持类补贴，特别是市场干预类补贴逐步减少，而绿色农业补贴，包括生态补偿性补贴和公共物品服务类补贴逐步增加（高明，2006）。这极大地促进了耕地环境的改善。如美国《2002 年新农业法》安排了 171 亿美元用于农业生态环境保护计划的补贴。美国农业部通过实施土地休耕、水土保持、湿地保护、草地保育、野生生物栖息地保护、环境质量激励等方面的生态环境保护补贴计划，以现金补贴和技术援助的方式，把资金分发到农民手中，或用于农民自愿参加的

① 要实现资源的合理定价，除了消除不恰当的财政补贴之外，另外两个重要条件是明晰资源环境产权和征收资源税。

各种生态保护补贴项目，既使农民直接受益，又保护了农业生态环境。

我国可借鉴发达国家的做法，将对化肥农药等生产资料的补贴逐渐转变为农业生态补偿性补贴，具体做法包括对在种植业中减少化肥、杀虫剂、灭草剂的使用，因而受到经济损失的农民给予补偿；对那些农业利用价值不大的土地进行粗放型耕作的、退耕还草或不采用排水、灌溉、开垦荒地等有损耕地环境的生产方式的农民给予补偿；对种植绿肥、施用农家肥等有机肥料的，按亩计算给予一定数量的补贴，等等。

在补贴形式上，采取对农户的直接现金补贴更为有效。这是因为取消对化肥农药等生产企业的价格补贴，随着化肥农药等价格的上涨，农民会减少对化肥农药等的消耗，更充分利用动物粪便等有机肥料。因此，对农户进行直接现金补贴，既不会使农民收益受损，又有助于达到保护农业环境的目的。我国已经认识到了这一点，从 2004 年开始对农民进行直接补贴，当年财政共安排直接补贴资金 116 亿元，2005 年增加到 132 亿元。2006 年对种粮农民的直接补贴总额达到 267 亿元，比上年增加 102%。其中有 125 亿元是对农业生产资料增支综合直补，用于补偿化肥、农药、农膜等农业生产资料价格变动对农民种粮收益的影响。这被认为是完善化肥价格条款机制的一次试水（魏志明，2006）。今后需要采取的改革措施是进一步完善粮食综合直接补贴制度，逐步取消对化肥农药等产品的价格补贴政策。

（四）其他配套措施

1. 完善财政转移支付制度

长期以来，我国地区经济发展很不平衡，东富西贫，东西部之间的经济水平差距不断扩大。与此相对应，我国的资源环境问题在空间上同样是不平衡的。西部地区生态环境脆弱，水资源短缺，土地资源相对人口压力不堪重负。贫困问题与生态环境问题交织在一起，互为因果。由于经济落后，西部贫困地区没有财力进行环境保护，甚至为了经济发展，不惜牺牲环境、进行掠夺性开发。

我国西部又处于大江大河的上游，其资源耗竭和环境破坏对于中东部地区的资源环境问题的引发具有直接的影响。西部的生态环境问题已经对全国的生存和发展安全构成了致命的威胁，如 1998 年的特大洪水就暴露了长江上游地区乱垦滥伐导致水土流失和中下游洪峰流量增大而严重威胁中下游安全的问题。

解决这一问题的一个根本性方法是，加大中央对西部地区的财政转移支付力度，将更多财政性资金用于西部地区的生态补偿，以换取西部对资源环境的保护。如 1998 年以后，中央通过对川渝等地的财政拨款换取当地封山育林，取得了很好的效果。

2. 实行绿色政府采购政策

我国于 1996 年开始试点政府采购制度，2003 年开始实施政府采购法。这标志着我国政府采购开始向法制化、规范化的方向迈进。政府采购规模不断扩大，2003 年达到 1 659 亿元。从实施效果来看，政府采购制度对节约财政资金起到了很好的作用。

良好的政府采购制度也有助于发挥对资源使用和环境保护的宏观调控作用。通过政府庞大的采购力量，一方面可以通过实施政府采购对节能产品和绿色产品的优先选择政策，优先购买对资源环境冲击较少的节能产品和绿色产品，抓好生产领域资源的有效利用和污染治理；另一方面以示范方式，引导绿色消费，提高公众的环境意识，促进消费模式的转变，为社会绿色消费起到巨大的示范和推动作用。

3. 加强环境信息的公开，扩大公众对环境管理的参与程度

社会公众参与环境管理对环境改善是一个有力的促进因素，但目前社会公众的环境知情权受到严重限制。虽然我国现行的环境保护法规定环境保护行政主管部门应定期发布环境状况公报，也已有部分城市开始发布“空气质量周报”、“大气状况月度报表”、“空气质量预报”等公报，但这些公报的内容比较单一、指标种类少，难以反映地区整体的环境质量和变动情况，公众无从得到有关地区重大的环境决策、建设项目的信息、环境保护主管部门的工作情况、污染物对人体影响状况以及如何防治等信息。

今后要积极建立起各级政府与社会公众间的沟通和协商机制，完善信息公开和共享制度，保障公众的环境知情权，扩大公众参与的渠道，为公众参与环境管理创造条件。

本章参考文献

1. Barde, Jean - Philippe and Outi Honkatukia, 2004. Environmental Harmful Subsidies, in Tom Tietenberg and Henk Folmer eds., *The International Yearbook of Environmental and Resource Economics 2004/2005: A Survey of Current Issues*, Cheltenham: Edward Elgar.

2. Cohen, Aaron, and Ross Anderson, 2005. The Global Burden of Disease due to Outdoor Air Pollution, *Journal of Toxicology and Environmental Health*, Part A, 68: 1 - 7.

3. Goulder, Lawrence, 2005. 控制污染的财政手段：优势、缺陷和策略，中国可持续能源项目高级政策顾问委员会第八次会议——促进清洁能源发展的财税政策和法规实施会议论文，北京.

4. Gupta, Sanjeev, Kenneth Miranda, and Ian Parry, 1995. Public Expenditure Policy and the Environment: A Review and Synthe-

sis, *World Development*, 23 (3), 515 - 28.

5. Norse, D.、李季、靳乐山和章铮：《中国水稻生产的环境成本：湖南与湖北》，载厉以宁和 Jeremy Warford 主编《中国的环境与可持续发展》，经济科学出版社 2004 年版。

6. OECD, 1998. *Improving the environment through reducing subsides*, Paris: OECD.

7. OECD, 2003. *Environmentally Harmful Subsidies: Policy Issues and challenges*, Paris: OECD.

8. 常桂秋、潘小川、谢学琴、高燕琳：《北京市大气污染与城区居民死亡率关系的时间系列研究》，《卫生研究》2003 年第 32 期，第 565—568 页。

9. 董锁成：《中国百年资源、环境与发展报告：1950—2050 年资源、环境与经济演变和对策》，湖北科学技术出版社 2002 年版。

10. 董险峰：《环境科技可持续发展的国际比较与中国对策》，《北京大学学报》2000 年第 3 期，第 28—33 页。

11. 高明：《耕地可持续利用动力与政府激励》，经济管理出版社 2006 年版。

12. 葛察忠、高树婷、曹东：《转型经济下的补贴政策与环境：中国案例研究》，载王金南、田仁生、洪亚雄主编《中国环境政策（第一卷）》，中国环境科学出版社 2004 年版。

13. 侯伟丽：《中国经济增长与环境质量》，科学出版社 2005 年版。

14. 连玉明、武建忠：《中国国策报告 2005》，中国时代经济出版社 2005 年版。

15. 马中：《环境与自然资源经济学概论》，高等教育出版社 2006 年版。

16. 庞英、张全景、叶依广：《中国耕地资源利用效益研究》，《中国人口·资源与环境》2004 年第 5 期。

17. 濮洪九：《完善煤炭价格形成机制，促进煤炭工业可持续发展》，载岳福斌主编《煤炭价格与煤炭经济可持续发展》，社会科学文献出版社 2005 年版。

18. 曲格平：《我们需要一场变革》，吉林人民出版社 1997 年版。

19. 阚海东、陈秉衡、汪宏：《上海市城区大气颗粒物污染对居民健康危害的经济学评价》，《中国卫生经济》2004 年第 2 期，第 8—11 页。

20. 世界银行：《碧水蓝天：2020 年的中国》，中国财政经济出版社 1997 年版。

21. 世界银行：《里约后五年：环境政策的创新》，中国环境出版社 1998 年版。

22. 世界银行：《2004 年世界发展指标》，中国财政经济出版社 2005 年版。

23. 世界银行：《2005 年绿色数据手册》，中国财政经济出版社 2005 年版。

24. 王金南：《环境投融资战略》，中国环境科学出版社 2003 年版。

25. 王玉庆：《依靠环境科技　坚持科学管理》，《环境保护》2005 年第 1 期，第 5—13 页。

26. 魏志明：《种粮直补——完善肥价调控机制方案的一次试水》，《中国化工报》2006 年 4 月 17 日。

27. 徐肇翊、刘云清、徐希平：《沈阳市大气污染对死亡率的影响》，《中国公共卫生学报》1996 年第 15 期，第 61—64 页。

28. 严伟、邵益生：《中国城市水价》，中国建筑工业出版社 2006 年版。

29. 张坤民：《中国环境保护投资报告》，清华大学出版社 1992 年版。

30. 张壬午、张洪生、张汝安：《中国环境保护与农业可持续发展》，北京出版社 2001 年版。

31. 中国科学院可持续发展战略研究组：《中国可持续发展战略报告——建设资源节约型和环境友好型社会》，科学出版社 2006 年版。

32. 中华人民共和国农业部：《2005 年中国农业发展报告》，中国农业出版社 2005 年版。

33. 周大地：《全面建设小康社会的能源战略研究》，中国计划出版社 2006 年版。

34. 周凤起：《中国经济发展中的能源资源和环境制约》，《国际金融研究》2006 年第 1 期，第 35—38 页。

35. 庄贵阳：《能源补贴政策及其改革——为减排提供经济激励》，《气候变化研究进展》，2006 年第 2 期，第 78—81 页。

36. 邹首民、葛察忠、王金南、曹东、杨金田、高树婷、任勇、周国梅：《理清三大问题，建立公共财政框架下的环境保护投入新机制》，载王金南、邹首民、洪亚雄主编《中国环境政策（第二卷）》，中国环境科学出版社 2006 年版。

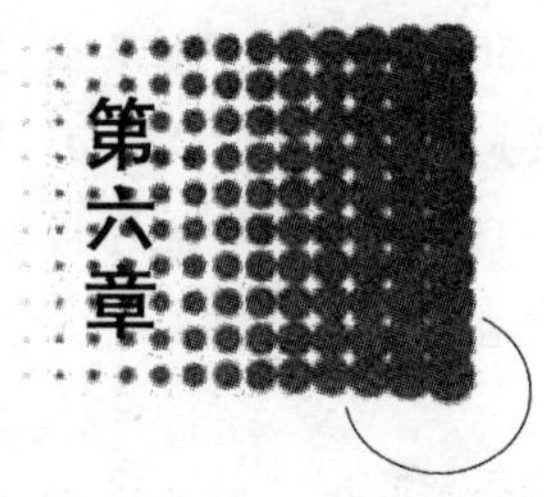

内外统筹与财政支出结构

坚持对内改革发展与对外开放是我国经济市场化过程中两大基本环节，并具有内在统一性。迄今为止，我国以对外开放服务于国内发展、以国内发展提升对外开放水平的发展战略取得了很大成功。但在对外开放进入新阶段的背景下，传统的开放观念、政策与模式已难以适应新形势的要求，原有运行机制下所积累的内外发展不协调的结构性问题也进一步得以显现。在此背景下，基于对我国对外开放新阶段和市场经济发展新规律的认识，在党的十六届三中全会首次提出的“五个统筹”基本战略中，就包括了统筹国内发展和对外开放（简称内外统筹）这一重要内容。

在五个统筹中，统筹国内发展和对外开放具有独特而重要的地位。因为其他四个统筹单纯处理国内发展不协调而产生的结构性矛盾，如城乡统筹处理城乡二元结构矛盾、区域统筹处理东部与中西部间空间结构的协调、经社统筹处理经济增长与社会发展间的结构协调、统筹人与自然则协调经济发展与生态环境间的可持续性。只有内外统筹并不单纯着眼于处理国内发展中的重大关系与矛盾，而是针对全球化背景下实现国内发展与国际经济间的协调互动，因此构成落实科学发展观的重要组成部分，具有重要的现实意义。包括税式支出在内的财政支出作为政府引导市场资源配置的主要手段之一，其规模大、涉及广、种类多、内容杂，在协调国内发展与对外开放中具有重要作用。但与内外统筹总体要求相对照，我国目前财政支出结构已难以适应对外开放新阶段下促进国内发展与参与全球竞争的需要，亟待以内外统筹总体要求为指导，在新一轮税制改革和财政制度建设中做出目标明确的系统性调整。

一、对外开放新阶段与内外统筹具体要求

（一）传统开放观念与模式无法适应新阶段的要求

1. 我国对外开放的新阶段

自党的十一届三中全会以来，对外开放就成为我国的基本国策，构成以经济建设为中心的党的基本路线中的重要内容。我国20多年来的开放实践，总体上采取了渐进的战略，从20世纪80年代实施沿海开放战略，到90年代中后期“全方位、多层次、宽领域”的开放战略，再到21世纪初加入WTO的加速全球化，我国开放型经济发展取得了举世瞩目的成就，并为促进国内改革发展、初步建立社会主义市场经济体制创造了有利的外部环境。

在渐进式的开放战略下，我国不断拓展了对外开放的深度与广度。尤其在进入21世纪后，以加入WTO为标志，我国的对外开放随着经济全球化步伐的加快而进入一个新的发展阶段。对外开放由有限范围和领域的开放转变为全方位的开放，由政策引导的渐进性

开放转向制度保障的全方位开放，由单向为主的自我开放转变为世贸组织成员间的相互开放。

在我国对外开放步入新阶段的背景下，经济全球化对我国国内发展的影响越来越大。近几年伴随着我国对外贸易和引资以更快的速度发展的，是我国综合国力的大大增强和国内经济增长速度的进一步加快。到 2005 年，我国 GDP 总量为 18.3 万亿元，已居世界第 4 位；进出口总额 11.7 万亿，总量居世界第 3 位；当年实际利用外资 638 亿元，居世界第 2 位；而外汇储备 8 189 亿美元，已为世界首位①。由此来说，我国的生产、消费、市场本身都已成为世界性的（杨圣明，2004），这意味着我国对外开放已经发展到了一个新阶段，国内发展和国家利益已在更深程度上与世界市场密切联系在一起。中国的发展不再是一个国家内部发展的问题，而是一个与全球经济社会发展大环境密切相关的全球性问题。一方面，包括外资外经贸在内的对外开放已不再处于拾遗补缺的地位，而是事关国内发展的重大环节；另一方面，国内发展本身已成为影响世界市场与国际经济发展的重要因素。为此，只有在内外统筹基础上实现国内发展与对外开放间的协调与良性互动，充分利用国际国内两个市场和两种资源，才能适应新的开放形势，实现以开放促改革、促发展的目标。

2. 传统开放观念与模式

应该看到，在对外开放进入新阶段后，国内发展的内外部环境已经发生了深刻变化，传统开放观念和运行模式已无法适应新形势下的需要但却在实践中具有其惯性作用。传统开放观的基本点在于发展经济学的“双缺口”理论上。

1966 年钱纳里和斯特劳特提出著名的“两缺口模型”，试图说

① 各数据来自于中经网经济统计数据库。

明发展中国家在吸引外资和对外贸易上的政策取向。两缺口理论认为根据凯恩斯的宏观经济理论，总需求等于总供给时国民经济才能达到均衡。设C代表消费、I代表投资、S代表储蓄、X代表出口、M代表进口，则“两缺口模型”的推导如下：

在国民经济达到均衡时，总需求=总供给。

总需求 $=C+I+X$

总供给 $=C+S+M$

所以有：$C+I+X=C+S+M$

即 $I-S=M-X$

该式左边 $I-S$ 为储蓄缺口，右边 $M-X$ 为外汇缺口。

为了维持经济的均衡增长，储蓄缺口与外汇缺口必须保持平衡。但是，I、S、M、X这四个变量都是独立变动的，因此一般情况，这两个缺口很难始终保持平衡。由于发展中国家的经济增长主要取决于投资的增长，结果往往造成投资大于国内储蓄的缺口和进口大于出口的缺口。在这种情况下利用外资就具有重要作用，一方面可以创造新的投资需求，另一方面又可以增加供给，增加出口，从而纠正两大缺口的失衡现象。因此从两缺口理论出发，就形成了传统的开放观，即发展中国家对外开放的主要目的在于弥补国内的储蓄缺口和外汇缺口，由此形成其相应的三大政策与原则：重视招商引资规模的外资政策，奖出限入的外贸政策，相应增加外汇储备的外汇政策。

3. 传统开放模式已不适应新阶段的形势需要

我国对外开放一开始就是服务于国内发展的。在改革开放前期由于国内发展受到资本短缺和外汇短缺的约束，因此契合了双缺口理论的实践环境要求，使得长期以来注重利用外资数量的外资政策、鼓励出口限制进口的外贸政策和增加外汇储备的外汇政策得以实施。在对外开放进入新阶段后，国内发展的内外部环境已经发生了深刻变化，基于弥补国内储蓄缺口和外汇缺口的传统开放观念和运行模式已越来越无法适应新形势下的要求。20 多年来的国内发展与对外开放，已使我国目前处于总体上的资本和外汇相对过剩的新形势下。

具体来看，它表现为如下特点：（1）从资本上来说，目前我国已处于总体上的资本过剩状态中。仅从银行存贷款来看，近年来在外资流入增加的同时，银行一直存在存差并在总体上呈现扩大趋势。如 2003 年存差的增长幅度是 22%，2004 年则增长了 29%，2005 年银行存差达到了 8.9 万亿元，其中当年新增存差高达 2.6 万亿元，比年初增长了 40%①。（2）从外贸上来说，长期以来鼓励进口和限制出口的政策早已不合时宜。自 1994 年人民币汇率并轨以来，我国外贸就由逆差转为顺差，近几年更处于持续的顺差扩大中。如 2003 年我国贸易顺差 2 092.3 亿元，2004 年顺差达到 2 667.5亿元，2005 年则高达 8 374.4 亿元②，与此相伴随的是贸易摩擦、贸易争端明显增多。（3）从外汇上来说，近年来在外贸顺差加大背景下，我国外汇储备年年高速增长，到 2005 年底达到了 8 189 亿美元，已居世界首位。开放之初的外汇缺口早已不再，日益增加的外汇储备加大了人民币升值的压力，同时也给宏观政策调控效果增大了难度。巨额且日益增大的外汇储备意味着我国奖励出口创汇的政策需要进行调整。

而与此同时，在传统开放观念和运行模式下所累积起来的矛盾也日益得以显露，主要体现在：招商引资的总量发展了，但对国内产业层次的提升并不有效；出口的规模扩大了，但企业和产业的整体竞争力却没有得到有效增强；技术引进的能力提高了，但自主创新的能力却受到抑制；经济外向度增强了，但经济的自控力反有削

---

① 数据来源于《国际先驱导报》2005 年 12 月 29 日。

② 各数据来自于中经网经济统计数据库。

弱。新形势的发展要求改变传统开放观下弥补资本与外汇双缺口的目标模式，而采用能更好地服务于国内发展、结构升级与技术进步的新目标模式；改变早期传统的重开放程度与规模的开放战略模式，转向注重开放质量和效益的新战略模式。

（二）当前内外发展不协调的主要表现

由于我国对外开放已经进入一个新阶段，单纯靠开放规模的扩大和数量的增长，其影响力已明显递减。从当前来看，我国对外经贸上总量与规模的增长并未有效带来外向型经济质量与效益的进一步提高，从而使得对外开放并未能更有效地起到促进国内发展的目的。由此产生的内外不协调主要体现在以下方面。

1. 招商引资总量发展了，但未能有效提升国内产业层次

改革开放至今，我国在吸引外资上成效显著，由表 6－1 可见，改革开放以来我国实际利用外资总体上呈逐年上升趋势。迄今为止累计实际利用外资已超过 8 000 亿美元，这一数据居发展中国家首位，居所有国家第二位。

表 6－1　　我国历年实际利用外资额　　单位：亿美元

年份	1983	1984	1985	1986	1987	1988	1989	1990	1991	1992	1993	1994
金额	19.81	27.05	47.6	72.58	84.52	102.26	100.6	102.89	115.54	192.02	389.6	432.13
年份	1995	1996	1997	1998	1999	2000	2001	2002	2003	2004	2005	—
金额	481.33	548.05	644.08	585.57	526.59	593.56	496.72	550.11	561.4	640.72	638.05	—

资料来源：中经网经济统计数据库历年统计数据

伴随着利用外资规模与数量增长的是我国招商引资能力的提高与投资环境的改善，在地区发展竞争的环境中所形成的开放激励型体制下，招商引资几乎本身就成了目的，各地普遍关注的是引资的数量和金额，而不是它的技术含量或经济效益。当争取项目成为目

标时，引进项目就很难起到促进国内产业发展提升的作用。尽管从总体情况看，外商投资对我国产业主要是工业企业产业升级与技术进步曾起到了其积极作用（江小娟，2002），但在对外开放进入新阶段后，庞大的外资规模与其在促进国内产业升级上所应能起的作用相比存在很大差距。我国利用外资的主要形式是外国直接投资，从表6-2可以看出，外资主要集中于加工制造业，一、三产业比重较低，这不利于我国产业的合理化发展和优化升级。同时，在第二产业内部，外商投资主要集中在劳动密集型和一般加工企业中，如服装业、纺织业、塑料制品业、食品制造业等，其产品大部分是附加值低、科技含量不高且位于产业链低端的产品。即使在一些电子通信行业、机电产品的制造领域，我国所承接的大部分是一些加工组装业务（张波，2006）。

表6-2　　截至2005年外商直接投资产业结构分布

	合同项目比重（%）	实际利用外资金额比重（%）
合　计	100.00	100.00
第一产业	2.86	2.21
第二产业	72.22	76.49
第三产业	24.92	11.30

资料来源：根据国家统计局相关数据相加所得，转自张波："外资对我国产业发展的影响分析"，《新疆财经》，2006年第4期

2. 出口的规模扩大了，但我国企业和产业的整体竞争力却没有得到有效增强

长期以来，出口拉动经济增长一直是我国基本观念，鼓励出口一直是我国基本政策。在此背景下，我国外贸尤其是出口一直保持着高速增长。尤其是加入WTO以来，随着贸易条件的改善，出口总额更有了超常规的增长，出口总额年均增长在30%以上，同时进出口贸易顺差额也扩大至超千亿美元的历史规模。目前我国外贸

总额已超过日本而居世界第三位。

表 6-3　　近年我国出口规模增长情况表

年　份	出口总额（亿美元）	年增速%	顺差额（亿美元）
2001	2 660	—	225.5
2002	3 255	22.3%	304.3
2003	4 382	34.6%	254.7
2004	5 933	35.3%	320.9
2005	7 619	28.4%	1 019

资料来源：中经网经济统计数据库历年统计数据

但在我国外贸尤其是出口规模数量快速增长的同时，其质量并没有得到有效提高而仍然处于粗放型增长方式之中。例如，尽管我国工业制成品的出口已经占到整个货物贸易出口的90%以上，但所出口的产品绝大部分是低技术含量、低附加价值的劳动密集型产品。即使在高新技术产品出口中，绝大部分高新技术产品在我国的生产环节也是劳动密集型的，技术含量高、附加价值高的环节并不在我国（裴长洪，2005）。由于我国企业和产业都处在国际分工的价值链低位，出口产品的技术含量较低，出口利益主要靠数量扩张，整体竞争力没能得到有效增强，由此导致了贸易条件的恶化。据世界银行统计，2002 年西方 7 个发达国家平均净贸易指数为99.1，9 个发展中国家平均指数为 88.3，而中国则仅为 81（裴长洪，2005）。

目前在我国货物出口中 55% 是加工贸易出口，而且加工贸易本身的技术水平和增值率也都较低。其不仅存在技术含量和产品附加值较低等问题，更大的问题在于其与国内产业关联性低，存在参与程度浅、加工链条短、增值率不高的问题。在加工贸易中许多中间投入品没有实现国产替代，而仍主要依靠进口。由于“两头在外”的加工贸易对国内其他企业和地区的辐射力度不大，因而对国内产业结构升级作用不明显。

3. 技术引进能力提高，自主创新能力却受抑制

从发达国家引进先进技术是广大发展中国家提高技术水平、增强国际竞争力与提高经济发展速度的必然环节。长期以来我国在“以市场换技术”理念的指导下重视技术引进工作和提高技术引进能力，由此来缩短与发达国家间的技术水平差距。尤其近年来我国技术引进呈不断攀升的趋势。据商务部统计，仅2005年我国就登记技术引进合同9 902份，同比增长了15.1%；合同总金额190.5亿美元，同比增长37.5%；其中技术费118.3亿美元，占合同总金额的62.1%，技术引进数量与金额均创历史最高水平①。同样据商务部统计，2006年全国共登记技术引进合同10 538项，总金额220.2亿美元，同比增长15.6%，再创历史新高。其中，专有技术许可合同成交额72.8亿美元，同比增长42.8%，占合同总金额的33.0%，位列全部合同金额的第一位。欧盟仍是我国技术引进的最大来源地，共签订技术引进合同金额2 597份，合同金额86.6亿美元，占技术引进合同总金额的39.3%，日本和美国列第二、三位②。与技术引进规模和数量增长相伴随的是，我国以引进关键成套设备、专有技术和技术咨询为主体的技术引进方式的日益多样化，以及以国有企业、外资企业和民营企业为主体的技术引进主体的多元化。这些都标志着我国技术引进水平与能力的提高。

在“市场换技术”的理念之下，我国在技术引进能力提高的同时，却形成了对引进的依赖，削弱了自主创新的能力。在引进技术的过程中，由于外方不愿转让核心技术而我方又不注重对引进技术的消化吸收，因而一再陷入引进——落后——再引进——再落后的循环之中。正由于对自主创新的重视不足，因而改革开放20多年来

① 《市场周刊》2006年第6期，第129页。

② 《京华时报》2007年1月11日。

尽管我国在科技开发与应用上取得了进步，但这种进步与经济社会发展的巨大需求相比，与国际先进水平相比，差距不仅没有缩小反而进一步被拉大了。关键技术和核心技术上自主创新、自主开发能力的缺乏状况普遍存在于各个行业之中。例如作为我国第一大支柱产业的电子信息产业，每年增长率都在30%左右，但CPU芯片和操作系统这两大核心技术却掌握在Intel和微软手中；在医药生物技术领域，几乎所有药物的专利均为发达国家所拥有，他们赚取了高额利润，而中国的生产厂商利润极低；在汽车行业中，90%为合资品牌，由于关键技术掌握在外方手中，使得美国通用公司在华单车净利润是其本土的16倍，德国大众从我国获取的利润占其全球利润的80%①。由于缺少拥有自主知识产权的核心技术，使得我国国民收入与福利的增长不与表面上GDP的增长同步，经济增长的代价较大。例如我国出口一台DVD售价32美元，交给外国人的专利费是18美元，成本13美元，中国企业只能获得1美元的利润；一台售价79美元的国产MP3，国外要拿走45美元的专利费，制造成本要32.5美元，中国企业获得的纯利润只有1.5美元②。我国企业自主创新能力薄弱，已成为制约我国经济社会发展的瓶颈，并是导致我国企业在国际市场上缺乏核心竞争力、产业层次不高、在国际分工中处于低端的不利位置、不能实现集约型增长等问题的关键原因。

4. 内外需间不平衡，内外资间不公平，内外资源间不协调

第一，内外需间不平衡。

在GDP组成部分中，作为外需的净出口与作为内需的消费、投资、政府购买间具有较为复杂的对立统一关系（梅新育、曲凤杰，2004）。尽管外需扩大对内需增长具有间接的带动作用，而内需增长则

① 《打破自主创新的制度困局》，《瞭望新闻周刊》2005年第11期。

② 《科技日报》2005年5月31日。

通过提高供给能力为扩大外需创造条件，从而使得两者间具有统一的一面。但从我国近年来经济运行现实看，却存在过度依赖外需而内需不足的内外需不协调问题。从前表6－3可看出，在总体上随出口增长我国顺差越来越大，2005年超过1 000亿元美元的巨大净出口值对GDP的贡献度超过5.5%。与我国外贸依存度过高以及鼓励出口增长的贸易战略相伴随的，是我国内需尤其是消费需求增长乏力的现实。国内消费不足强化了经济增长对外需的依赖，而对外需的过度依赖反过来又对内需的可持续增长起了制约作用。由于我国出口主要还是集中在劳动密集型的产业而处于国际分工中的低端位置，由于技术创新缺乏、附加值低使得国民实际收益不高，从而全面抑制内需的升级扩大。同时，对外需的过度依赖背离了大国以内需为本的一般规律，大国过多依赖外需的结果必然导致更多的贸易摩擦和国家利益冲突，尤其是与发展中小国间的利益冲突。近几年来，我国对外贸易摩擦与争端日益增多，已成为世界上被反倾销立案最多的国家。

第二，内外资间不公平。

在巨额外资规模背后，是内外资之间不公平竞争的制度背景。改革开放之初对外资的优惠政策一直沿用至今，并在地区竞争中形成了种类繁多的地区优惠，主要包括税收优惠、土地价格优惠、基础设施价格优惠等。由于对外资在要素价格、税收和市场上采取了普惠式的政策优惠，不仅对提升我国国内产业层次不利，更重要的是造成内外资企业间不公平竞争的环境。例如国有企业在税收负担和社会负担方面远重于外资企业，同时在投资经营上还不具有完全自主权；民营企业在税收、融资、行业准入上不能享受到与外资企业相同的待遇，许多对外资开放的行业领域至今仍然不对民企开放。不公平竞争环境还扭曲了企业行为，以致产生了假外资以及内资外流等现象。在对外开放发展到新阶段的今日，迫切要求加快对内开放、加快内外一体化进程，为内外各类经济主体提供公平竞争的制度与政策环境。

第三，内外资源间不协调。

对外开放意味着要合理安排利用好国内外两种资源，协调好开发国内资源与利用国外资源间的关系。总体来说，由于我国矿藏资源总量不足，人均资源量更为匮乏，人均矿产资源占有量仅为世界人均水平的一半，尤其是关系国家经济命脉的用量大的石油，到2010 年供应缺口约 1.38 亿吨[①]。随着经济全球化的发展，我国已日益成为“世界工厂”，因此扩大利用海外资源势在必行。但近年来我国对国外资源的依赖日益加深。例如 2004 年我国人均消费钢材 156 公斤，需进口铁矿砂 2 亿吨，占世界可贸易量的 40%；进口原油和成品油 116 亿吨，占当年世界石油需求增量的 24.3%，而美国只占 19.9%，除美国外所有 OECD 国家才占 15.7%[②]。由于我国对初级资源产品的依赖并单一依靠进口的方式，使得我国面临着相应而来的外部风险，一方面是面临极大的价格风险，如 2004 年国际石油和铁矿砂价格大幅上升，使进口贸易多支付百亿美元以上；另一方面也引起了国际上的关注和防范，导致政治风险和保护主义的阻力（裴长洪，2005）。因此现实要求我国进一步统筹协调国内资源与国外资源利用，同时采取多样化的国外资源利用方式，以减少风险。

（三）内外统筹的实质内涵与具体要求

1. 内外统筹的实质内涵

由上述分析可见，在对外开放进入新阶段后，传统的开放观念

---

① 胡小平：《实施全球资源战略“走出去”勘查开发国外资源》，《地质与勘探》2003 年第 1 期。

② 裴长洪：《我国对外贸易发展：挑战、机遇与对策》，《经济研究》2005 年第 9 期。

与运行模式已不适合新形势的要求，国内发展与对外开放间出现了许多不协调的矛盾与问题。而种种矛盾和问题归结起来看，就是对外开放和国内发展间尚不协调从而不能更好地促进国内发展。

国内发展与对外开放在本质上应该是协调一致、相互促进的，两者统一于全球化背景下充分利用两种资源、两个市场来实现国内经济与世界经济的良性循环。中国传统的开放战略主要集中于扩大开放的程度与规模，对开放的质量和效益关注不够。在对外开放进入新阶段之后，迫切需要在科学发展观指导之下，根据国内发展的实际需要及国际经济发展的现实情况来克服传统开放模式的不足，破解内外发展不协调中的种种矛盾与问题，建立新型的开放模式。

在此背景下产生的“统筹国内发展与对外开放”的内外统筹战略思想，实质上代表了一种新型的开放观念与开放战略。即：立足于全球化背景和我国对外开放新阶段，在更高层次上提升对外开放的水平，进而促进国内发展和增强国际竞争力，将对外开放的战略重点由注重开放规模的扩大与数量的增长，转变到进一步提升开放的质量和效益、进一步促进国内发展上。这既是进一步促进国内改革发展，提升经济总体运行质量，全面建设小康社会的需要，也是顺应全球化发展的趋势，全面提高对外开放水平、进一步发展开放型经济的必然要求。

“统筹国内发展与对外开放”体现了对外开放的本质——即开放本身并不是目的，而是促进发展的手段。对外开放的最终目的不是为了开放而开放，而是为了通过开放促进国内经济社会更快更好的发展；也只有国内发展好了，企业产业的国际竞争力强了才能更好地参与国际分工合作。因此“统筹国内发展与对外开放”既体现了科学发展观的基本内涵，也体现了在新的历史阶段中国开放型经济发展的根本方向。

2. 内外统筹的具体要求

进一步提升对外开放的质量和效益、进一步促进国内发展，是统筹协调处理当前国内发展与对外开放中种种矛盾和问题的根本原则。联系“十一五”规划及今后更为长远的发展，内外统筹战略所相应要求的各项政策调整与制度建设具体应体现在以下方面。

第一，将对外贸易和利用外资战略与国内产业发展相结合。

2005 年，我国外贸依存度已超过 70%。但外贸依存度高并不等于外贸贡献率高[①]，其根本原因在于我国外贸增长对经济增长方式转变所起作用不足。由此内外统筹的关键在于通过政策调整优化出口结构，重点支持自主性高技术、高附加值产品出口，促进对外贸易主要是加工贸易的产业层次和加工深度，增强国内配套能力，促进国内产业升级发展。

在传统开放观和优惠政策作用下单纯外资数量的增长并未能有效促进国内产业升级和提高国际竞争力，而我国目前已处于相对资本过剩状态下，内外资在投资机会和发展空间的对立关系突出出来甚至在一些领域形成了外资垄断[②]。基于这种现状，“十一五”规划要求重点实现利用外资同提升国内产业结构、技术水平间的结合。鼓励外资企业在我国增强配套能力，延伸产业链，提高生产制造层次，并积极向研究开发领域拓展，发挥外资企业对内资企业的带动效应。

第二，引进技术与自主创新相结合。

当前对外引资的重点在于引进先进技术，这早已成为共识。但实践表明，单纯靠技术引进并不能增强我国产业的国际竞争力。不

① 裴长洪、彭磊：《对外贸易依存度与现阶段我国贸易战略调整》，《财贸经济》2006 年第 4 期。

② 赵明：《警惕外资垄断》，《社会观察》2005 年第 2 期。

仅盲目引进、重复引进落后技术是有害无益的，即使引进先进技术，如果只重引进而轻开发、轻创新，结果也只能陷于一再引进一再落后的循环中。掌握主导行业中的核心技术和关键技术，是构成内外统筹与落实科学发展观的重点内容。

强调自主创新并不排斥技术引进，而是要在引进基础上消化吸收再创新，从而使二者更好地结合起来。技术创新分为一次创新与二次创新，前者指基于自主研究开发的技术创新，而后者指对引进技术的再创新，因此技术引进是二次创新的基础环节。按内外统筹总体战略思路，政策鼓励和扶持鼓励的侧重点要从技术引进环节转到在引进基础上经消化吸收进行二次创新的环节。政策调整的关键领域在于有选择性地扶持若干高新技术部门以及利用高技术改造传统产业上，关键支持环节在于自主研发环节和应用环节。

第三，进一步协调进口与出口。

在对外开放新阶段，我国外贸顺差持续扩大，外汇储备不断增长。贸易顺差伴随着贸易摩擦和争端的增多，外汇储备的增长也使人民币面临持续升值压力。在此背景下，继续沿袭传统开放观下全面实行“奖出限入”获取外汇的政策已不恰当。把重点由进出口数量与规模上的调节转到优化进出口结构上，以此发挥协调内需与外需、诱导国内产业技术进步与产业结构升级的作用。

在对外开放的新阶段，内外统筹战略要求实行进出口基本平衡的政策，要改变重出口轻进口的传统观念，一方面要进一步积极发挥进口在促进我国国内经济发展中的作用，另一方面要优化出口结构。因此，政策调整主要在于结构的调整上：在进口环节上要支持扩大先进技术、关键设备和国内短缺的战略资源的进口；在出口环节上要区别对待，突出支持重点，逐步清理各种不合理的出口鼓励政策。

第四，引进来与走出去相结合。

至今为止，我国对外开放的总格局是以资本、技术、战略资源的引进为主。但在对外开放新阶段，实施“走出去”战略，积极发展海外直接投资是新阶段的必然要求。

发展海外直接投资可以有效规避贸易壁垒和减少贸易摩擦，尤其对我国境外资源利用战略更为适用。当前我国能源（主要是石油）等战略资源外部依存度很高，发展直接投资可有效降低进口成本和保障国家利益，避免目前单一依赖进口的外部风险。目前，我国总体上出现了相对资本过剩状态，这样，在继续“引进来”的同时我国已经具备了“走出去”的条件。而从国家层面看，要想增强企业全球化资源配置能力就必须有自己的跨国公司，依靠跨国经营来更好地开发利用外部资源，更有效地规避贸易壁垒与贸易风险，更大地获取外部利益。因此在鼓励我国东部过剩资本和劳动密集型行业向中西部梯度转移的同时，也要通过政策调整，支持部分优势企业和能源开发企业发展对外直接投资，并相应带动商品和劳务出口，形成一批有实力的跨国企业和著名品牌。

二、内外统筹与财政支出结构现存问题

我国内外失衡的现状，主要由于我国外向型经济粗放增长方式以及政府各项内外优惠鼓励政策未能随内外环境变化而及时作出明确系统的调整所致。从统筹国内发展和对外开放的角度来看，政府在财政支出结构方面的缺陷加剧了失衡的局面，主要表现在以下两个方面：第一，政府在税式支出结构上对外资、外贸的优惠政策，在环境变化后造成不恰当的扭曲性激励，未能将外向型政策引导到促进国内产业升级、科技进步上；第二，财政在科技产业上的直接支出总量不足，结构不合理，方式偏差，从而不能有效激励我国产业层次提升、自主创新与增强国际竞争力。

（一）内外统筹与税式支出结构现存问题

税式支出是政府出于对特定经济或社会目标的追求，以税收优惠的形式，通过税制体系把一部分税收收入让渡给纳税人而形成的一种间接性政府支出。我国的税式支出在实践中一直存在，只是通常用减免税等税收优惠的说法来代替，并因此在研究中将其作为税收收入上的研究对象而不纳入财政支出的视野。但事实上这种税收的减少，在税源出入上与财政直接性支出相同，并且在形式上可以互相替代（陈端洁，2004），因此税收优惠这种政府间接性支出形式理应列入财政支出的范畴来考虑。

从实践来看，税式支出是财政制度中政策性非常强的内容，是政府贯彻产业政策、科技政策，调节经济活动的一个特殊重要工具，尤其在涉外经济政策中具有重要地位。据国家税务总局不完全统计，2004 年我国税式支出数额达 6 053.6 亿元，占当年全部工商税收的 24.04%。其中仅出口退税就达 4 200 亿元①。税式支出不仅在总量上数目可观，而且增长速度大大超过同期国民经济和财政直接支出的增长速度。

前文的分析表明，内外统筹战略调整的重点是在对外经贸中实现产业结构的优化升级、技术进步及创新、进出口结构的优化等，以实现内涵式发展和增强国际竞争力。按这一调整重点，我国现行税式支出结构存在明显缺陷与混乱，这不仅影响了税式支出绩效，也是造成内外失衡的重要原因，具体来看：

1. 税式支出目标结构较混乱，不能突出战略重点

税式支出作为政府调节的微观手段，其目标结构安排要与国家

① 万莹：《税式支出的效应分析与绩效评价》，厦门大学博士学位论文，2005 年，第 4 页。

战略重点相吻合，并由此来安排支出范围与重点。我国以流转税和企业所得税为主的税制结构，意味着税式支出主要发生在生产领域并以企业为支出对象，它能使政府政策与战略意图更直接地作用于企业的生产、投资和研究开发等决策上。这一特征本应有利于实现内外统筹所要求的实现国内产业升级、技术创新等结构优化目标，但我国现行税式支出政策目标过多并导致结构混乱。仅就激励性税式支出来看，就具有吸引外资、调节产业结构和区域结构、技术进步、出口创汇等多重目标，其中有些已不符合新形势要求却未得以及时清理，而且目标不同的税式支出政策之间还存在一定的矛盾[①]。从上述目标结构来看，在多目标的、结构混杂的税式支出安排下，占重要比重的涉外优惠和地区优惠多数未能与促进国内产业升级和技术进步相配合，这种重外资轻内资、重区域轻产业的目标结构，导致我国税式支出产业政策效力的弱化，并由此成为使内外失衡的重要因素。

2. 税式支出产业结构导向不明

按内外统筹要求，产业结构导向重点应集中于高新技术产业、利用新技术进行改造的传统产业、某些能源行业以及开放条件下面临外部风险的农业，以在全球化开放经济条件下实现技术进步、产业升级、增强国际竞争力、避免外部风险等目标。但从我国税式支出的现状上看，我国现行税式支出在产业结构优化升级和技术进步上重点不够突出和明确。如按现行政策，在三大产业结构中第一、二、三产业均有优惠，而在三大产业内部，不同行业中也都有优惠。如在第一产业内部农、林、牧、渔各业都有税收优惠，第二产业内部原材料、能源和部分加工工业均有优惠，第三产业内部除了

① 马国强：《中国现行税收优惠制度及其改革》，引自《税式支出理论创新与制度探索》，中国财政经济出版社 2003 年版。

娱乐业外，其他行业均有优惠，[①] 等等。

问题不单限于一般性的产业结构优惠政策上，税式支出更突出的问题体现在对外资的税收优惠和对外贸的出口退税上，这两者目前的制度安排均与内外统筹的要求相比存在较大差距，并事实上成为当前我国内外失衡的主因之一。对于外资优惠，由于对所有生产性外资企业采取了普惠的形式，统一采取了定期减免所得税、再投资退税等政策，使得外资过多集中在劳动密集型行业和简单加工行业中，由此弱化了外资在优化产业结构、提升国内产业技术水平上的作用。更由于以身份而非以产业为导向，使得内外资企业处于不平等的竞争环境中，由此抑制了民族经济的发展，并诱发了假外资等逃税行为。

而对于出口退税来说，问题同样突出表现在忽视结构调节上。长期以来在“奖出限入”政策指导下实行大范围普遍性出口退税，由此弱化了以税式支出结构来调节出口商品结构和产业结构的目标。尽管 2004 年起国家对出口退税出口商品结构进行了一些调整，但整体上力度尚有不足。

3. 税式支出区域结构上偏向明显

受我国对外开放由东向西、由沿海到内陆渐进开放策略的影响，长期以来我国形成了按“经济特区——经济技术开发区——沿海经济开放区——内地”逐级递减的区域税收优惠格局。尽管 1999 年后为配合西部开发，中西部地区也获得了一定税收优惠。但从总体上看，现行我国税式支出在区域结构上的东部偏向并未改变，并主要体现为涉外优惠，使得东部发达地区吸引了 85% 以上外资和出口份额。

---

① 马国强：《中国现行税收优惠制度及其改革》，引自《税式支出理论创新与制度探索》，中国财政经济出版社 2003 年版。

目前这种格局不仅与区域统筹战略不符，同时也对内外统筹造成不利影响：（1）我国目前资本相对过剩实际上只发生在东部，而中西部仍处于资本短缺中，由于政策原因，使得东部过剩资本和产业并未向中西部转移，近年来沿海地区规模不小的资本外逃说明了这点；（2）区域发展不协调，中西部与东部沿海地区差距的拉大将在总体上约束我国内需规模的有效扩大，从而进一步加大和强化对外需的依赖，进一步助长目前的内外需间不平衡问题；（3）对外部依赖的强化将助长两头在外的加工贸易的进一步发展，从而无法有效发挥出口及外资对国内产业和市场的带动作用。因此，在以现行税式支出区域结构为代表的地区发展政策作用下，将使得我国区域失衡和内外失衡相互叠加和影响，不利于国内发展。

4. 税式支出税种结构不合理，影响政策效果

在我国现行的 23 个税种中，当前一共有 19 个税种规定了税收优惠政策，遍及了各大税类。尽管如此，现行税式支出仍主要以企业所得税的优惠，如优惠税率、再投资退税的形式为主。而我国现行税式支出在税制结构上这种以所得税为主体、流转税为辅的格局，与我国以流转税为主体的税制结构并不相符，同时，现行税式支出在所得税制上又限于企业所得税制而忽视个人所得税。

这种结构在实践中对内外统筹目标的实现来说未必合理有效，以自主创新为例来看，现行税式支出在税种结构上可能存在如下问题，从而对自主创新产生不利影响：（1）在引进技术时，现行税收政策对进口设备减免增值税；而在现行生产型增值税制度下，购入国内替代设备要负担增值税。由此容易导致单纯依赖引进技术设备的后果，却抑制了在技术引进基础上的仿制及创新。（2）目前对技术创新的激励采取了企业所得税方面的优惠政策，但这使得只有盈利企业才能从中获益。由此忽视了高技术研发投资事前的高风险特征，从而未能契合技术研发的特点。（3）技术创新中最主要

的投入和基础在于人力资本，现行税式支出中未考虑高科技人员个人所得税抵扣。这实际上使得现有税式支出脱离了技术创新的本质特征。

5. 税式支出环节结构上的侧重点选择不当

前文分析可见，推动企业自主创新与技术进步是当前内外统筹战略的重点内容。国内企业自主创新激励机制不足的原因有多方面，具体到税种税制上来看，主要包括了内外资企业间税负不公、生产型增值税对有机构成高的高科技企业产生抑制、高科技人员个人所得税制度不完善等等税制因素。

但除此之外，税式支出环节结构上的选择和侧重是一个不容忽视的重要原因。据统计，在我国现行的科技税收激励政策中，对生产投入环节、研发环节、应用环节进行支持的政策分别为 29 条、16 条和 19 条。由于税式支出重生产环节而轻研究开发环节，使得科技税收激励主要是对高新技术企业已有的科技成果及其收入予以优惠，而对正在进行科技开发的活动缺少鼓励措施[①]。与引进技术中的税收优惠相联系，现行激励政策难以形成引导企业自主创新的机制。

6. 税式支出形式结构单一

世界范围的税式支出，其形式是丰富多彩的。一般包括了直接减免、起征点、税收扣除、优惠税率、优惠退税、盈亏互抵、税收抵免、延期纳税、加速折旧和特定准备金等多样化的形式。上述各种支出形式各有特点，应根据政策调节具体内容，作出主次搭配和形式组合。

① 张桂玲、左浩泓：《对我国现行税收激励政策的归纳分析》，《中国科技论坛》2005 年第 3 期。

我国现行税式支出不论在产业优惠、产品优惠、区域优惠还是涉外优惠等各方面，其在形式结构上都普遍采取降低税率、减免税的直接优惠方式，而较少采取多样化的形式，如加速折旧、投资抵免、盈亏互抵等间接税式支出形式。但从内外统筹所力求实现的促进技术改造、开发和产业升级的投资活动来看，由于具有投入大、周期长、风险高等特征，投资抵免、盈亏互抵、准备金制度等间接税式要比直接优惠的激励效果更好，国际经验特别是发达国家的实践经验说明了这一点。

7. 税式支出内外结构未能发挥结构调整作用

前已论及，对外开放阶段下在“双缺口”理论基础上形成了“奖出限入”的一系列政策。而现行各项税式支出制度在总体上形成于开放初期并得以一直沿袭至今，其与传统开放观念和“奖出限入”的旧运行模式有较强的适应性，在对外开放进入新阶段后在协调进口与出口、引进来与走出去上所发挥的结构调整的作用则很有限。主要表现在：（1）出口退税虽经多次调整，但在退税范围和退税率上仍具有普惠特征，对出口产品结构、进而对产业结构调整的政策导向不足；（2）我国加入 WTO 后，在关税总水平降低的背景下，目前税收制度在进口环节对技术引进、设备及能源、原材料的进口在关税减免上选择性不强，范围较宽、漏洞较大，因而未能与内外统筹大战略相契合；（3）涉外税收政策仍倾向于“引进来”，而“走出去”的相关税收政策较为薄弱。特别是目前对特定产业的对外投资税收优惠还几乎是空白，体现不出产业发展导向，这样不利于通过对外直接投资形式来获取外部战略资源和促进国内产业升级。

8. 税式支出层级结构名实背离，加剧内外资不公竞争

从表面上说，在 1994 年税制改革之后，由于实现了中央在税

权上的统一，各地不能乱开税收减免的口子，因此规范意义上的税式支出只存在于中央政府一级。但在实践中，由于层层授权，地方政府及其所属财政厅局及地方税务局都有权作出一些税收优惠规定[①]。在地方竞争的现实环境下，出于对引资数量的片面追求，各地方政府普遍采取了对分税制中分得的税收收入进行财政返还的形式、低廉的土地及其他公共设施价格的优惠形式来吸引外资并展开税收竞争[②]。税式支出层级结构的这种背离不仅减少了实际税收,更大的影响则在于由此扭曲了市场效率，使外资企业进一步获得了相对于内资企业的不正当竞争优势，并使内外资在发展中不是与内资企业形成互补配套而是形成对立排斥的格局。这是造成内外资不公平竞争环境进而加大内外失衡的重要原因之一。

（二）内外统筹与财政直接支出结构现存问题

除了税式支出外，政府影响产业升级、技术进步与增强国际竞争力的财政支出手段主要有财政补贴、财政投融资、政府采购等。这些直接性支出与税式支出一道被用于特定科技产业的相关企业的活动，通过其结构性选择与侧重来实现政策目标。

1. 财政科技投入不足

内外统筹的核心环节在于自主创新，由于技术创新的外溢性，财政科技投入是自主创新的重要保障。

---

① 刘佐：《关于税式支出问题的再探讨》，引自《税式支出理论创新与制度探索》，中国财政经济出版社 2003 年版。

② 杨志勇：《国内税收竞争理论：结合我国现实的分析》，《税务研究》2003 年第 6 期。

表 6－4　　　　财政科技支出状况表

年份	财政科技投入（亿元）	财政总支出（亿元）	GDP（亿元）	财政科技投入占财政总支出比重	财政科技投入占 GDP 比重
1978	52.89	1 122.09	3 624.1	4.7%	1.5%
1980	64.59	1 228.83	4 517.8	5.3%	1.4%
1985	102.59	2 004.25	8 964.4	5.1%	1.1%
1990	139.12	3 083.59	18 547.9	4.5%	0.8%
1991	160.69	3 386.62	21 617.8	4.7%	0.7%
1992	189.26	3 742.20	26 638.1	5.1%	0.7%
1993	225.61	4 642.30	34 634.4	4.5%	0.7%
1994	268.25	5 792.62	46 759.4	4.6%	0.6%
1995	302.36	6 823.72	58 478.1	4.4%	0.5%
1996	348.63	7 937.55	67 884.6	4.4%	0.5%
1997	408.86	9 233.56	74 462.6	4.4%	0.5%
1998	438.60	10 798.18	78 345.2	4.1%	0.6%
1999	543.85	13 187.67	82 067.5	4.1%	0.7%
2000	575.62	15 886.50	89 442.2	3.6%	0.6%
2001	703.26	18 902.58	95 933.3	3.7%	0.7%
2002	816.22	22 053.2	120 333	3.7%	0.7%
2003	975.54	24 650	135 823	3.9%	0.7%
2004	1 095.34	28 486.9	159 878	3.8%	0.7%
2005	1 334.91	33 930.3	183 868	3.9%	0.7%

资料来源：根据中经网统计数据库历年数据计算。科技财政投入包括科学事业费、科技三项费、科研基建费及其他科研事业费四项，是指各级财政部门拨付的直接用于科技活动的款项

从表 6－4 可以看出，尽管我国财政科技支出总量年年增长，但其占财政支出及 GDP 的比重却长期徘徊，与改革之初相比甚至反有下降。而从国际比较角度来看，据联合国教科文组织《世界科学报告》的统计，发达国家财政科技投入占 GDP 的比例平均为

2.9%，发展中国家这一比重一般在1%左右[①]。如美国1999年财政科技投入占GDP比重为2.79%，印度2000年这一比重达1%。按一般规律，政府科技支出占GDP不到1%的国家是缺乏自主创新能力的国家，在1%—2%间的国家才会有所作为，而大于2%的国家其自主创新能力才比较强[②]。相比较而言，我国财政科技投入不足将在基础研究和科技产业化源头上不利于自主创新和产业进步。

2. 财政科技支出结构内部不合理

从我国研究与开发（简称研发）经费投入类型结构来看，基础研究投入比重一直偏低。1995年至今的数据显示，基础研究占研发总经费的比重都在5%—6%。从表6－5的国际比较可以看出，这一比重远低于世界一般水平。基础研究所具有的纯公共品性质使之成为各国财政科技投入的重点内容，反观我国，尽管政府财政投入占全国研发经费来源近30%的比重并且不低于国际水平，但研发总经费中基础研究所占的低比重表明，我国财政科技投入在结构上存在偏差，财政科技投入未能以基础研究为重点，这是造成我国自主创新尤其是原始创新不足的重要原因。近年来我国缺乏原创性成果、缺乏使国内企业掌握自主创新的核心技术，都与此密切相关。

3. 财政科技支出投入大学的比重偏低

从执行机构性质分类看出，我国政府科技研发经费的投入方向和国外发达国家之间存在着较大差异（见表6－6）。几个发达国家投入大学的财政科技研发经费的比重远远高于我国，而其投入政府

① 罗介平：《关于调整我国财政科技支出范围与结构的对策思路》，《经济与管理》2001年第12期。

② 黄彦：《关于财政科技投入的理性思考》，《财会研究》2001年第9期。

科研机构的财政科技经费所占的比重则远远低于我国。大学是基础研究的主要执行者，我国科研经费投入中这一偏差，与财政对基础研究支出不足是密切相关的。

表 6－5　　同期研发经费投入结构的国际比较　　单位:%

国别	中国	美国	法国	澳大利亚	意大利	瑞士	奥地利	捷克	丹麦	韩国	俄罗斯
基础研究	5.7	19.1	23.3	25.6	22.2	28.0	17.4	37.4	19.6	13.7	14.6
应用研究	20.2	23.9	33.5	35.8	43.7	35.8	38.7	35.5	27.8	21.7	15.9
试验发展	74.1	57.1	43.2	38.5	34.1	36.3	43.9	27.0	52.6	64.5	69.5

资料来源：《中国科技统计年鉴 2005》第 345 页

表 6－6　　2000 年政府研发经费中各执行机构所占比重　　单位:%

国　　别	日本	美国	德国	法国	英国	中国
企业	5.21	27.34	16.37	17.12	20.01	12.29
大学	46.84	23.63	43.87	41.13	46.33	15.02
政府科研机构	42.75	39.59	39.31	41.25	32.91	70.24
非营利组织	5.63	5.68	—	0.59	0.79	2.45

资料来源：转引自彭鹏、李亚丽：“我国财政科技投入现状分析与对策研究”，《中国科技论坛》，2003 年第 6 期

4. 产业政策重点不突出，导致财政支出结构不合理

内外统筹要求推动国内产业升级、技术进步与增强国际竞争力，财政直接支出则通过财政补贴、财政投融资、政府采购等方式来实现这些目标。但从我国产业政策实践来看，存在目标多元、重点不突出问题，过多的产业受到政策上的保护与扶持、优惠与倾斜。农业等弱势产业需要支持，能源、交通等基础设施基础产业需要支持，信息、生物工程等高新技术产业也需要支持，纺织、轻工、电子等出口创汇企业也给予支持，汽车、机械、化工等支柱产

业也需要支持（江小涓，1996）。产业政策上的这些倾向都在财政补贴、投融资等直接支出中得以体现。由此使得财政支出过于分散，并不能体现出有效推进产业结构优化升级的作用。同时随着国内市场培育、发展与成熟，在某些领域中，政府的直接支出式支持已不再合适，这些都亟待作出结构性调整。

三、内外统筹与调整财政支出结构的政策建议

（一）税式支出目标结构应突出科技产业导向

从内外统筹的要求出发，今后我国税式支出的主导目标在于促进产业升级和技术进步，以此实现内涵式发展和增强国际竞争力。技术进步与产业升级间本身具有内在一致性，只有通过技术创新特别是自主创新及其应用，才能改变我国在国际分工体系中的不利地位，在全球化进程中获取更多收益；也只有这样才能突破资源、环境和外部市场的约束，实现整个经济社会持续科学发展。因此科技产业目标不仅是内外统筹的根本点，实际上也是整个科学发展观的关键。在这一主导目标下，政府其他经济社会政策目标如区域导向、社会福利导向等，或许也会在税式支出结构安排中得以适当体现，但所有这些其他目标不仅不得与科技产业政策目标相抵触，还应与之相互配合，以形成政策合力。在科技产业目标明确后，税式支出的支持重点在于关键技术和行业的选取，当前来看重点在于支持对经济增长和传统产业技术改造带动性大、产业关联度强的高新技术创新及其应用。

（二）为税式支出作用发挥营造公平竞争的制度环境

前面的分析可见，税式支出对科技产业政策作用的有效发挥，有赖于形成不同市场主体、不同引资主体、不同市场途径间公平竞争的整体制度环境。这一公平竞争制度环境的缺失正是造成内外发展失衡的主要原因。从税制改革整体制度背景来看，新一轮税制改革的总体方向与具体措施为公平竞争制度环境的实现提供了现实基础。例如，自 2008 年 1 月 1 日开始，随着新企业所得税法的正式实施，已顺利实现了内外资企业所得税间的两税合并，使内外资企业在统一税法基础上实现公平税负，由此解决了原有的涉外优惠和地区优惠中的诸多问题，进而在明确的科技产业优惠引导下必然有利于促进利用外资同提升国内产业层次、技术水平间的结合。再比如，在新一轮税制改革中也已明确了实现由生产型向消费型转型的增值税改革目标，如果这一改革能得以顺利实施，就能解决当前进口先进设备与购入国内设备间增值税负不公问题，从而为引进技术与自主创新相结合、为税收优惠发挥作用提供基础。

（三）调整外贸领域税式支出结构，促进内外协调发展

外贸领域税式支出结构与国内产业结构优化密切相关，其调整的方向在于通过对进出口税收优惠范围和税收税率的调整来促进贸易商品结构的调整，进而实现产业结构的升级优化。在出口退税上，当前可以考虑进一步加大结构调节力度、扩大税率差别：对鼓励出口的自主性高技术产品、高附加值、高加工度产品实行征退税率一致的彻底退税；对某些一般性产品如服装纺织等具有低成本优势的产品出口可实行低退税率；对高耗能、高污染和关键性资源产

品出口可不予退税。而对进口环节，在关税总水平下降背景下，应完善进口税收政策的调节功能，进一步积极扩大先进技术、关键设备及零部件和国内短缺的能源、原材料进口，将进口商品的结构调整优化引导到有利于提升国内产业技术水平上。

（四）调整促进自主创新的税式支出结构

当前税式支出在促进自主创新上的主要结构性缺陷在于未能有效地契合技术创新自身特点。应根据自主创新和高新技术产业自身特点，有针对性地调整与完善税式支出的税种结构、环节结构和形式结构，从而构建起能有效促进自主创新和技术进步的税式支出激励机制体系。

根据技术创新知识产权和人力资本密集的特征，可以考虑调整税式支出税种结构，形成流转税与所得税优惠并存、企业所得税与个人所得税并存的结构。如在流转税方面可以考虑做如下改革调整：（1）允许企业对研究开发费、新产品试制费等无形投入按一定比例作为增值税进项税额进行抵扣；（2）对高科技新产品实行增值税优惠税率或减免。在所得税方面可作如下改革调整：（1）对高新技术研发人员的工资奖金或股权分红收入提高其个人所得税的免征额；（2）扩大对企业研究与开发费用税前扣除的优惠范围。

同时，根据新技术开发周期长、风险高、前期无利润的特殊性，应将税式支出的支持重点前移到研发环节，在支出形式上减少和控制直接优惠形式的使用，增大投资抵免、准备金制度和盈亏互抵等在实践中更为有效的间接支出形式。

（五）完善税式支出的内外结构

内外统筹战略要求“引进来”与“走出去”相结合，由此需要改变涉外税收政策中“引进来”与“走出去”间结构失衡的现状，利用税式支出支持部分优势企业和能源开发企业发展对外直接投资。其主要有：（1）对这些特定行业实施所得税减免优惠，进一步提升我国的产业结构和国际竞争力，缓解资源供应压力，在利用国内国外两种资源基础上实现对外开放新阶段的国家战略。（2）丰富对外投资中的税式支出形式，进一步完善税收抵免制度，同时借鉴国际经验，采取延期纳税、税收饶让、特定项目的税收优惠等形式，支持特定企业对外投资发展。（3）进一步拓展税收协定签订面，避免境外所得的重复课税，发挥税式支出作用，为企业对外投资创造良好条件。

（六）规范税式支出的层级结构

尽管在财政分权的背景下，地方在税收竞争行为上有其合理性，但现实中在不规范竞争下的效率损失不容忽视。由于我国是单一税制的国家，当前及今后较长一段时间内，在地方未获得税收立法权的情况下，税式支出的层级结构应以确立中央集中并形成统一的立法和管理权限为宜，以此来保障内外资企业及市场竞争的规范有序，使针对科技产业的税收政策能有效地发挥作用。

（七）调整财政支出总体结构，增加科技投入

加大财政科技投入是建立自主创新型国家的重要保障。按国际经验和我国科技发展规划，应争取在近期（如 5 年内）将财政科技投入占财政总支出比重、占 GDP 的比重分别提高到 5% 和 1.5% 以上，以达到发展中国家的平均水平；实现在远期（如 2020 年）财政科技投入占 GDP 的比重达到 2.5%—3% 的目标，以接近发达国家水平。

有限财政资金和单纯的财政无偿拨款无法支持创新型国家对研发经费投入的庞大需求，同时财政资金供给范围也是有限的，许多技术开发、应用研究及产业化项目的资金需求，更多地要在培育市场基础上以企业为主体通过资本市场来实现。由此需要调整财政支出形式结构，改变以财政无偿拨款为主的支出形式，采取多样化支出方式引导社会资金投入，如通过财政担保方式鼓励企业研发投资、通过财政贴息方式支持企业及科研单位获取科技贷款、通过对风险投资基金进行财政参股以支持高新技术发展、通过政府采购支出以促进科技成果产业化发展等等。

（八）调整财政科技支出的对象结构

1. 重新界定财政对技术创新支出的范围与重点

基础研究是自主创新尤其是原始创新的源头，是一个国家科技实力与发展潜力的标志，同时由于其纯公共产品的性质，使其成为财政支出的职责所在。从内外统筹战略出发，为切实增强我国企业的国际竞争力和经济发展潜力，应切实改变财政科技支出资金分配结构中基础研究支出比重过低的状况，同时根据有所为有所不为的原则，将基础研究支出集中于具有国家战略性意义的若干基础和前沿领域。

2. 增加对高校的财政支持力度

与加强基础研究投入相适应，由于高校是基础研究的重要承担者，因此要改变目前财政科技支出向专业科研部门尤其是各部委所属专业科研单位倾斜的现状，增加对高等院校尤其是研究型高校科研经费的支持力度。同时，以政府项目资助为引导，加强产学研结合，构建官、产、学、研一体化的国家创新体系。

3. 增大对创新的税式支出及财政直接支出的力度

内外统筹要求将技术引进与自主创新相结合，这就要求在引进技术基础上实现二次创新，使引进技术能得到有效消化、吸收和创新。因此财政支出要与政府其他政策相配套，在促进二次创新机制和活动上有所作为，增大对引进基础上二次创新及其溢出效应的税式支出及财政直接支出的力度。

4. 财政资金应当加强对中小企业技术创新的支持力度

中小型企业具有机制灵活、资产专用性不强、易于转变生产方式的特点，具有较强的技术创新倾向。但中小型企业普遍风险承受力差、缺乏技术开发经费融资渠道，由此也限制了它们的技术创新和成果运用。为有效推动中小企业的技术创新活动，可在财政支持下设立科技型中小企业技术创新基金，采用贷款贴息、担保、资本金投入等多元化形式促进中小企业技术创新活动。

（九）按产业政策目标，重新确定财政直接支出结构

为此，需要改变由于产业政策目标多元使得财政直接支出分散化的现状，将原本分散支出于弱势产业、基础产业、高新技术产业、出口创汇行业、支柱产业的财政直接支出进行重新配置。为实现内外统筹的总体要求，应将促进国内产业升级与技术进步作为产业政策与财政支持的主体。由此应将更多支出用在有利于增强国际竞争力的高新技术上，并同时顾及在开放条件下面临外部风险的农业这一弱势产业。对于出口创汇产业，则应主要以区别对待的出口退税税式支出结构来体现，而不应涉及财政直接性支出；对于支柱产业，由于其处于市场营利性领域，应主要靠市场竞争机制来增强产业竞争力和实现结构升级，财政直接性支持仅能限于其某些技术

创新与应用上；对于基础产业，应随着资本市场的完善和基础设施建设市场化改革而进一步增大社会资本的投入。

本章参考文献

1. 陈端洁：《税式支出概念及其估算》，《经济学动态》2004年第2期。

2. 邓子基等：《财政政策与提高产业竞争力》，中国财政经济出版社2006年版。

3. 邓子基等：《税收支出管理》，中国经济出版社1999年版。

4. 江小涓：《经济转轨时期的产业政策》，三联书店1996年版。

5. 江小涓：《中国的外资经济对增长、结构升级和竞争力的贡献》，中国人民大学出版社2002年版。

6. 刘明、郭希林、周开君：《税收优惠政策总览》，中国税务出版社2005年版。

7. 楼继伟、解学智：《税式支出理论创新与制度探索》，中国财政经济出版社2003年版。

8. 梅新育、曲凤杰：《统筹规划——我国内外需求、资源对立统一关系研究》，《国际贸易》2004年第10期。

9. 裴长洪、彭磊：《对外贸易依存度与现阶段我国贸易战略调整》，《财贸经济》2006年第4期。

10. 裴长洪：《我国对外贸易发展：挑战、机遇与对策》，《经济研究》2005年第9期。

11. 杨圣明：《试论国内发展与对外开放的统筹问题》，《江西社会科学》2004年第9期。

12. 杨志勇：《国内税收竞争理论：结合我国现实的分析》，《税务研究》2003年第6期。

13. 张波：《外资对我国产业发展的影响分析》，《新疆财经》2006 年第 4 期。

14. 张馨、杨志勇：《外商投资与财政改革》，鹭江出版社 1998 年版。

15. 赵明：《警惕外资垄断》，《社会观察》2005 年第 2 期。

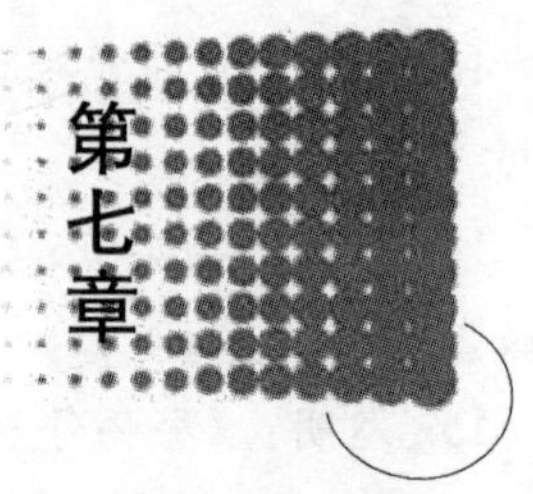

“五个统筹”与财政支出结构调整

在分别探讨了各个统筹与财政支出结构的关系之后，本章将分析的视角重新移回作为整体的“五个统筹”与财政支出结构的关系上来。

一、按“五个统筹”调整财政支出结构的原则

（一）按“五个统筹”调整财政支出结构的三个前提

按照“五个统筹”要求对现行财政支出结构进行调整优化，必须考虑三个前提。这就是要求财政支出结构的调整优化，要着眼于从市场出发，由市场决定；要着力于预算安排，预算约束；要立足于基本国情，发展阶段特征与时代精神。具体来看，应当注意以下几点。

1. 以公共化为标准来调整财政支出结构

财政支出结构的调整优化必须以财政的公共化为标准。市场与政府是完全不同的两种制度供给模式和决策模式，即使在混合经济条件下，也无法实现市场与政府决策的最优配置。公共财政是与市场经济相适应，为市场经济服务的财政制度，就必须从传统计划经济的思维模式中转化出来，按照市场的需求来配置资源，安排支出结构。所以，财政支出结构的调整优化必须以从市场出发，由市场决定为前提。财政支出结构的调整优化是为了更好地体现财政的公共化，而不是去扭曲市场，更不是要政府去“创造市场”。财政支出结构能作出哪些调整优化，只能交由市场去决定，体现社会选择的意愿。从我国公共财政体制建立与发展的情况看，财政支出结构的历次调整优化，均带有很重的“政府决定”的痕迹，这种“政府决定”的支出结构在很大程度上影响和制约了财政的公共化进程。

2. 通过市场约束来调整财政支出结构

与前一个前提相关，财政支出结构调整优化必须要着力于预算安排和预算约束。政府预算制度不能决定市场需求，而只是市场需求与政府意愿的中介，实现了市场对政府及其支出的决定作用。预算草案中，市场需要的则保留之或增加之，市场所不需要的则删除之或修订之，余下的自然只是市场需要的政府支出。在政府预算制度的约束与规范下，经过年复一年的预算提交、审议、修订、批准、执行、监督和决算，所形成的就只能是与市场经济相适应的财政支出结构了。同时，预算批准而形成的支出结构必须体现预算法定的原则，不得随意更改，反过来，“支出法定”又为政府塑形，对政府行为形成具体的约束。

3. 财政支出结构的调整不能超越国情与发展阶段

我国正处于社会主义初级阶段，不仅生产力不发达，而且社会主义制度也不够完善和成熟。但长期以来，我们对改革前提的认识局限在生产力层面，改革的特殊性主要是要适应转轨期间计划与市场两种体制并存的现状，在公共与政府财政间求解平衡点。事实上，如何解放和发展生产力，从制度上实现与保障公平正义，是任何体制变革都不能回避的两大基本问题。同时，中国的改革又处于经济全球化的开放体系之中，面临着与其他市场经济国家相类似的政策问题。因此，财政支出结构的调整优化必须成为适应基本国情与发展阶段特征，有效调节社会关系，维护人民在经济、政治、文化、社会等方面基本权利的重要工具，并在制度变革层面，促进我国公共财政体制改革与市场经济发达国家公共财政制度的对话交流，使中国的公共财政制度改革探索成为全球新一轮公共管理运动中重要的组成部分。

（二）按“五个统筹”调整财政支出结构的四个原则

1. 在支出投入上体现均衡化的原则

要充分考虑经济、政治、社会、文化、环境、区域的协调发展,以此确定支出优先权。从现有情况看，文教科卫、社会保障、环境保护这些代表社会共同长远利益的财政支出，必须放在优先的位置，以逐步消除长期积累的经济社会结构失衡状态。基于现有国情，必须以农村与不发达地区为重点，加大“三农”支出和转移性支出的份额，以消除城乡发展、区域发展间的不平衡。

2. 在支出过程中体现公平化的原则

进一步深化预算制度改革，尤其是根据新的发展形势修订预算法，增大各级人代会的预算决定权，在政府预算的编制、审议、修订、批准、执行、审计、监督和决算等一系列过程中，真正落实宪法赋予的各级人代会的权力机构地位。加强预算约束，使得整个政府预算活动和全部的财政活动，都置于法律的约束与监督之下，并拓展社会监督渠道，监督政府行为，确保财政支出在财力的使用过程中不被扭曲，目标不致走样；使得财政支出不仅要满足效率要求，也要兼顾社会价值，效率和公平都得到应有的兼顾；使得财政支出能够衔接近期目标与长期目标，统筹社会成员代际内利益与代际间利益。

3. 在支出结果上体现均等化的原则

这就有必要进一步科学明确地划分各级财政的支出责任。全国性公共产品与服务在质量与标准上应无差别、一视同仁地适用到全体社会成员身上，中央级支出应承担起基本医疗、基础教育的责任。地方性公共产品与服务要在效用上实现不同地区间社会成员的均等，比如政策性补贴在东西部地区要体现出差别。此外，全球性公共产品与服务问题也必须纳入我们的视野，温室气体排放管理、跨国境水资源流域管理、海洋资源管理等都需要给予支出保障。

4. 在支出评价上体现回应性的原则

只有体现回应性，才能真正体现财政支出的公共性。为此，应当提高财政支出的透明度和公开性，应用和推广绩效预算等预算管理方式。财政支出要符合社会公众的需求与偏好，在现阶段尤其要围绕人民群众关心的，涉及人民群众根本利益的社会问题，来调整优化支出结构，进一步提高财政支出决策的民主性、科学性。要高度重视地方财权分配与地方公共产品存在的客观性问题，突出地方财政在满足社会需求方面的直接性、方便性与及时性，增强地方财政的自主性，提高财政支出效率。

二、按“五个统筹”要求调整财政支出结构

前文已经指出，“五个统筹”所要协调的矛盾归结起来，就是经济社会的结构问题；而要做到“五个统筹”，从总体上看，就是要实现由非均衡发展向协调和相对均衡发展的转型。经济社会发展中出现的结构问题，与财政支出结构及其体制有较大的相关性，而要化解这些矛盾，没有财政支出结构的调整是不可能的。可以说，没有财政支出结构的调整与优化，就谈不上“五个统筹”战略目标的实施和实现，改革、发展和稳定也将难以为继。

前面各章通过城乡统筹、区域统筹、经济社会统筹、统筹人与自然、内外统筹与财政支出结构的分析，业已得出“五个统筹”具体项目对财政支出结构所相应提出的具体调整内容。这里在本报告第一章的基础上，依据第二至六章的分析，对整个研究进行总结归纳，从总体上阐述我们对如何按照“五个统筹”的要求，去调整和优化财政支出结构的看法与设想。

所谓“财政支出结构”，是一个多层次和多口径的概念。前文已经指出，它可以从功能层面考察，形成财政支出的功能性结构；从制度层面考察，形成财政支出的制度性结构；从体制层面考察，形成财政支出的体制性结构。而从整体层面考察，这些不同侧面和层级的财政支出，又共同形成了全口径的财政支出结构。它们都有着自己的运行轨道与效应范围，分别影响又合力作用于“五个统筹”。这就需要既对各个统筹与财政支出结构的关系进行分析，又要对“五个统筹”与财政支出结构关系进行整体勾勒与总结。为此，按照“五个统筹”去进行财政支出结构的总体调整与优化，应当从以下几个方面着手。

（一）调整优化财政的“三农”支出

要统筹城乡发展，财政支出结构就必须进行相应的调整。为此，其着力点应当放在财政“三农”支出的调整上。

1. 增加“三农”支出在政府总支出中的比重

在这里，除了预算内支出应当提高其支农支出的比重之外，更主要的还在于各级政府尤其是地方政府应当将其掌握的预算外和基金更多地用于支农支出方面。由于我国各地情况千差万别，各地“三农”情况也有其不同的特点和问题，很大程度上要依靠地方各级政府的努力，才能较好地解决“三农”支出问题。各级地方政府应将自己的财力更多地使用于“三农”方面，在逐步减轻农村居民税费负担的同时，加大对“三农”的支持力度，使城乡居民能均等享受公共财政所提供的公共产品、公共服务，承担均等的税收义务。

2. 调整优化政府支农支出自身的结构

在各级政府的支农支出中，还应当考虑其内部结构，不仅要促进农村的经济发展，考虑农民的增收，还要统筹考虑农业、农民、农村的全面协调发展，要逐步加大对农村教育、卫生、文化等社会事业发展的支持力度，把农村公共基础设施建设和农村社会事业发展逐步纳入公共财政的支出范围，促进城乡社会经济协调发展。此外，对于财政的各项支农和农村社会事业的支出，也应当优化其结构，合理安排各项支出的优先顺序和具体用途。

（二）调整优化财政的教科文卫支出

这些年来，随着财政收入的大幅度增长，政府预算用于教科文卫等方面的支出总额也有了很大的增长，但至今关于财政支持教科文卫不力的抱怨之声仍不绝于耳。究其原因主要有：（1）尽管预算内用于这些方面的支出规模在扩大，但由于这些年来预算内收入的增长速度过快，从而很大程度上抵消了教科文卫支出规模的增长，使得其占预算内支出的比重并未明显提高。（2）政府用于科教文卫方面支出的增长，主要只是预算内这部分支出规模在增加。至于各级政府的预算外支出和制度外支出，则很少用于这些方面。由于这方面的财政支出直接关系到诸如“上学难”和“看病难”等重大问题的解决，因而社会各界都在呼吁加强这方面的政府支出，并且有时也能够以预算内数据为依据，说明政府已经在加强这方面的支出，但真正的问题一直没有能够解决。为此，按照“五个统筹”要求调整财政支出结构，就必须全面分析和调整政府财力的使用去向，真正下大决心和花大力气去增加这方面的财政支出规模，去提高这方面的财政支出比重。

然而，目前的财政支出结构问题，不仅仅表现在整体结构的不合理上，而且还表现在各项财政支出内部结构的不合理上。换言之，就是有限的教育支出、有限的卫生支出等，它们本身也没有得到很好的安排和使用。因此，不仅要注意加大教科文卫的投入，更要注意改变这些财政支出本身的结构。以财政的教育投入为例，就应当着重调整好以下结构：（1）改变高等教育与初等教育间投入结构不合理状况，增加义务教育的投入比重。（2）改变财政教育支出上地区结构不合理状况，提高中西部生均投入比值。（3）通过财政教育支出结构调整改变中央所属和地方所属学校投入不均衡状况。（4）调整教育投入城乡结构，提高农村教育支出比重，等等。

（三）调整优化财政的社会保障支出

一个健全的社会保障制度，是市场经济体制得以存在和正常运行的基本条件。而作为“社会”的保障活动，它主要的和基本的职责显然是要由政府来承担的。为此，作为市场型的公共财政，其扶持社会保障制度的建立，支持社会保障制度的正常运转，都是其最基本的功能之一。我国的社会保障制度至今还很不健全，甚至还呈现出某种残缺不全的状态，这固然有着历史的、社会的、经济的等方方面面的原因，但其中一个主要原因，还是政府没有承担起应有的职责，没有做到对社会保障事业力所能及的财力支持。随着市场化改革的逐步深化，各级政府正在加强社会保障制度的建设。在此背景下，从“五个统筹”角度去考虑财政支出结构的调整，其中一个非常重要的内容，就应当是加强政府对于社会保障的财力支持：(1) 政府应当更多地考虑社会保障基金的“铺底资金”问题。前文已指出，计划经济时期政府几乎取走了全部的社会保障资金，并通过财政支出投资于工业项目之中。为此，政府应当将自己的市场营利性质的财力的主要部分，转入到社会保障基金中。(2) 各级政府的预算外和基金等财力，也应当有必要的份额投入到社会保障基金中。(3) 目前许多地方的社会保障基金处于“空转”状态，实质上是没有余额了。这样，一旦出现突发事件，就可能导致社会保障基金的支付危机。各级政府预算都必须安排一定的财力，或者安排于社会保障事项的支出，或者留做社会保障的后备基金。(4) 明确政府对社会保障支出的责任，合理划分各级政府社保事权，逐步增加各级政府的社会保障支出规模，提高其支出水平。(5) 财政支出还应当关注各类社会保障制度的改革，关注扩大社会保障的覆盖面和保障支持力度，同时优化用于各类社会保障支出的内部结构。

(四) 调整优化财政的经济支出

经济建设支出并不是只有计划型财政才有的内容，公共财政也从来都包含着与我国传统财政的经济建设支出相类似的支出，它典型地表现为亚当·斯密所说的“公共工程”支出。不过，计划型财政的经济建设支出与市场型财政的经济支出，两者在内容与性质上有着很大的不同。为此，按照“五个统筹”和财政公共化改革的根本要求，调整财政的经济支出在总支出中的结构，其内容主要涉及：

1. 不应再安排传统的“生产性支出”

所谓的“生产性支出”，是计划型财政的典型特征之一。当时政府以指令性计划配置社会资源，其最直接的手段就是财政的“生产性支出”。市场化改革使得政府开始退出经营性领域，其最大的直接影响，就是这种“生产性支出”在预算内中急剧减少而接近于消失，从而使得预算内的经济建设支出的内容发生了根本变化。这是我国财政从计划型向市场型转变的最基本变化之一。然而，传统财政的计划性决不是轻而易举就能够消除的，它通过预算外和制度外仍然安排了一定的营利性支出，还在顽强地保留着，执着地显示着自己。因此，要调整优化财政支出结构，调整财政的经济支出，其最重要和最基本的，就是要杜绝政府财力用于营利性的支出。换言之，除了来源于国有企业以各种形式上缴的利润之外，政府不应当再安排营利性投资和经营性亏损补贴，也不应当以补贴和担保等间接方式，进行营利性的投资活动。

2. 挖潜改造支出等都必须符合公益性要求

在政府目前安排的经济支出中，有若干是传统财政就已经有的项目，但在新的体制背景下必须重新界定其内涵与作用。（1）挖潜改造支出曾经是计划经济的典型表现之一，市场化改革使得财政的这类支出趋于消亡。尽管目前财政仍然安排了挖潜改造支出，但这些只是过渡性质的，是在体制过渡时期，出于为整个社会利益服务的目的而安排的，并不单纯是为了政府自身的营利目的。(2) 对于西部大开发和振兴东北老工业基地等所安排的投资，实质上是具有公共服务性质的支出，因为西部的发展，因为克服国营企业拖经济发展和改革深化后腿的“东北现象”，本身都提供着巨大的公共利益。但这类支出也要注意，也不能用于营利性投资，同时还要注意提高其投资效率。(3) 预算内仍然存在的基本建设支出，也应当更多地与生态保护和环境美化相联系，与发展农村经济、农村教育、公共卫生和基层文化等社会事业的建设相联系。

(五) 注重税式支出结构的调整

税式支出换言之，就是以减免等税收优惠方式，给所作用的对象和活动以鼓励与刺激。它实质上就是财政支出，是一种特殊形式的财政支出。但由于它是以成文的制度颁行的，因而比直接的财政支出有着更强的政策导向性，在实践中成为实现国家发展战略和体现政府特定政策的重要手段和工具。为此，按照“五个统筹”，尤其是内外统筹、区域统筹、经济社会统筹的要求去调整财政支出结构，仅考虑直接的财政支出结构还是不够的，还必须结合税式支出这种间接的财政支出，才能真正调整好财政支出结构，真正体现“五个统筹”对财政支出结构的根本要求。“五个统筹”观下税式支出结构调整的重点如下。

1. 税式支出必须根本符合“中性财政”的要求

市场经济所要求的财政，是“中性财政”，即不会导致市场配置资源活动发生扭曲的财政，或至少是对于市场效率造成的损失最小的财政。然而，税式支出直接体现着政府对市场活动主体及其行为的政策作用，一旦这一手段运用过多过滥，则对于市场的干预和危害是强有力的。所以，税式支出方式的使用必须控制在尽可能小的规模和范围内。这是调整和优化税式支出的根本点。

2. 税式支出应当鼓励技术进步

应将税式支出重点放在统筹国内发展与对外开放、统筹人与自然协调发展所要求的推动技术进步、实现自主创新上。尽管从根本上看，技术进步的推动力应当是市场机制的作用，但政府的扶持作用是非常重要的。没有政府的财税支持与政策鼓励，一个国家在世界性的技术进步大潮中就可能落伍，就可能被淘汰。因此，鼓励和支持技术进步对于整个社会来说，有其巨大的公益性，是公共财政必须承担的职责。

3. 税式支出应符合“国民待遇”政策

目前的税式支出很大部分是涉外性质的，这是对外开放基本政策产生的结果，也是尽快建立起市场经济体制的需要，它实质上也是我国非均衡发展战略的一个有机组成部分，对于引进外资等起了很大的作用。然而，经过 30 年改革开放，市场经济体制已经在我国初步建立了，市场公平竞争已经成为最为基本的要求，继续给予外资外商等优惠已经逐步过时，亟须以国民待遇政策取而代之。这样，清理、整顿外资外贸领域税式支出制度，调整其结构，就成为调整和优化整个财政支出结构的重要一环。

内资企业所得税和外资企业所得税已经通过法律形式进行合并，并将于 2008 年 1 月 1 日开始实行。这就需要对原来过多的涉外税收优惠进行清理，以制定符合国民待遇的税式支出政策。例如，新企业所得税法将企业分为居民企业和非居民企业，所得区分为境内所得和境外所得。由于企业的居民身份，按登记注册地和实际管理控制中心所在地的标准确认，那么，在境内登记的企业，无论其发行的是 A 股、B 股、H 股、N 股，还是 S 股，它们的股息均属来源于中国境内，这就需要缴纳相应的所得税。而如果外国投资者是非居民企业，那么它们就应对取得的股息缴纳企业所得税或者预提税。这样，原来的《外商投资企业和外国企业所得税法》中的相关条款，“外国投资者从外商投资企业取得的利润，免征所得税”，就应该取消。同样，关于股息、利息和特许权使用费等的预提税优惠，也需要重新制定相关的细则，等等。

4. 发挥税式支出作用，鼓励非政府财力支持公益事业

鼓励私人和企业的捐款，以支持教育、医疗、助残扶弱以及各种社会公益事业，是现代社会的一类重要活动。然而这方面的工作我国却非常薄弱，其中一个重要原因，就是在税收的制度设计上缺乏对这类活动的应有的鼓励与支持。

财政的税式支出的这类作用，主要表现在企业所得税法和个人所得税法中。就我国的状况来看，这些税法在捐赠方面的制度设计都存在不足。对此，2007 年全国人大通过的《中华人民共和国企业所得税法》，将企业公益性捐赠支出的纳税扣除额度提高了 9 个百分点。从原来的《中华人民共和国企业所得税暂行条例》规定的扣除比例 3%，提高的到新企业所得税法的 12%。这是一个很大的变化和进步。这项关于慈善公益事业税收优惠政策的出台，对于鼓励企业和社会更多参与公益性活动，将能够起到重要作用，也有助于实现社会财富的公平分配。当然，新企业所得税就捐赠方面来看，今后也还应当依据具体情况的变化，作进一步的调整与改进。至于个人所得税，则需要进一步扩大捐赠的税前扣除比例和范围，简化相关政策的执行程序，以增强对于捐赠等行为的鼓励作用。

总之，发挥税式支出结构对引导社会资金投入社会事业的作用，将大大有助于经济社会统筹目标的实现。

5. 税式支出内部结构也应按“五个统筹”要求调整

目前，我国税式支出政策所想要实现的目标过多，导致了税式

支出本身内部结构的混乱。一方面，激励性税式支出目标过多，具有吸引外资、调节产业结构、区域结构、技术进步、出口创汇等多重目标，其中有些已不符合新形势要求，却未得到及时的清理，不同目标的税式支出政策之间还存在一定的矛盾；另一方面，促进社会福利事业的税收优惠、涉农税收优惠等照顾性税式支出明显不足，且政策不规范、不落实。

当前税式支出制度应当有所变革，按照“五个统筹”要求进行内部目标和结构的调整，突出内外统筹和经济社会统筹的政策导向，重新界定税式支出的职能范围和目标顺序。一方面，要在激励性税式支出中，确立激励技术进步与产业升级的目标，逐步淡化乃至废弃其他目标；另一方面，促进社会福利事业的税收优惠、涉农税收优惠等照顾性税式支出的运用，通过规范化多样化支出形式的运用，广泛吸引社会资金参与社会公益事业和农业产业化发展。

三、优化财政支出结构与财政制度变革

（一）深化财政支出的公共化改革

从“五个统筹”对财政支出的要求看，涉及许多方面的增支内容，如城乡统筹主要要求增加财政的“三农”支出，区域统筹要求增加财政对中西部的转移支付力度，经济社会统筹则要求增加财政在教育、卫生、社保等方面的支出，统筹人与自然则要求增加财政对环境保护和科技创新等方面的支出，内外统筹则要求强化对自主创新与产业升级的激励性支出，等等。然而，对于有着数万亿

元规模、有着无数种类和极为庞杂内容的政府支出，要想在统筹兼顾、全面安排的要求下，通过调整达到其结构的优化，仅靠人们的主观努力是远远不够的，是很难做好的，有时甚至是根本做不到的。财政支出活动是在财政制度的决定、约束和规范下开展的，财政支出结构是否优化，根本的是要有制度保证。这一制度，就是市场经济体制所要求的公共财政制度。

1. 公共财政是按“五个统筹”调整支出结构的制度保证

一旦真正建立起了公共财政制度，它就能够依靠社会公众和人代会的决定、约束和监督作用，有力地压缩不合理的财政支出规模，为“五个统筹”战略的实现提供财力保证与回旋空间。目前亟须通过深化财政的公共化改革做到：（1）大力压缩行政管理支出，真正解决包括预算内、预算外和制度外等各类行政支出失控的问题，真正精简政府机构，真正压缩其人员。应当以政府预算制度改革来带动和强迫机构改革，在此基础上进一步推进政府管理体制乃至政治体制的改革。（2）进一步减少对营利性领域国有企业投资性支出。财政支出资本性内容的存在，是我国目前财政尚未实现公共化的症结之所在，也是导致财政支出扭曲的决定性因素。财政要完全实现从营利性领域退出，特别是要在总体指导思想上实现由政府决定到市场决定的转变。这点，前文已经指出过，这里从建立真正的公共财政的角度，再强调一次。（3）应当调整国有资本的存量。因为它实质上是财政支出的存量问题，因为国有资本主要是半个世纪来，通过财政年复一年的投资形成的。为此，应当通过从营利性领域退出国有资本来实现存量活化，从而有效增强财政在“三农”、社保、科教文卫等市场失效领域的公共性支出。

2. 按照“五个统筹”调整支出结构必须根本转变观念

按照“五个统筹”要求去调整财政支出结构，必然要强调民生问题、关注社会公平，也必然包含社会成员共享改革发展成果等客观要求。这些，都必然反映到政府的财力支持和投入上，并且其数额还不在少数。对此，人们担心会危害财政正常的支出能力。换言之，存在着某种担心，认为财政缺乏应有的财力去支持按照“五个统筹”调整财政支出结构。这种担心是没有必要的，关键是人们必须从传统观念中解脱出来。

第一，财政收入的巨额增长是调整财政支出结构的重要条件。

由于我国经济高速发展等多种因素的作用，1994 年财政税收制度大改革以来，我国的财政收入出现了大幅度增长的局面，尤其是进入本世纪以来就更是这样，并且年递增规模越来越大。在以往年递增额 1 000 余亿元、2 000 余亿元的基础上，2004 年更进一步，比上年增长 4 640.63 亿元，增幅达 21.4%；2005 年比上年增长 5 231.51亿元，增幅为 19.8%；2006 年更是攀升到增长 7 694.33 亿元，增幅达 24.3%，呈现出极其强劲的增收态势。并且这些还只是预算内的增收。至于政府的预算外和基金收入，至今仍然是难以准确统计和把握的，但它们的增收程度绝对不会低于预算内的，预算外与基金等的规模是空前的。依据课题组成员的分析，目前政府总财力的年增收规模，至少万亿元以上。这么大的一笔财力，只要各级政府真正认识到按照“五个统筹”调整财政支出结构的重要性，就完全有足够的财力去进行支出结构的应有调整。

第二，政府转变执政理念是优化财政支出结构的关键条件。

调整财政支出结构，从直接的意义上看，是由各级政府及其官员来进行的。为此，各级政府及其官员是否真正认识到按照“五个统筹”要求调整支出结构的重要性和必要性，就成为调整支出结构意图能否真正得到贯彻的关键条件。10 余年来，我国财政收入一直处于高速增长状态，增收规模越来越大，政府财力有了很大增强。2006 年，预算内收入已逼近 4 万亿元，为财政收入起飞开始之年即 1994 年的近 8 倍，而这只是在短短的 12 年间实现的。更有甚者，从目前各地政府全力以赴扩张预算外和基金，以便支持自己的政绩工程等现象来看，我国的政府财力已经达到了非常庞大的规模。但尽管这样，仍然没有哪级政府声称自己的财力够用了，贫穷地区如此，富裕地区也如此；财政年增收数百亿元时如此，年增收高达 7 000 余亿元时亦如此。然而，只要稍微分析一下就可以发现，我国的财政支出和使用仍有很多不合理的地方。如果各种政绩工程支出受到真正抵制，如果挥霍浪费等低效状况得到较大收敛，如果行政经费大幅度飙升的势头得到抑制，财政节省下的钱将是数量巨大的，是完全可以用于财政支出结构的调整的。可见，问题的实质不是政府有钱没钱的问题，不是按照“五个统筹”去调整财政支出结构是否会危害正常财政支出能力的问题，而是政府及其官员是否真正认识到“共享”的重要性和必要性，是否真正落实“为民执政”、“以人为本”等执政理念的问题。落实了这些执政理念，调整财政支出结构也就能够顺利推行；反之，调整将阻力重重，困难重重，最终将不了了之。

3. 按“五个统筹”调整支出结构是公共财政题中应有之意

按照“五个统筹”的要求，调整财政支出结构，与建立公共财政的目标、手段和方法等都是一致的。换言之，即使不提出“五个统筹”的要求，以公共化转轨为目标的财政改革及其支出结构的调整也应当这么做。只不过“五个统筹”目标的提出，使得财政支出结构转轨的目标和方向更加明确了。

公共财政是社会公众的财政，是政府按照社会公众的意愿，集中社会公众之钱，办社会公众所需之事的财政。其支出的安排，也将更能反映社会各个阶层包括贫穷阶层和弱势群体的要求，反映落后地区的要求，反映人与自然和谐的要求。虽然西方福利国家与我国的情况并不相同，但是其中一些举措体现了政府财政的“公共”理念，也是值得借鉴的。所谓福利国家正是以公共财政为手段，在一定程度上改善了社会贫穷阶层和困难群体的状况，促进了落后地区的发展，形成了相对公平与均衡的经济社会状态。近年来，我国进行的公共财政改革，就包括更加注重民生、制定更多惠民政策、促进社会公平、注重地区间均衡、人与自然和谐共处等基本内容。例如，在2006年财政预算执行情况报告中，支农、就业和再就业、社会保障体系、教育、卫生、文化、生态建设和环境保护、缓解县乡财政困难等就是支出的重点。这些支出既是公共财政的本质要求，也是构建和谐社会进程中，政府财政所必须承担的义务，是必须进行的财政支出结构的调整。

（二）深化政府预算制度改革

实现财政支出结构的优化与增强财政支出绩效，也离不开相应的制度建设。在各项财政制度的建设中，至为关键的在于政府预算制度的建设，其中又以增强政府预算的法治性为重点。政府预算制度要真正具有法治性，其根本点在于增大各级人代会的预算决定权，在政府预算的编制、审议、修订、批准、执行、审计、监督和决算等一系列过程中，真正落实宪法赋予各级人代会的权力机构的地位，使整个政府预算活动和全部的财政活动都置于法律的约束与监督之下。同时要设立相应的审查机构与制度，为各级人代会、社会公众和社会舆论监督政府预算提供必要的条件与具体渠道。结合部门预算改革的实施，当前在预算制度建设上主要应重视如下工作。

1. 通过改革建立起真正的部门预算

就公共财政来看，它有着将所有的政府财力都纳入政府预算的天然本性。作为社会公众的财政，政府财力来自于纳税人，相应地也必须由纳税人来决定政府财力的使用。这种决定作用，是直接通过政府预算制度，通过履行政府预算的审批、执行和监督来完成的。因此，所有的政府财力都必须纳入预算，否则就谈不上真正的公共财政。

然而，我国目前纳入政府预算的政府财力只是一部分。依据公开的统计年鉴之类数据，目前预算外资金仅相当于预算支出的2.30%。但这仅是公开的数据，预算外资金作为某种程度的地方和部门小金库，有着很强的人为隐瞒的动机，因而其数据的正确性是非常值得怀疑的。如果再加上地方和部门掌握的基金，其数额就更是庞大。而有关基金的数据，地方和部门也同样是有着强烈的隐瞒动机的。不仅如此，还有所谓的“制度外”，这是违背法律制度所形成的政府财力，那是更不能公开的，是必须全部隐瞒的。所有这些，都使得我国政府目前除了预算内的收支数据相对准确之外，还有所谓预算外、基金和制度外等财力。这是说不清、道不明，谁也不知道其规模、内容和范围究竟有多大的政府财力。但其规模的庞大、内容的复杂和范围的广泛，由于就处于我们的身旁，人们可以强烈地感受到。这几部分政府财力，在日常生活中发挥了很重要的作用，但也起着种种坏作用，诸如政绩工程等社会所一直诟病的问题，其主要的财力就是从这儿来的。而从根本上看，它们的存在是与公共财政的本性要求相背离的。所以，20 世纪 90 年代末开始的部门预算改革，就力图将它们都纳入部门预算之中。

但至今为止，改革只是形式上做到了将预算外和基金纳入部门预算，取消制度外。实际上，预算外和基金仍然是“预算外”，其受到的约束与监督远低于预算内，其公开性和透明度也远低于预算内。这就使得部门预算的编制与推行，要真正落到实处还有很长的路要走。而规模庞大的预算外等各种非预算资金的存在，不仅与行政事业费膨胀和地方政府涉足营利性领域投资相关，也构成脱离预算监督，弱化财政支出总体绩效的主要因素，对“五个统筹”和财政支出结构优化是制度性重大障碍因素。为此，调整和优化财政支出结构，就必须进行财政支出结构的制度性调整，在巩固税费改革成果基础上，进一步降低预算外和基金支出比重，进一步推进部门预算的实质性改革，最终实现政府预算制度的归一化。这就要扩大部门预算制度的适用范围，将所有的政府财力真正纳入部门预算，真正取消预算外和制度外等范畴。还应完善政府预算的编制技术，提高各部门编制预算的技术水准，修订完善政府预算科目，制定相对科学完善的定员定额，真正发挥部门预算的作用。

2. 加快国库集中收付制度的改革

国库集中收付制度是政府预算制度的重要组成部分。实行国库集中收付制度，是现代市场经济国家的通行做法。随着公共财政基本框架的建立，我国也必须实行国库集中收付。这是我国形成科学、规范的预算管理制度的基本条件。然而，我国长期实行的是建立在多重账户基础上分散收付的国库管理制度，这是与计划经济体制相适应的国库管理制度，它必然为财政的公共化改革所否定。为此，我国在进行了编制部门预算的改革之后，接着进行了国库集中收付制度的改革。即各种政府性收入将不再通过多重中间环节，而是直接缴入国库账户；财政部门对各部门、各单位的经费不再按期预拨,各部门和单位根据自身履行职能的需要，可以在预算确定的范围内,决定购买何种商品和劳务，而其付款则由国库集中处理。

国库集中收付制度克服以往旧国库管理制度的弊端，使得财政资金不再严重分散和大量滞留在预算单位，大大提高了财政资金的使用效率，增强了政府财力的透明度和监督力度。这就为更好地安排财政支出和使用财政资金，提供了重要的保证和条件，也是优化财政支出结构的一个基本条件。

为此，应当加快国库集中收付制度改革的推行进度，尽早将各级政府和各部门的收支纳入这一制度，推广到所有能由国库直接支付钱款的项目和内容上去，落实各项改革配套措施，并以法律形式确立下来，确保按“五个统筹”要求进行的财政支出调整，其过程不至被过大地扭曲，从而达到优化财政支出结构的目的。

3. 建立起相应的陈述与审计制度

政府支出的预算安排和执行，人代会或其常委会都应接受相应的审议、核查和审计等监督，等等。

规范严密的陈述与审计制度，是各市场经济国家预算制度法治性的最直接体现与最重要内容之一。毕竟，如果单靠对每一年度政府部门预算进行投票和实行国库集中收付制度，是远不足以实现对政府日常活动及其财政具体支出的全面监督的。这样，也就谈不上实现财政支出结构的优化问题。为此，一方面，要随着部门预算改革过程中预算透明度的增强，要求政府及其各部门陈述各项日常支出与收入的详细用途，建立起这种陈述制度，使人大会及其常委会可以行使日常监督权力。另一方面，对政府支出的预算安排和执行情况，人代会或其常委会都应及时进行审议、核查和审计，这样才能积极改变目前主要依靠审计署发现问题的现状，切实增强人大在预算审计中的主体地位与主要职责。只有这样，才能确保财政支出结构按照“五个统筹”原则进行的调整活动，能够不走样地得到执行。

（三）改革财政支出体制性结构

财政体制是财政的基本制度之一。我国现行的“分税制”财政体制，是1994年大改革中建立的。实行至今已经十余年了。这是按照建立市场型财政体制的目的，根本否定计划型财政体制，建立新型财政体制的结果。这一改革，朝着与公共财政相适应的财政体制模式迈出了最初的一步。但当时市场经济体制和公共财政制度尚未成形，新建立的分税制体制不能不有着很大的局限性，是与旧体制妥协的产物，至今仍对财政支出结构产生不良影响。为此，改革财政体制也是调整和优化财政支出结构必不可少的条件。

1. 依靠市场界定与规范各级政府职责

’94 体制没有能够依据市场经济的根本要求，形成合理规范各级政府的职责和行为的制度安排，各级政府的支出范围与内容也没有能够很好地界定。这是至今为止人们仍然在不停地抱怨政府“越位”和“缺位”的直接原因。“越位”，就是市场能干，政府不应干的事，政府却去干了，其相应安排的财政支出是不该发生的；相反，“缺位”就是市场不能干但要求政府去干的，政府却没有去干，表现在财政支出上就是没有安排应有的支出。不该发生的和应有却没有安排的两种情况并存，这样的财政支出结构显然是不能满足市场经济的根本要求的。为此，财政体制的进一步改革，首先应当解决的就是各级政府职责划分与安排的问题，这样才能为财政支出结构根本符合市场经济的要求，提供重要的制度基础。

至今为止，如何界定各级政府的职责，如何评判哪些职责归哪级政府，实际上主要依靠政府官员的判断力和认知力。这是为什么十多年来一直强调政府不要“越位”和“缺位”，但却始终未能解决这些问题的直接原因。市场经济下的政府及其财政，是为市场提供公共服务的政府和财政，因而政府及其财政的职责有哪些，是要由市场来决定，而不是能够人为决定的。面对着不同的国情区情、不同的时期、不同的经济发展水平，市场对各个地区的政府、对不同层级的政府、对不同时期的政府，都会提出不同的公共服务要求。有些以往要由某级政府提供的服务，可能现在市场不要求提供了，或者要求改由其他层级的政府提供了；有些以往无需某级政府提供的服务，可能现在要求这级政府提供了，等等。这种千变万化的“市场需求”，仅仅凭借少数政府官员的个人智慧、判断力乃至良心①，是不可能正确判断和行事的。为此，通过深化政府预算制度改革，健全各级政府预算制度，真正发挥各级政府预算在决定政府行为，决定财政支出的安排和规范上的作用，将政府职责的确定交由市场决定，才能从根本上解决这一问题。

2. 深化省以下财政体制改革

1994 年的分税制，实际上只是中央财政与省级财政之间的体制划分，它并没有进一步将“分税”这一基本模式贯彻到省以下各级政府之间的财政关系上去。从那以后的十余年间，人们一直在努力将分税制推广到省以下各级财政的关系中去，但由于种种原因，尤其是由于'94 体制本身的缺陷，在'94 分税的框架下，是不可能真正合理地在地方各级政府之间进行“分税”的。这就使得省以下各级财政之间的体制处于混乱状态中，相应地，各级政府支出状态也不能不是混乱的。为此，应当通过对'94 体制进行根本变革，从形式上的分税制向真正的分税制模式转变，才能解决好地方各级间的财政体制问题，从而为财政支出结构的根本优化，提供另一个重要的制度基础。

当然，这一改革的推进，也同样是一个系统工程，它必须建立在整个财政制度真正公共化的基础上，必须与政府机构和管理体制的改革相配套。这就需要减少政府层级，将目前至少 4 个层级的地方政府压缩到 2 个，同时赋予地方有限度地开征某种税种、举借一定规模和种类的债务的权力，真正将各级政府财力的使用置于本级人代会的决定、约束、规范和监督之下。只有这样，才能从根本上

① 诸如弱势群体的扶持、“三农”问题的解决、社会保障服务的提供等等，一定程度上可以归结为官员的良心问题，也就是官员是否真正想去解决这些问题。只要他们真正愿意，是能够找到最必需的财力的。

解决省以下财政体制的“分税制”问题。

推进省以下各级财政体制的改革，还必须高度关注基层政府财力不足的问题。目前地方政府，尤其是县乡政府财力不足，这是造成城乡发展失衡、区域发展失衡等方面问题的重要体制性因素。从“五个统筹”要求出发，应切实增加财政支出体制性结构中的基层比重。为此，应当通过财政体制的根本改革，切实解决县乡政府的财力不足问题。同时还应当通过压缩政府层级和精简政府机构，来增大县乡财政的实力。

3. 建立规范化的转移支付和专项补助制度

转移支付制度是分税制财政体制的重要内容，也是对于“分税”的必不可少的补充。然而，'94 体制由于历史的局限性，采用的是照顾既得利益的方法，并相应地实行了“税收返还”办法。这一办法，实际上就是'94 体制的政府间转移支付制度，但这是一个很不规范的转移支付制度，是不符合市场经济要求的。从那以后，尽管对此办法有了修订，但更多的直接考虑是政府之间的财力争夺，也没有能够真正解决问题，即没有能够实现整个政府财力在不同地区之间合理的调剂与整合。这是造成地区间贫者越贫、富者越富的重要体制原因，从而也是造成城乡差距和地区差距等方面的重要原因，在增进基层政府事权财权相对称的纵向平衡、促进各地区公共服务均等化的横向平衡上均不能有效发挥作用。因此，在城乡统筹和区域统筹要求下，需要在明确、科学、合理划分各级政府事权基础上，除了进一步采取如废弃税收返还形式、以因素法代替基数法等一般性基础性的改革措施外，还应当进行根本性的变革：(1) 改革以增加县乡“三农”支出财力为核心的专项财政转移支付制度，改变目前无条件转移支付过多的格局。(2) 以增加对中西部、落后地区的专项转移支付为重点，先保证落后地区在基本公共服务方面能够达到最低标准，而后渐进达到各地公共服务均等化目标，以实现区域统筹和城乡统筹战略的制度化。（3）在转移支付的标准、程序、立法建设、预算监管监察等方面，建立起规范化、法制化的具体制度，以避免转移支付中的随意性和盲目性。

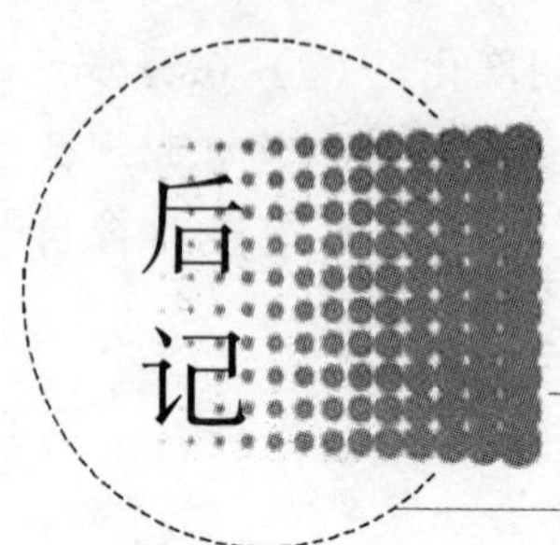

后记

本书是国家社会科学基金课题《按照“五个统筹”要求调整中国财政支出结构问题研究》的研究报告。课题批准号：05BJY090。课题组组长：张馨教授；副组长：刘晔博士；课题组成员:谢贞发博士、江新昶博士、朱芳芳博士、施文泼博士生。

本课题在研究过程中，得到了很多方面的帮助，其中中国社会科学院财贸经济研究所高培勇教授、东北财经大学财税学院孙开教授、中央财经大学财政学院马海涛教授对本研究报告的初稿提出过宝贵的修改意见，在此一并表示感谢！

本研究报告的撰写分工如下：

主编——张馨

副主编——刘晔

导言——张馨、刘晔

第一章　总论——张馨、朱芳芳

第二章　城乡统筹与财政支出结构——刘晔

第三章　区域统筹与财政支出结构——江新昶

第四章　统筹经济社会发展与财政支出结构——谢贞发

第五章　统筹人和自然与财政支出结构——施文泼

第六章　内外统筹与财政支出结构——刘晔
第七章　“五个统筹”与财政支出结构调整——张馨、刘晔

张　馨

2007年6月29日于厦门大学